QICHE WEIXIU CHANGYONG GONGJU YU YIQI SHEBEI SHIYONG RUMEN

汽车维修常用工具与仪器设备使用入门

吴文琳　主编
林瑞玉　副主编

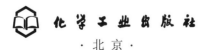

·北京·

内 容 简 介

本书从汽车维修工作的实际出发，对现阶段汽车维修和故障诊断过程中常用的工具与仪器设备的认识、类型、作用和使用进行了全面、系统的讲解，重点针对它们的使用方法、操作技巧以及使用中的注意事项等做了详细介绍。本书内容新颖、实用，通过阅读本书，读者可以系统地学习汽车维修与故障诊断工具和仪器设备的正确使用与操作方法及注意事项。

本书可供广大汽车从业人员使用，也可供相关院校汽车维修专业的师生阅读和参考，还可作为有关行业的岗位培训教材。

图书在版编目（CIP）数据

汽车维修常用工具与仪器设备使用入门/吴文琳主编．—北京：化学工业出版社，2021.11
ISBN 978-7-122-39830-7

Ⅰ.①汽⋯ Ⅱ.①吴⋯ Ⅲ.①汽车-车辆修理-工具 ②汽车-车辆修理-仪器设备 Ⅳ.①U472.46

中国版本图书馆 CIP 数据核字（2021）第 176630 号

责任编辑：辛　田		文字编辑：冯国庆	
责任校对：边　涛		装帧设计：王晓宇	

出版发行：化学工业出版社（北京市东城区青年湖南街 13 号　邮政编码 100011）
印　　刷：三河市航远印刷有限公司
装　　订：三河市宇新装订厂
787mm×1092mm　1/16　印张 14½　字数 371 千字　2022 年 1 月北京第 1 版第 1 次印刷

购书咨询：010-64518888　　　　　　　　　　　售后服务：010-64518899
网　　址：http://www.cip.com.cn

凡购买本书，如有缺损质量问题，本社销售中心负责调换。

定　　价：68.00 元　　　　　　　　　　　　　　　　　　版权所有　违者必究

前言

随着汽车工业的快速发展，新结构、新系统、新配置在汽车上的应用也不断增多，从而推动了汽车技术运用和汽车维修行业的迅猛发展。常言道"工欲善其事，必先利其器"，对于汽车维修工作来讲也有"三分技术，七分工具和仪器设备"的说法。传统维修工具和设备相对较为简单，功能单一，不能满足现代汽车检测与维修技术发展的需要。现代的汽车维修人员不仅需要拥有专业的维修知识和丰富的维修经验，而且还要求他们要熟练掌握汽车常用维修工具、量具和仪器设备的使用，更要具备使用现代汽车专用工具和检测仪器的能力。为了满足汽车维修人员的需要，我们特编写了本书。

本书共分七章，主要内容包括概述、汽车维修常用扭力类工具、汽车维修常用钳工工具、汽车维修常用量具和检测仪器设备、发动机维修常用工具和仪器设备、底盘与车身系统维修常用工具及设备、汽车电气维修常用工具和仪器设备等。通过阅读本书，读者可以系统地学习汽车维修与故障诊断工具和仪器设备的正确使用与操作方法及注意事项。

本书由吴文琳任主编，林瑞玉任副主编，参加编写的人员还有林志强、林国强、黄志松、林志坚、何木泉、杨光明、林宇猛、陈谕磊、李剑文等。在本书编写过程中，参阅了一些文献资料，在此向有关文献资料的作者表示诚挚的谢意。

本书内容新颖，知识面广，限于作者水平，书中不当之处在所难免，恳请广大读者批评指正。

编　者

目录

第一章 概述 001

一、汽车维修常用工具与仪器设备的重要性 / 001

二、汽车维修常用工具与仪器设备的类型 / 001

三、汽车维修常用工具与仪器设备的选用原则 / 003

四、正确使用维修工具与仪器设备 / 006

第二章 汽车维修常用扭力类工具 008

第一节 常用扳手的使用 / 008

一、呆扳手 / 008

二、梅花扳手 / 011

三、梅花棘轮扳手 / 013

四、两用扳手 / 014

五、活扳手 / 015

六、扭力扳手 / 016

七、管子扳手与油管扳手 / 019

八、内六角扳手 / 021

九、动力型扳手 / 021

第二节 套筒类扳手的使用 / 025

一、套筒类扳手 / 025

二、套筒接合器 / 028

三、万向接头 / 028

四、接杆 / 029

五、套筒手柄 / 031

第三章
汽车维修常用钳工工具

035

第一节 常用钳子类工具的使用 · / 035

一、钳工工作台 / 036

二、台虎钳 / 036

三、鲤鱼钳 / 037

四、尖嘴钳 / 038

五、弯嘴钳 / 040

六、大力钳 / 040

七、断线钳 / 041

八、水泵钳 / 042

九、斜口钳 / 043

十、钢丝钳 / 044

十一、卡簧钳 / 045

十二、剥线钳 / 046

第二节 螺钉旋具的使用 · / 047

一、螺钉旋具的类型与使用 / 047

二、一字槽螺钉旋具 / 050

三、十字槽螺钉旋具 / 051

四、梅花螺钉旋具 / 051

五、冲击螺钉旋具 / 051

第三节 锤子和錾子的使用 · / 052

一、圆头铁锤 / 052

二、软手锤 / 054

三、錾子 / 054

四、冲子 / 056

第四节 锉削工具的使用 · / 057

一、手锯 / 057

二、锉刀 / 062

三、刮刀 / 068

第五节 丝锥与板牙的使用 · / 069

一、丝锥 / 069

二、板牙 / 073

第六节　其他钳工工具的使用 / 075

一、砂轮机 / 075

二、钻孔工具 / 077

三、压床 / 079

四、划线工具 / 080

第四章　汽车维修常用量具和检测仪器设备　083

第一节　常用测量尺的使用 / 083

一、钢直尺与钢卷尺 / 083

二、游标卡尺 / 085

三、外径千分尺 / 089

四、高度尺 / 092

第二节　维修专用测量尺的使用 / 093

一、塞尺 / 093

二、塑料间隙规 / 095

三、内外卡钳 / 096

四、直角尺 / 098

五、轮胎花纹深度尺 / 099

第三节　指示式量具的使用 / 100

一、百分表 / 100

二、量缸表 / 103

三、冰点密度计 / 107

四、红外测温仪 / 109

第四节　压力测量量具的使用 / 110

一、机油压力表 / 110

二、真空表 / 112

三、燃油压力表 / 114

四、气缸压力表 / 115

五、排气背压表 / 117

六、冷却系统压力测试仪 / 119

七、轮胎气压表 / 120

第五章 发动机维修常用工具和仪器设备　　122

第一节　活塞维修常用工具的使用・ / 122

一、活塞环拆装钳 / 122

二、活塞环压缩器 / 123

第二节　气门维修常用工具的使用・ / 124

一、气门弹簧钳 / 124

二、气门油封钳 / 125

三、气门铰刀 / 126

四、气门导管铰刀 / 127

第三节　机油滤清器拆装常用工具的使用・ / 128

一、帽式机油滤清器扳手 / 128

二、钳式机油滤清器扳手 / 128

三、铐式机油滤清器扳手 / 129

四、三爪式机油滤清器扳手 / 129

五、链式机油滤清器扳手 / 130

六、带式机油滤清器扳手 / 130

第四节　其他发动机维修常用工具的使用・ / 131

一、氧传感器扳手 / 131

二、火花塞套筒扳手 / 131

三、火花塞间隙规 / 133

四、车用听诊器 / 134

五、汽车内窥镜 / 135

六、发动机尾气分析仪 / 136

七、传动带张力测试器 / 138

八、手动真空泵 / 139

九、散热器盖测试器 / 140

第六章
底盘与车身系统维修常用工具及设备

第一节　底盘系统维修常用工具与仪器设备的使用· / 142

一、球头分离器 / 142

二、减振器弹簧压缩器 / 143

三、拉拔器 / 144

四、四轮定位仪 / 146

五、十字扳手 / 149

六、撬棍 / 149

七、轮胎拆装机 / 150

八、轮胎充氮机 / 152

九、轮胎动平衡机 / 152

十、滑脂枪 / 154

第二节　汽车钣金常用工具与仪器设备的使用· / 155

一、钣金锤 / 155

二、车身锤 / 156

三、衬铁 / 157

四、修平刀 / 158

五、撬镐 / 159

六、凹坑拉出器和拉杆 / 160

七、凹坑吸盘 / 161

八、金属剪 / 161

九、铆枪 / 161

十、车身锉刀 / 162

十一、饰板撬棒 / 163

十二、胶扣起子 / 163

第三节　汽车涂装美容常用工具及仪器设备的使用· / 164

一、打磨机 / 164

二、常用洗车设备 / 166

三、美容工具 / 169

四、喷枪 / 171

五、烤漆房 / 172

第四节　汽车支撑与举升设备的使用· / 174

　　一、千斤顶 / 174

　　二、安全支撑 / 177

　　三、汽车举升机 / 178

　　四、吊具及吊索 / 181

第七章 汽车电气维修常用工具和仪器设备　　184

第一节　电气维修常用工具与仪器设备的使用· / 184

　　一、数字式万用表 / 184

　　二、汽车专用万用表 / 186

　　三、钳形电流表 / 188

　　四、汽车专用示波器 / 190

　　五、汽车故障诊断仪 / 191

　　六、测电笔 / 192

　　七、电解液密度计 / 194

　　八、高率放电计 / 195

　　九、蓄电池测试仪 / 196

　　十、前照灯检测仪 / 197

第二节　汽车空调系统维修常用工具的使用· / 200

　　一、汽车空调维修专用工具 / 200

　　二、空调检漏仪 / 202

　　三、歧管压力表 / 203

　　四、真空泵 / 208

　　五、制冷剂罐注入阀 / 208

　　六、检修阀 / 209

　　七、气门阀 / 210

　　八、氧乙炔焊割设备 / 211

　　九、制冷剂回收加注机 / 211

第三节　新能源汽车维修专用工具及仪器设备· / 213

　　一、绝缘工具 / 213

二、新能源汽车数字式万用表 / 214

　　三、兆欧表 / 215

　　四、新能源汽车故障检测仪 / 219

参考文献 / 221

第一章　概述

一、汽车维修常用工具与仪器设备的重要性

随着汽车工业的迅速发展，新结构、新系统、新配置在汽车上的应用也不断增多，从而推动了汽车技术运用和汽车维修行业的迅猛发展。常言道"工欲善其事，必先利其器"，对于汽车维修工作来讲也有"三分技术，七分工具和仪器设备"的说法。而提高汽车检测与维修仪器设备的水平，正确使用先进的检测和维修仪器设备，对汽车维修来说是至关重要的一环。如果不重视汽车维修工具和设备的使用方法，或是使用汽车维修工具和设备不规范，可能会导致不能顺利地完成维修任务，不但影响工作效率，还会造成各部分部件和工具的损坏，甚至会发生人身伤亡事故。

汽车维修作业最基本的工作是拆卸和装配，而拆装工具的种类很多，用途也各不相同，工具使用的正确与否，直接关系到维修工作的效率。因此作为一个汽车维修人员，应该了解各种工具的用途，并熟练掌握各种工具的使用方法与有关注意事项。

汽车维修常见仪器设备的正确使用，是广大汽车维修人员必须掌握的知识，是保证汽车检测数据的准确性和维修质量的前提。通过学习，可熟练掌握汽车维修常见工具、仪器设备的使用和操作注意事项，更加合理地使用工具，提高工作效率，保护工具，保护人身安全。

二、汽车维修常用工具与仪器设备的类型

汽车在检测和维修过程中，需大量使用各种各样的维修工具和仪器设备，常用的维修工具和仪器设备主要有：扭力类工具、钳工工具、量具、发动机维修常用工具、底盘与车身系统维修常用工具及设备和电子检测用工具与仪器设备等。

1. 扭力类工具

汽车维修常用扭力类工具主要有：呆扳手、活扳手、梅花扳手、套筒类扳手等，如图1-1所示。

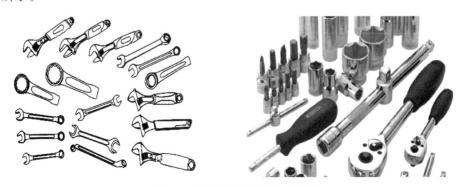

图1-1　汽车维修常用扭力类工具

2. 钳工工具

汽车维修常用钳工工具主要有：台虎钳、钳子、手锤、手锯、螺钉旋具、丝锥与板牙、砂轮机和手动压力机等，如图1-2所示。

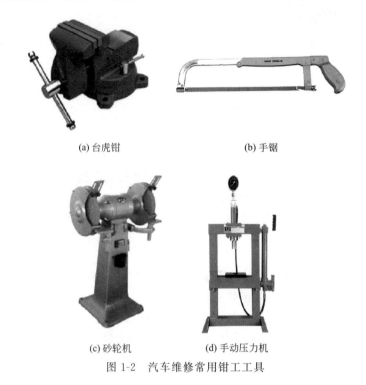

(a) 台虎钳　　　(b) 手锯

(c) 砂轮机　　　(d) 手动压力机

图1-2　汽车维修常用钳工工具

3. 量具

常用测量量具包括尺类测量量具和压力类测量量具两种。

① 尺类测量量具主要有：直尺、卷尺和游标卡尺等，如图1-3所示。

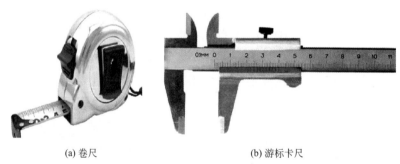

(a) 卷尺　　　(b) 游标卡尺

图1-3　尺类测量量具

② 压力类测量量具主要有：机油压力表、真空表、燃油压力表和气缸压力表等，如图1-4所示。

4. 发动机常用维修工具

发动机常用维修工具主要有：活塞环拆装钳、气门弹簧钳和气门座铰刀等，如图1-5所示。

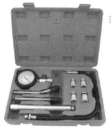

(a) 真空表　　　　　　　　(b) 气缸压力表

图 1-4　压力类测量量具

(a) 活塞环拆装钳　　　　　　(b) 气门弹簧钳

(c) 气门座铰刀

图 1-5　发动机常用维修工具

5. 底盘与车身系统维修常用工具及设备

底盘与车身系统维修工具及设备主要有：减振器拆卸或安装工具、球头分离器和胶扣螺钉旋具等，如图 1-6 所示。

6. 电子检测用工具与仪器设备

电子检测用工具与仪器设备主要有：万用表、测电笔、汽车检测仪和示波器等，如图 1-7 所示。

三、汽车维修常用工具与仪器设备的选用原则

在汽车维修工作中应根据不同的维修项目，以"安全生产"为第一原则，选择合适的工具或仪器设备进行维修，提高维修效率与质量，防止工件或者工具仪器的损坏，防止事故的发生。

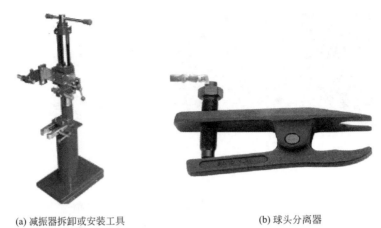

(a) 减振器拆卸或安装工具　　　　　　(b) 球头分离器

(c) 胶扣螺钉旋具

图 1-6　底盘与车身系统维修常用工具及设备

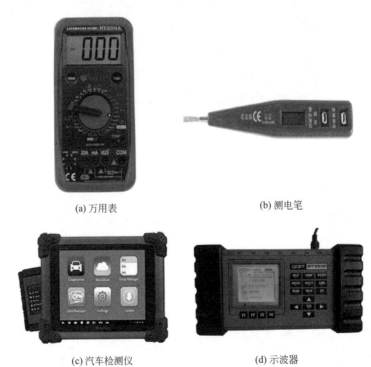

(a) 万用表　　　　　　(b) 测电笔

(c) 汽车检测仪　　　　　　(d) 示波器

图 1-7　电子检测用工具与仪器设备

① 在没有特殊要求的情况下，应首先选择能够提高工作效率的工具，这样的工具可用来进行汽车发动机、底盘、车身的拆装等。在有特殊要求的场合，如气缸盖螺栓的预紧，也可以选用工作效率高的工具进行拆装，再按要求完成最后的工作。

② 选用扳手工具拆卸螺栓时，应按照"先套筒扳手，后梅花扳手，再呆扳手，最后活扳手"的选用原则进行选取，如图1-8所示。

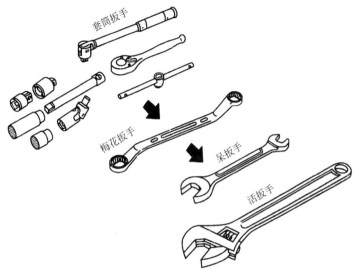

图1-8　选用扳手工具的原则

③ 选用扳手时要注意扳手的尺寸，尺寸是指它所能拧动的螺栓或螺母正对面间的距离。例如扳手上标示22mm，即表示此扳手所能拧动螺栓或螺母棱角正对面间的距离为22mm。选用的扳手尺寸必须与要拆卸或安装螺栓或螺母的尺寸相符，如图1-9所示。

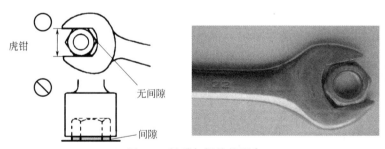

图1-9　扳手与螺栓的配合

④ 根据工件形状和工作场地选择合适的工具。在汽车维修工作中，为了快速拆卸或安装螺栓，经常使用成套套筒扳手。如果由于工作空间限制而不能使用成套套筒扳手，可选用梅花扳手或呆扳手。

若有精确的扭矩要求时，应选用扭力扳手；当只有大致的扭矩要求时，可选用综合组套。

在紧固有扭矩要求的工件时，应首先选用工作范围与扭矩要求相适应的工具，以免损伤工具或工件，甚至造成不必要的人身伤害。应根据旋转扭矩的大小选择工具。

⑤ 汽车维修中常见的工具有米制和英制两种尺寸单位，对应的套筒扳手如图1-10所示。禁止使用一种单位系统的扳手旋动另外一种单位系统的螺栓或螺母，例如不能使用英制单位的扳手松紧米制单位的螺栓或螺母。

(a) 米制单位　　　　　　　　(b) 英制单位

图 1-10　米制单位和英制单位的套筒扳手

四、正确使用维修工具与仪器设备

在汽车维修工作中，工具与仪器设备的使用正确与否对提高汽车维修工作效率及维修质量具有重要意义。因此，汽车维修人员必须熟练掌握维修工具与仪器设备的使用技能和技巧。

1. 正确使用维修工具与仪器设备的方法

① 掌握工具的功能及用途。按照规定的工具用途使用，如果用于规定之外的用途，不但工具或仪器可能会损坏，而且工件也可能会损坏或者导致维修质量降低。

② 了解使用工具和仪器的正确方法。每件工具和仪器都有规定的操作程序，要确保按照正确的使用方法使用它们，用在工具上的力要恰当，工作姿势也要正确。

③ 保证工具摆放整齐有序。在汽车维修过程中，工具应摆放整齐有序，且摆放在容易拿到的位置，完成工作任务后要清洁工具并放回原来的正确位置。注意养成良好的工作习惯，不要随意摆放工具、量具或零部件，以防自己或者他人滑倒。

手动工具一般放在工具箱中保存，如扳手、螺钉旋具、钳子、锤子、冲子等。汽车工具箱与工具柜是用来存放汽车维修工具的一种箱体容器。汽车工具箱和工具柜呈现出多种多样的规格，根据厂家不同，其外观、尺寸和型号等都有所区别，如图 1-11 所示。

(a) 工具箱　　　　　　　　(b) 工具柜

图 1-11　工具箱和工具柜

④ 严格坚持工具的维护和管理。工具要在使用后立即清洗并在需要的位置涂油，这样工具就可以长期处于完好状态。

2. 使用汽车维修工具的注意事项

① 工作前应检查所使用的工具是否完好。作业时工具必须摆放整齐，不得随地乱放，

工作后应将工具清点检查并擦干净，按要求放入工具车或工具箱内。按照安全操作规程操作工具和设备。

② 按规定穿好防护服和鞋。

③ 拆装零部件时，必须使用合适的工具或专用工具，不得大力蛮干，不得用硬物或手锤直接敲击工件。所有工件拆卸后都要按顺序摆放整齐，不得随地堆放。

④ 操作工具不可过急、过猛。

⑤ 正确地使用电动工具和气动工具，否则可能导致严重的伤害。

⑥ 使用会产生碎片的工具前应戴好护目镜，使用后要清除其上的粉尘和碎片。

⑦ 操作旋转的工具时不能戴手套，这是因为手套有可能被旋转的工具卷入而伤到手。

⑧ 使用升降机升起车辆时，先初步提升到轮胎稍微离开地面为止，在完全升起车辆之前应确认车辆牢固地支撑在升降机上。升起车辆之后，千万不要试图摇晃车辆，因为这样可能导致车辆跌落，造成严重事故。

第二章　汽车维修常用扭力类工具

第一节　常用扳手的使用

扳手是汽车维修中最为常见的一种工具，主要用于拆装有棱角的螺栓、螺母或带有螺纹的工件。如果扳手选用不当或使用不当，不但会造成工件和扳手损坏，还可能引发危及人身安全方面的事故。

扳手的种类繁多，每种类型的扳手都有其特殊的用途。常见的扳手有：呆扳手、梅花扳手、套筒扳手、活扳手、内六角扳手、扭力扳手、管子扳手和特种扳手等，如图2-1所示。

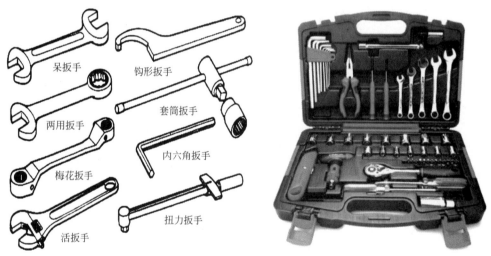

图 2-1　扳手的类型

一、呆扳手

对于呆扳手，通常在柄部的一端或两端制有夹持螺栓或螺母的开口或套孔，可套住螺栓或螺母六角的两个对向面。使用时沿螺纹旋转方向在柄部施加外力，就能拧转螺栓或螺母。

1. 呆扳手的作用与类型

呆扳手多用于拧紧或拧松标准规格的螺栓或螺母；可以从上、下套入螺母或横向插入，使用方便。与套筒扳手和梅花扳手相比，它不能提供较大扭矩，因此扭矩需求较大的螺栓/螺母不适合用呆扳手作为最终拧紧工具。它主要用于不能用套筒扳手或梅花扳手拆除或更换螺栓/螺母操作的位置。

呆扳手有多种规格，是以两端开口的宽度来表示的，通常U形钳口的尺寸为一大一小。单位以毫米（mm）表示。呆扳手的规格与梅花扳手相同，通常有8mm×10mm、10mm×

12mm、12mm×14mm、14mm×17mm、16mm×18mm、17mm×19mm、19mm×22mm、22mm×24mm、24mm×27mm、27mm×30mm、30mm×32mm、32mm×34mm、32mm×36mm、34mm×36mm、36mm×38mm、36mm×41mm、38mm×41mm、41mm×46mm、46mm×50mm、50mm×55mm、55mm×60mm、60mm×65mm、65mm×70mm 和 70mm×75mm 等。呆扳手通常是成套装备，有 8 件一套、10 件一套等，通常用 45 钢、50 钢锻造，并经热处理。

根据开口数量可将呆扳手分为单头呆扳手和双头呆扳手，单头呆扳手就是只在手柄一端有扳子口，双头呆扳手是在手柄两端均有扳子口，如图 2-2 所示。汽车拆装工作中常用的呆扳手是双头呆扳手。

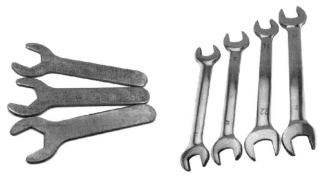

(a) 单头呆扳手　　　　　　(b) 双头呆扳手

图 2-2　单头和双头呆扳手

2. 呆扳手使用方法

① 使用时，先将呆扳手套住螺栓或螺母六角的两个对向面，确保呆扳手与螺栓完全配合后才能施力。当施力时，一只手推住呆扳手与螺栓连接处，并确保扳手与螺栓完全配合后，另一只手拇指抵住扳头，另外四指握紧扳手柄部往身边拉。当螺栓、螺母被扳转到极限位置后，将呆扳手取出并重复前面的过程。

② 使用呆扳手时，放置的位置不能太高，也不能只夹住螺母头部的一小部分，这样会在紧固或拆卸螺母的过程中打滑，从而损坏螺栓、螺母或呆扳手，甚至会造成身体伤害。

③ 使用呆扳手时，应以拉力为主，这样操作更省力。若必须向外推呆扳手，也只能用手掌来推，并且手指要伸开，以防滑脱伤人和损坏工具，如图 2-3 所示。

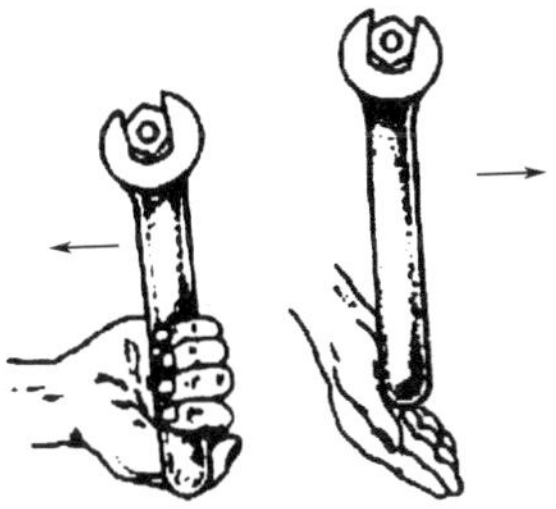

④ 使用呆扳手时，要想得到最大的扭力，拉力的方向一定要和扳手成直角。

⑤ 在紧固燃油管、空调管路等的调整螺栓、螺母时，为了防止工件的相对转动或者工件的损坏，需要用两个呆扳手配合紧固，一个呆扳手固定一端的螺母，另外一个呆扳手紧固或者拆卸螺母，如图 2-4 所示。

图 2-3　呆扳手的使用方法

⑥ 呆扳手的开口中心平面和本体中心平面成 15°角，只能在一个有限的空间中扳动螺栓或螺母，在螺栓或螺母被扳转到极限位置后，通过反转呆扳手可增大适用空间，如图 2-5 所示。这样既适应人手的操作方向，又可降低对操作空间的要求。可根据螺栓的旋转角度，灵活调整呆扳手的正反面，更方便地拧动螺栓/螺母。

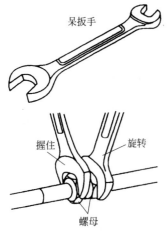

图 2-4　用两个呆扳手配合紧固

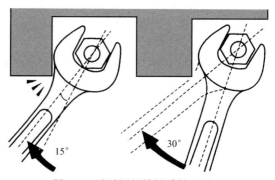

图 2-5　灵活调整呆扳手的正反面

图 2-6　呆扳手的使用

⑦ 使用呆扳手时，为使呆扳手不致损坏和滑落，在最初旋松和最后旋紧螺栓时，加在呆扳手上的力应根据螺栓拧紧力矩的要求而定，不能太大，否则会导致螺纹滑扣。应使受力大的部位靠近扳口较厚的一边，如图 2-6 所示，但螺栓松动后可以翻转使用。

⑧ 呆扳手错误操作示意，如图 2-7 所示。

3. 使用呆扳手时的注意事项

① 使用呆扳手时，要根据螺栓头部的尺寸来确定合适的型号，并确保钳口的直径与螺栓头部直径相符，配合无间隙，然后才能进行操作，如图 2-8 所示。若钳口松旷，则易滑脱，损坏呆扳手或螺母、螺栓头的棱角，甚至会碰伤人。

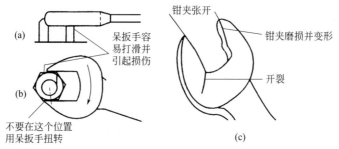

图 2-7　呆扳手错误操作示意

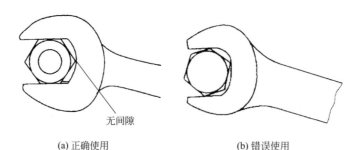

(a) 正确使用　　　　　　(b) 错误使用

图 2-8　呆扳手的使用注意事项

② 在呆扳手上标有使用的尺寸,若呆扳手上尺寸的单位是毫米,该扳手就为米制型号呆扳手;若尺寸为英寸,该扳手就为英制型号呆扳手。

③ 不能在呆扳手手柄上套装加长套管,这样会损坏呆扳手或螺栓,如图 2-9 所示。

④ 呆扳手不能提供较大扭矩,因此不能用来最终拧紧。

⑤ 禁止将呆扳手当撬棍使用,否则会损坏工具和零部件。

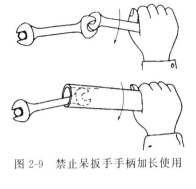

图 2-9 禁止呆扳手手柄加长使用

⑥ 禁止使用锤子敲击呆扳手来进行螺栓、螺母的拆卸或安装,以免引起呆扳手断裂或者损坏螺栓、螺母。

⑦ 操作呆扳手时应避免配合不当打到自己,如图 2-10 所示。

⑧ 使用呆扳手时应缓慢用力,不可用力过猛,力矩不足时需更换工具。

⑨ 呆扳手承受力矩不大,注意视力矩需求谨慎选用;禁止使用呆扳手拆卸大力矩的螺栓和螺母。

⑩ 长期错误使用呆扳手会使钳口张开、磨损变圆或者开裂,禁止继续使用此类的呆扳手,否则会损坏螺栓、螺母的棱角,如图 2-11 所示。

图 2-10 操作呆扳手时应避免配合不当打到自己

图 2-11 禁止使用损坏的呆扳手

二、梅花扳手

1. 梅花扳手的作用与分类

(1) 梅花扳手的作用　梅花扳手是指两端为花环状的扳手,且两头花环不一样大,所以又称双头梅花扳手,如图 2-12 所示。它主要用于拆装在狭窄空间中的螺栓和螺母,适合用于初松螺母或最后锁紧螺母,在补充拧紧螺栓或螺母的操作中,可以使用梅花扳手对螺栓或螺母施加大转矩。

梅花扳手的孔壁一般是十二边形,可将螺栓和螺母头部套住,扭矩大,工作可靠,不易滑脱,携带方便。使用时,扳动 30°角后,即可换位再套,因而适于在狭窄场合中操作。但对螺栓或螺母的套上、取下不方便。

图 2-12 梅花扳手

（2）梅花扳手的分类　梅花扳手有单头和双头之分，由两个不同尺寸的钳口组成。由于螺栓/螺母的尺寸各不相同，梅花扳手也有不同的规格，规格用正12边形的对边宽度表示。梅花扳手组中包括8mm×10mm、10mm×12mm、12mm×14mm、14mm×17mm、16mm×18mm、17mm×19mm、19mm×22mm、22mm×24mm八种扳手。与普通扳手不同，梅花扳手能以抱住螺栓/螺母六角面的形式转动，柄部也较长，因此能施以更大的力矩，使用便利。

梅花扳手通常带有弯头，常见的弯头角度为10°～45°，从侧面看梅花扳手的旋转螺栓部分和手柄部分是错开的，这种弯头结构便于拆装在凹陷空间上的螺栓和螺母，并可以为手指提供足够的操作空间，防止擦伤。

2. 梅花扳手的使用方法

① 使用时要选择与螺栓、螺母规格相同的梅花扳手。一定要确保梅花扳手与螺栓、螺母尺寸及形状完全配合，否则会打滑造成螺栓、螺母的损坏，甚至会造成人身伤害。

② 在使用梅花扳手时，左手推住梅花扳手与螺栓连接处，保持梅花扳手与螺栓完全吻合，防止滑脱，右手握住梅花扳手另一端并加力。

③ 需用力扳转时，四指与拇指应上下握紧梅花扳手手柄，往身边扳转；也可以手掌抵住梅花扳手手柄，向身外推，如图2-13所示。

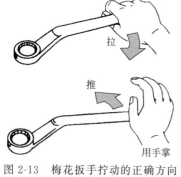

图2-13　梅花扳手拧动的正确方向

④ 如图2-14所示，因为梅花扳手的钳口是双六角形的，梅花扳手转动30°后即可换位再套，特别适用于拆装处于空间狭小位置的螺栓、螺母。由于梅花扳手是有角度的，因此可用来在凹进空间里或在平面上旋转螺栓、螺母。

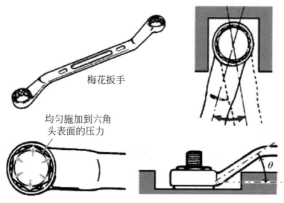

图2-14　梅花扳手的使用方法

3. 使用梅花扳手的注意事项

① 确保梅花扳手型号正确，要与螺栓紧密吻合，防止打滑造成人身伤害或螺栓/螺母滑丝。

② 在操作梅花扳手时应避免配合不当打到自己。

③ 使用梅花扳手时，应缓慢用力，不可用力过猛，若力矩不足则需更换工具。

④ 严禁将加长的管子套在梅花扳手上以延伸扳手长度而增加力矩。

⑤ 严禁在梅花扳手上任意加套筒或锤击，否则会造成工具损坏。

⑥ 不得使用已经变形或破裂的梅花扳手。

⑦ 严禁使用带有裂纹和内孔已经严重磨损的梅花扳手，如图 2-15 所示。

⑧ 不能将梅花扳手当撬棒使用。

⑨ 由于空间限制而不能使用套筒扳手时首选梅花扳手。

⑩ 梅花扳手手柄要保持清洁，不得使用沾有油脂的梅花扳手工作，以防滑脱。

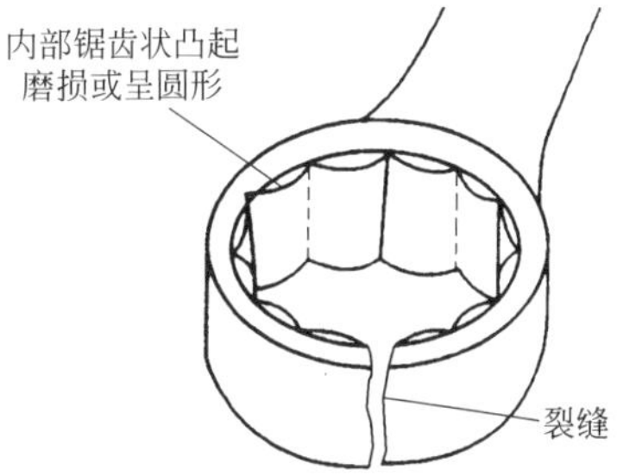

图 2-15　严禁使用已损坏的梅花扳手

三、梅花棘轮扳手

1. 梅花棘轮扳手的作用

梅花棘轮扳手也称为梅花快扳手，如图 2-16 所示。它是普通梅花扳手的改进产品，在梅花扳手的花环部设计有棘轮装置，起到了像棘轮扳手一样的效果，在不脱离螺栓的情况下，可实现拧紧和松开方向的调整，并能进行单方向快速转动。

梅花棘轮扳手的类型主要有：普通梅花棘轮扳手、双头双用（带换向拨杆）梅花棘轮扳手（也称四用梅花棘轮扳手）和两用梅花棘轮扳手等几种。

图 2-16　梅花棘轮扳手

2. 梅花棘轮扳手的使用方法

梅花棘轮扳手比棘轮套筒扳手好用，梅花棘轮扳手可代替传统的棘轮扳手加套筒的组合，可适合更狭窄的空间作业。如图 2-17 所示，快速有效地拆卸长螺杆，使用普通套筒加棘轮扳手的组合往往很受限，但梅花棘轮扳手不会受到限制。

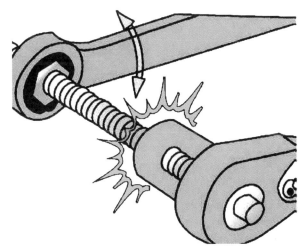

图 2-17　快速有效地拆卸长螺杆

在使用梅花棘轮扳手时，左手推住梅花棘轮扳手与螺栓连接处，保持梅花棘轮扳手与螺栓完全吻合，防止滑脱，右手握住梅花棘轮扳手另一端并加力。梅花棘轮扳手可将螺栓、螺母的头部全部围住，因此不会损坏螺栓角，可以施加大力矩。

梅花棘轮扳手可以提供更小的转换角度，普通梅花扳手需要摆动30°才能转动一个螺栓或者螺母（或者说是普通梅花扳手需要将扳手移出螺栓、螺母后摆动到另外一个旋转位置才能再进行拆卸或安装螺栓、螺母），但对于梅花棘轮扳手，无须将扳手移出螺栓、螺母，只需要转动5°就能够进行拆装作业，如图2-18所示。

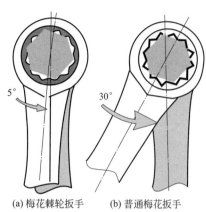

(a) 梅花棘轮扳手　　(b) 普通梅花扳手

图2-18　只需要转动5°就能够进行拆装作业

3. 使用梅花棘轮扳手的注意事项

① 梅花棘轮扳手使用方便但不够结实，因此不能使用梅花棘轮扳手对螺栓或螺母进行最后的拧紧。

② 梅花棘轮扳手内部安装了棘轮装置，严禁对棘轮手柄施加过大的转矩，否则会损坏内部的棘爪结构。

③ 禁止使用管子套入梅花棘轮扳手以加大扭力。

④ 禁止使用锤子敲击梅花棘轮扳手进行螺栓、螺母的拆卸或安装。

⑤ 梅花棘轮扳手只能用于作业空间比较大的地方，对于空间狭窄、凹陷等地方，梅花棘轮扳手无法操作，只能更换棘轮手柄进行作业。

四、两用扳手

1. 两用扳手的作用与类型

两用扳手也称组合扳手，就是把呆扳手和梅花扳手制成一体，即一端是呆扳手，另一端是梅花扳手，如图2-19所示，并且呆扳手和梅花扳手的米制尺寸相同。两用扳手通常也是成套装备的。

图2-19　两用扳手

两用扳手在汽车维修中使用更加普遍，遇到需要快速拧动螺栓或螺母时，可使用扳手的开口端；遇到需要大力矩紧固操作时，可使用扳手的梅花端执行操作。

两用扳手可分为两种：一种是普通的两用扳手；另外一种就是棘轮两用扳手，也称两用快扳手，即一端是梅花棘轮扳手，另一端是呆扳手。棘轮两用扳手有些是带活动头的，有些是带换向拨杆的，如图2-20所示。

图 2-20 棘轮两用扳手

2. 两用扳手的使用方法

① 在紧固过程中，可以先使用两用扳手的开口端把螺栓旋到底，再使用梅花端完成最后的紧固，而拧松时先使用梅花端。

② 棘轮两用扳手在汽车维修中使用更方便，即不仅可以使用梅花棘轮扳手，在梅花棘轮扳手无法使用的维修位置，还可以使用另一端的呆扳手。

③ 给棘轮两用扳手装配专用的快速脱落接头后，可达到快速脱落棘轮扳手的效果（棘轮两用扳手可以配套使用不同型号的快速脱落接头）。

3. 使用两用扳手的注意事项

呆扳手和梅花扳手的使用注意事项，同样适用于两用扳手：不可使用开口端做最后的拧紧，如果必须使用呆扳手做最后的拧紧，要完全按照螺栓或螺母的扭矩要求，不能过大，否则会导致螺栓棱角损坏。

五、活扳手

1. 活扳手的作用与结构

活扳手又称可调扳手，也叫活动扳手，主要用于拆装不规则的螺母/螺栓，能在一定范围内任意调节开口尺寸。一个可调扳手可用于代替多个呆扳手，但活扳手操作起来不太灵活。

活扳手通常是由碳素工具钢（T）或铬钢（Cr）制成的，其结构如图 2-21 所示，由固定钳口和可调钳口两部分组成。固定钳口、活动钳口用于夹紧工件，扳手的开度大小通过调节螺母进行调整，握把用于加长力臂，固定销用于防止开口调节螺母脱落。

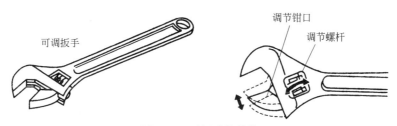

图 2-21 活扳手的结构

不同规格活扳手的尺寸都有一定的差异，它的规格以手柄长度（mm）或最大开口尺寸（mm）来表示，比如规格为 250mm×30mm，就表示扳手的手柄长度为 250mm，最大开口尺寸为 30mm。常用的活扳手手柄长度为 150mm、300mm 等。

2. 活扳手的使用方法

使用活扳手时应先将活扳手调整合适，使活扳手钳口与螺栓、螺母两对边完全贴紧，不应存在间隙。活扳手不能用于施加大力矩。

如图 2-22 所示，使用活扳手时应把支撑面作为施力点，调整面作为辅助面，即使活扳手的可调钳口部分受推力，固定钳口受拉力。若不按照这种方法转动扳手，会使压力作用在调节螺杆上，在施力时促使钳口变大，将损坏螺栓、螺母的棱角和扳手本身。

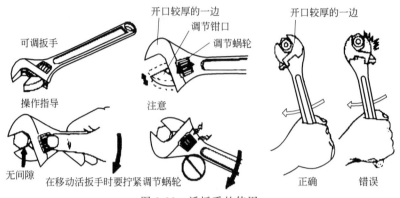

图 2-22 活扳手的使用

3. 活扳手使用的注意事项

① 当使用时，严禁在活扳手上随意加装套管来增加扭矩或敲击活扳手，如图 2-23 所示。

图 2-23 活扳手使用的注意事项

② 禁止将活扳手当作锤子来使用，否则会使活扳手损坏。

③ 禁止使用活扳手对大扭矩螺栓、螺母进行拆装，这是因为活扳手的钳口没有固定，在进行大扭矩螺栓、螺母的拆卸与紧固过程中会损坏螺栓、螺母的棱角，甚至损坏活扳手本身。

六、扭力扳手

扭力扳手又叫力矩扳手，上面有扭矩指示，常与套筒头配合使用。主要用于拧紧或拧松有规定扭矩值要求的螺栓或螺母，如紧固车轮、气缸盖、连杆和曲轴主轴承等处的螺栓或螺母等。

汽车维修工作中常用的扭力扳手有指针式扭力扳手、预置式扭力扳手和数字液晶显示式扭力扳手等，如图 2-24 所示。按照扭力扳手的方榫部位尺寸大小不同，可分为 1/4in、3/8in、1/2in、3/4in、1in 五种（1in＝2.54cm，下同）。

指针式扭力扳手结构相对比较简单，包括刻度盘、杆身和方榫头。其力臂由单片板簧或者扳杆构成，在拧紧螺栓或螺母时，板簧或者扳杆变形，利用该变形，拧紧力矩直接显示在靠近扳手手柄的地方，即通过刻度盘读出。指针式扭力扳手现阶段常用的规格是方榫头尺寸

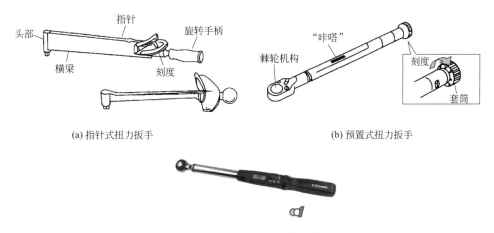

图 2-24 扭力扳手的类型

为 1/2in 的型号,其他尺寸的相对较少。

预置式扭力扳手配有紧固力矩调节机构,旋转端部的套筒即可调节紧固力矩,可预先设定好紧固力矩值,当紧固力矩达到设定值时,扭力扳手会发出声音或手感信号提示操作者已经达到设定好的紧固力矩。

数字液晶显示式扭力扳手是通过扭力扳手上配备的数字显示板显示扭矩数据,显示方式清晰直观。

1. 指针式扭力扳手的使用方法与注意事项

(1) 指针式扭力扳手的使用方法

① 检查零位。在使用指针式扭力扳手前,应检查指针正确无误地指向零位,如图 2-25 所示。

② 选择套筒。必须使用与螺栓或螺母尺寸适合的套筒,且其方孔部分与扳手的方榫部分匹配。

③ 正确操作。当使用指针式扭力扳手测量扭矩时,必须使枢轴把手与板簧分离,如果它们相互接触就会造成扭矩读数不准。在扳手方榫上装上相应规格的套筒,并套住紧固件,一只手握住套筒或者接杆与扳手的连接处位置,并保持指针式扭力扳手的方榫部位及套筒垂直于紧固件所在的平面上,另外一只手握

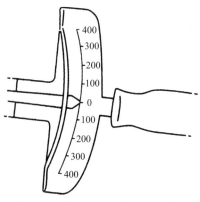

图 2-25 检查刻度盘指针位于零位

紧扭力扳手的手柄或者调节套筒,应缓慢均匀用力,不得利用冲击力。当施加外力时,必须按标明的箭头方向实施,也就是向自己的方向扳转,禁止向外侧推动扳手,以免滑脱而发生危险,如图 2-26 所示。

④ 指针式扭力扳可用于松紧螺栓,螺栓旋紧前应先将其清洁并上润滑油。在指针式扭力扳手拧紧前用其他扳手预先拧紧,这样工作效率高。

⑤ 需同时拧紧多个螺栓时,在每个螺栓上均匀施加力矩,重复两次或三次。

(2) 指针式扭力扳手操作注意事项(图 2-27)

① 指针式扭力扳手不能用于敲击或使用加长套管,否则会造成永久损坏。

② 切忌将指针式扭力扳手当棘轮扳手使用。

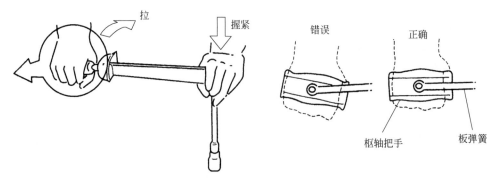

图 2-26 指针式扭力扳手的操作方法

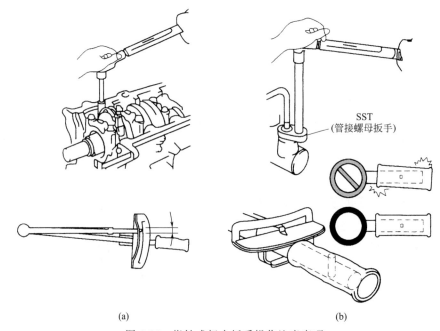

图 2-27 指针式扭力扳手操作注意事项

③ 使用指针式扭力扳手时,最好使用其50%~70%的量程,以便施加均匀的力矩。不要用力太大使手柄接触到杆。

2. 预置式扭力扳手的使用方法与注意事项

(1) 预置式扭力扳手的使用方法

① 选用合适量程的预置式扭力扳手。要根据测量工件的要求,选取适中量程的预置式扭力扳手,所测扭矩值不可小于扭力器在使用中量程的20%,太大的量程不宜用于小扭力部件的加固,小量程的扭力器更不可以超量程使用。

② 根据工件所需扭矩值要求,确定预设扭矩值。预设扭矩值时,将预置式扭力扳手手柄上的锁定环下拉,同时转动手柄,调节标尺主刻度线和微分刻度线数值至所需扭矩值。调节好后,松开锁定环,手柄自动锁定。

③ 确认预置式扭力扳手与固定件连接可靠并已锁定。用预置式扭力扳手时,先将扳手方榫连接好辅助配件(如套筒等),确保连接牢固。在加固扭力之前,设定好需要加固的扭矩值,并锁好紧锁装置,调整好方向转换钮到加力的方向,然后在使用时先快速连续操作5~6次,

使扳手内部组件上的特殊润滑剂能充分润滑，使预置式扭力扳手更精确，持久使用。

④ 手要把握住把手的有效范围，沿垂直于预置式扭力扳手壳体方向，慢慢地加力，直至听到预置式扭力扳手发出"啪"的声音，表明已达到预设扭矩值，应停止加力。工件已加力完毕，然后应及时解除作用力，以免损坏零部件。

⑤ 使用大规格预置式扭力扳手时，可外加接长套杆以便操作省力。

⑥ 预置式扭力扳手是测量工具，应轻拿轻放，不能代替榔头敲打，不用时请注意将扭矩设为最小值，存放在干燥处。

用预置式扭力扳手按照紧固顺序紧固车轮螺母，如图 2-28 所示。

（2）使用预置式扭力扳手的注意事项

① 不能使用预置式扭力扳手拆卸螺栓或螺母。

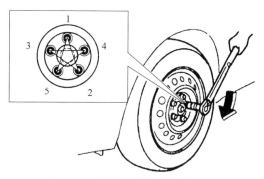

图 2-28　用预置式扭力扳手按照紧固顺序紧固车轮螺母

② 严禁在预置式扭力扳手尾端加接套管延长力臂，以防损坏预置式扭力扳手。

③ 根据需要调节所需的扭矩，并确认调节机构处于锁定状态才可使用。

④ 使用预置式扭力扳手时，应平衡缓慢地加载，切不可猛拉猛压，以免造成过载，导致输出扭矩失准。在达到预置扭矩后，应停止加载力量。

⑤ 预置式扭力扳手使用完毕，应将其调至最小扭矩，使测力弹簧充分放松，以延长其寿命。

⑥ 应避免水分侵入预置式扭力扳手，以防工件锈蚀。

⑦ 所选用的预置式扭力扳手的开口尺寸必须与螺栓或螺母的尺寸相符合，扳手开口过大易滑脱并损伤螺件的六角。

⑧ 预置式扭力扳手是按人手的力量来设计的，遇到较紧的螺纹件时，不能用锤子击打扳手；除套筒扳手外，其他扳手都不能套装加力杆，以防损坏扳手或螺纹连接件。

⑨ 使用预置式扭力扳手时，当听到"啪"的一声时，此时是最合适的。

七、管子扳手与油管扳手

1. 管子扳手

管子扳手也叫管钳，是用来拧动管子、圆棒以及其他扳手难以夹持的光滑圆柱形工作物的，如图 2-29 所示。在汽车维修中，调整车轮前束时，可用管钳转动转向横拉杆。

 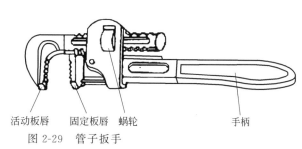

图 2-29　管子扳手

第二章　汽车维修常用扭力类工具

图 2-30 管钳

管钳（图2-30）钳爪的开口为V形，当管钳卡在管子上时，V形开口设计会让锯齿状的钳爪夹紧管状工件。活动钳爪可以根据使用情况进行调整，其工作原理与活扳手类似。钳爪的表面经过淬火处理，并做成锯齿状，以便夹紧管状工件。

使用时管钳的头部可根据使用情况做调整，管钳头部爪子的表面做成锯齿形以便抓紧管子。使用时一定要注意受力方向，否则不能使用。

注意：使用管钳时要小心，避免锯齿在管子表面划出痕迹或损坏管子表面。

2. 油管扳手

（1）油管扳手的作用　油管扳手如图2-31所示，是介于梅花扳手与呆扳手之间的一种扳手，是维修制动系统管路、燃油系统管路、空调系统高低压管路和转向助力系统液压管路的必备工具。

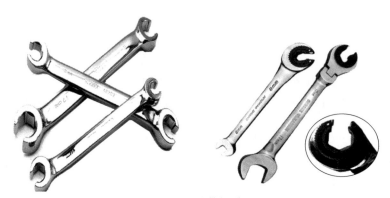

图 2-31　油管扳手

由于相关系统的管路和管件都是由软金属制作而成的，在进行拆卸或安装时，如果是扭力较大的情况，很容易导致管路和管件变形；如果用呆扳手进行拆卸或安装，因呆扳手的受力面积有限，会磨损螺母的棱边，而油管扳手会将整个螺母夹住，受力面积也增加，所以其提供的夹持力较大，可很好地保护扳手本身和管路、管件。

油管扳手既能像梅花扳手一样保护螺母的棱角，又能像呆扳手一样从侧面插入，并有效实施作业。

油管扳手的钳口部分带有开口，与螺栓、螺母的配合部分为六角结构。油管扳手的规格型号一般有6～8mm、8～10mm、9～11mm、10～12mm、12～14mm、14～17mm、15～17mm、16～18mm、17～19mm、19～22mm、22～24mm、24～27mm，在进行维修作业时，应选择合适的油管扳手进行拆装。

（2）使用油管扳手的注意事项

① 禁止选择与螺栓、螺母不相匹配的油管扳手进行拆卸或安装作业，油管扳手与螺母必须为同一尺寸规范。

② 在管路与管路的连接位置，禁止使用单个油管扳手进行拆卸或安装，必须选择两个油管扳手进行作业。

③ 禁止用油管扳手拧紧力矩较大的普通螺栓和螺母。

八、内六角扳手

1. 内六角扳手的作用

内六角扳手专门用于拆卸或安装内六角和花形内六角螺栓，是内六角螺栓的专用拆装工具。内六角扳手通常分为专用内六角扳手和花形内六角扳手，此类扳手多为L形，如图2-32所示。

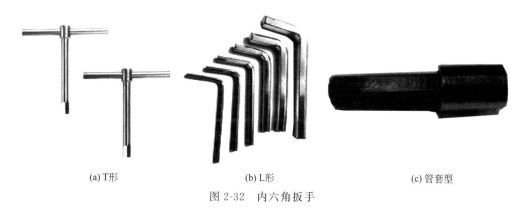

(a) T形　　　　　　(b) L形　　　　　　(c) 管套型

图 2-32　内六角扳手

内六角扳手有很多规格尺寸，以某品牌的内六角扳手为例，主要是以其端头部分的尺寸来区分大小，其长短会因厂家或者品牌的不同而有所区别。

米制扳手用毫米标识，常用的扳手尺寸有 6mm、7mm、8mm、10mm、12mm、14mm、17mm、19mm 等，一套米制扳手的尺寸范围是 6～32mm，以 1mm、2mm 或 3mm 为一级。

以前的内六角扳手两端都是不带球形头的，称为平头内六角扳手；现在市场上销售的多数为球形头的，球形头的用处就是为了可以在最大30°倾斜的情况下旋紧螺栓，在一些特殊的安装位置这种扳手会更方便一些。

2. 内六角扳手的使用方法

① 选取合适的内六角扳手对正内六角头螺栓孔后加力即可。

② 内六角扳手的选取应与螺栓内六方孔相适应，不允许使用套筒等加长装置，以免损坏螺栓或扳手。

③ L形内六角扳手，其长端的尾部设计成球形，有利于内六角扳手从不同角度操作，便于狭小角度空间使用。比如所要拆卸的螺栓上方有其他部件，直着放不进去，横着空间又不够。如果是直头内六角扳手，扳手就一定要与螺栓成一条直线才能操作，此时空间受限，就可以用球形头的内六角扳手。

3. 使用内六角扳手的注意事项

① 当使用内六角扳手时，应选取与螺栓内六方孔相适应的扳手。

② 禁止使用任何加长装置（如梅花扳手、管子等），以增加拆卸或安装力矩。

③ 当L形的内六角扳手无法拆卸相关的螺栓时，特别是对于大扭矩的螺栓，可采用内六角套筒扳手进行拆卸，以避免损坏螺栓的棱角而导致螺栓无法拆卸。

九、动力型扳手

动力型扳手是一种由电力或压缩空气驱动的手提工具，利用快速的冲击力量来拆卸或旋紧螺母和螺栓。在进行大扭矩拆装作业中，经常会用到气动扳手和电动扳手等动力型扳手，如图 2-33 所示。

(a) 气动扳手　　(b) 电动扳手

图 2-33　动力型扳手

在日常的车辆维修工作当中，从安全角度考虑，气动扳手比电动扳手的使用率更高。在一些作业场合当中需要用到电动扳手，当使用电动扳手时，安全必须放在第一位。

动力型扳手方榫部位的尺寸一般有 1in、1/2in、3/4in、3/8in 等规格，方榫头越大，动力型扳手的扭力越大。

1. 气动扳手

（1）气动扳手的作用与类型　气动扳手也称风动扳手，是一种以压缩空气为动力源，主要用于快速拆卸或安装螺栓或螺母的工具。根据所拆卸的螺栓力矩大小不同，所采用的气动扳手种类也不相同，常见的气动扳手有气动冲击扳手和气动棘轮扳手两种（图 2-34），气动冲击扳手是日常汽车维修中常用的冲击扳手，气动棘轮扳手用于拆卸或安装不需要大扭矩的螺栓或螺母。

(a) 气动冲击扳手　　(b) 气动棘轮扳手

图 2-34　气动扳手的类型

（2）气动冲击扳手的使用方法与注意事项

① 气动冲击扳手的使用如图 2-35 所示。气动冲击扳手要与专用的套筒结合使用，专用的套筒经过专门加工，其特点是能防止工件从传动装置上飞出，如图 2-36 所示。

气动冲击扳手不仅能够拆卸螺栓或螺母，也可以拧紧螺栓或螺母，因此在使用气动冲击扳手前，先要对其旋转方向（正转或反转）进行选择调节。如果带有扭矩调整功能，要按照所需施加扭矩的大小进行扭矩调节，再将气源管路紧固连接到气动冲击扳手的气源接口上，站在一个安全舒适、容易施力的位置，握紧气动冲击扳手把手，并用手按动气源开关，在气压的作用下，使套筒带动螺栓、螺母自动旋拧。

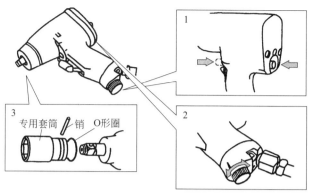

图 2-35 气动冲击扳手的使用（一）
1—扭矩大小调节；2—切换正转、反转；3—套筒防脱落保险机构

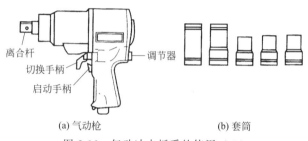

(a) 气动枪　　　　　　　　(b) 套筒

图 2-36 气动冲击扳手的使用（二）

a. 在拧紧螺母时，应先用手将螺母对准螺栓并带入几扣，如果一开始就打开气动冲击扳手，则会损坏螺纹。最后应使用扭力扳手检查紧固扭矩。

b. 操作气动冲击扳手时必须用两只手握住工具，因为按按钮时会释放大的扭矩，可能会引起振动。

c. 气动冲击扳手使用完毕后，应该及时关闭空气源并分离气动工具和空气源的连接，收起供气管路。

② 使用气动冲击扳手的注意事项，如图 2-37 所示。

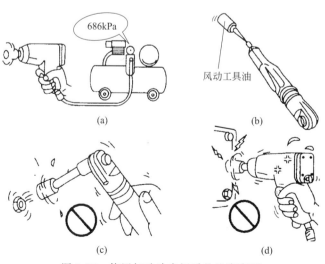

图 2-37 使用气动冲击扳手的注意事项

a. 使用气动冲击扳手时，一定要根据螺栓或螺母的扭矩调节其扭矩（气压为686kPa左右）。压缩空气的压力不能高于冲击冲击扳手的许用压力。

b. 注意选择气动冲击扳手的扭矩大小，否则会因冲击扭矩太大而拧断螺栓。

c. 使用气动冲击扳手时，一定要握紧，并站在一个安全舒适的位置。

d. 如果用气动冲击扳手从螺栓上完全取下螺母，则旋转力可使螺母飞出。

e. 不要让气动冲击扳手排气口处的脏物吹到脸上。

f. 注意气动冲击扳手的扭矩，如果扳手被工件卡住，由于冲击力作用会扭伤手腕。

g. 用完气动冲击扳手后，要将气管卷起。

h. 应定期检查气动冲击扳手，并用气动工具油进行润滑和防锈。

③ 棘轮式气动冲击扳手能与不同种类的套筒、加长杆等配套使用。在没有压缩空气的情况下使用棘轮式气动冲击扳手时，其使用方法与棘轮扳手的使用方法相同。

注意：使用棘轮式气动冲击扳手时，应确保其排风口不对着螺栓、螺母、小工件、机油或废物等。

提示：棘轮式气动冲击扳手不能调节扭矩。

2. 电动扳手

（1）电动扳手的作用　电动扳手（图2-38）又叫高强螺栓枪，是以电源或电池为动力的扳手，用于快速拆卸或安装螺栓或螺母的动力型扭力工具。电动扳手通常采用220V单相串励式电动机驱动，这种电动机结构与汽车起动机相似，它扭矩较大，适合于断续工作。现阶段市场上出现了以112V和24V为电源的电动扳手。

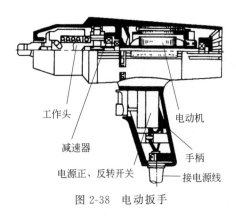

图2-38　电动扳手

（2）电动扳手的使用方法

① 电动扳手的规格要选用适当。电动扳手一般是定扭矩的，它的额定扭矩必须满足螺纹件拧紧扭矩的要求。选用的规格太小，螺纹件达不到夹紧张力而不能紧固；选用的规格太大，则螺纹件会因夹紧张力过大而受到破坏。因此进行旋紧操作时必须注意电动扳手的使用范围，以防拧断螺栓。

② 电动扳手的套筒应采用机动套筒，不应使用手动套筒，以避免由于强度不够造成套筒爆裂飞溅而引起事故。

③ 进行作业前，先空载启动电动扳手，观察主轴旋转方向是否符合装置或拆卸螺纹件所需的方向。如不符，应切断电源，待电动扳手停转后将换向开关旋转90°，然后再启动电动扳手进行作业。

④ 在使用电动扳手的过程中，安全应放在第一位，如果稍有疏忽，不但会造成伤害，还可能会因漏电造成触电乃至人身伤亡事故，所以要确保电动扳手使用的电线或插头完好无损，绝缘层无脱落，无金属丝外露；电动扳手的外接线长度和直径应符合标准，否则会因为电压下降过大造成导线过热。

⑤ 在使用电动扳手时，还应确保工作环境干燥、无积水，以避免电动扳手及其连接线与水接触。

⑥ 将螺栓、螺母的六角头部套入套筒内，扶正电动扳手，使其轴线与螺纹件轴线对准，用手扶稳，按下电源开关即可实现拧紧作业。操作时无须对电动扳手施加轴向压力，只要将电动扳手扶持托稳即可。

⑦ 装配一个螺纹件，一般冲击时间为 2~3s，不应经常超过 5s。
⑧ 电压过低或过高时都不宜使用电动扳手。
⑨ 变换转向时，应先用电源开关切断电源，再扳动正反转开关。
（3）使用电动扳手的注意事项
① 确认现场所接电源与电动扳手铭牌上的规定是否相符，是否接有漏电保护器。
② 根据螺母大小选择匹配的套筒，并妥善安装。
③ 接通电动扳手电源前应确认电动扳手上的开关处于断开状态，否则插头插入电源插座时电动扳手将出其不意地立刻转动，从而可能导致人员受伤害。
④ 电压过低或过高时都不宜使用电动扳手。
⑤ 当作业场所在远离电源的地点，需延伸线缆时，应使用容量足够、外接线长度和直径符合标准的线缆，否则会因为电压下降过大造成导线过热。延伸线缆如通过人行过道时应高架或做好防止线缆被碾压损坏的措施。
⑥ 尽可能在使用时找好反向扭矩支靠点，以防反作用力伤人。
⑦ 当发现电动机异常时，应立即停止工作，进行检查处理，排除故障。

第二节　套筒类扳手的使用

一、套筒类扳手

1. 套筒类扳手的作用

套筒类扳手如图 2-39 所示，主要用于拧紧或是拧松扭矩较大的或头部为特殊形状的螺栓、螺母，特别适用于拧转位置十分狭小或凹陷很深处的螺栓或螺母。若螺母端或螺栓端完全低于被连接面，且凹孔的直径不能使用呆扳手或活扳手及梅花扳手时，则采用套筒类扳手。另外，由于螺栓件空间限制，也只能用套筒类扳手。套筒类扳手的材料、环孔形状与梅花扳手相同。

套筒类扳手主要由套筒头、滑头手柄、棘轮手柄、快速摇柄、万向接头和接杆等组成。各种规格的套筒头以及摆手柄、接杆、万向接头、旋具接头和弯头手柄等用于套入螺母。

根据作业空间及扭矩要求的不同，可以选用接杆及合适的套筒进行作业。例如，棘轮手柄适合在狭窄空间中使用。然而，由于棘轮的结构，它不可能获得很高的扭矩。滑动手柄要求极大的工作空间，但它能提供很快的工作速度。对于旋转手柄，在调整好手柄后可以迅速工作。但此手柄很长，很难在狭窄空间中使用。

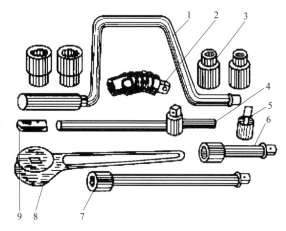

图 2-39　套筒类扳手
1—快速摇柄；2—万向接头；3—套筒头；4—滑头手柄；
5—旋具接头；6—短接杆；7—长接杆；8—棘轮手柄；
9—直接杆

各种手柄适用于各种不同场合，以操作方便或提高效率为原则，常用套筒类扳手的规格为 10~32mm。在汽车维修的过程中还使用了许多专用套筒类扳手，如火花塞套筒扳手、轮毂套筒扳手和轮胎螺母套筒扳手等，如图 2-40 所示。

(a) 火花塞套筒扳手　　(b) 轮毂套筒扳手　　(c) 轮胎螺母套筒扳手

图 2-40　专用套筒扳手

2. 套筒

套筒是套筒类扳手的核心组成部件，由于可以将套筒作为组件使用，因此用途广泛，工作效率高，如图 2-41 所示。其规格尺寸和钳口形状种类繁多，能够满足不同工作空间大小、扭矩和螺栓/螺母尺寸等的要求，具有更换方便、使用灵活、安全的优点，且不易损坏螺母的棱角。

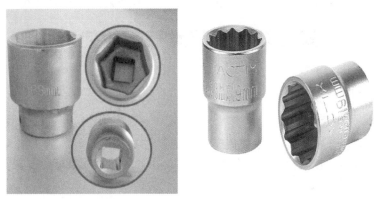

图 2-41　套筒

套筒呈短管状，一端内部呈六角形或双六角形（十二角形），如图 2-42 所示，用于套住螺栓头；另一端有一个正方形的头孔，该头孔用于与配套手柄的方榫配合。不同大小、规格的套筒其尾端的方形接口大小也各不相同。

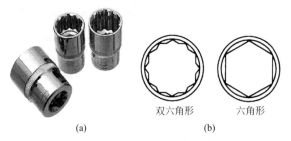

(a)　　双六角形　六角形
　　　　　　(b)

图 2-42　六角形或双六角形套筒

六角形套筒的六角部分与螺栓/螺母的表面有很大的接触面，这样就不容易损坏螺栓/螺母的表面。而十二角形套筒扳手的内径形状是正十二边形，每个角度的大小是一样的，所以是 30°，这种套筒扳手可以方便套住螺栓，非常适合在狭窄的空间中拆卸螺栓。因为它与螺栓的接触面比较小，所以不能用于拆装大扭矩的螺栓或者棱边已磨损的螺栓，否则容易出现拧不紧、损坏螺栓的棱角或出现滑脱发生安全事故。因此六角形套筒扳手是比较常见的一种类型，它的深度比普通规格的套筒扳手要深很多，是所有型号中用得最多的。

套筒的钳口尺寸通常有米制和英制之分，套筒虽然内凹形状一样，但外径、长短等是针对对应设备的形状和尺寸设计的，国家没有统一规定，所以套筒的设计相对来说比较灵活，符合大众的需要。

注意：为与普通套筒相区别，专用气动套筒一般加工成黑色，如图2-43所示。专用气动套筒经过特殊处理，其强度较其他套筒类扳手更强，能使气动工具在高冲击力下正常工作，使用中需注意。

套筒类扳手的不同手柄如图2-44所示。

图2-43 专用气动套筒

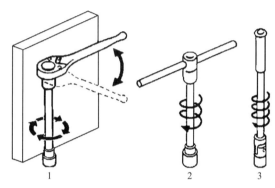

图2-44 套筒类扳手的不同手柄
1—棘轮手柄；2—滑动手柄；3—旋转手柄

3. 套筒类扳手的使用方法

① 在使用套筒类扳手时，需要注意套筒与螺栓或螺母的形状和尺寸相适合，并注意套筒背面的插口尺寸、套筒的深度和棘轮的使用情况。

② 在使用旋具套筒头拆卸或是紧固螺栓时，一定要检查螺栓头部的六角或花形孔内是否有杂物，及时清理后进行操作，以免因工具打滑而损坏螺栓或伤及自身。

③ 使用时，套筒类扳手的套筒要与被紧固或松动的螺栓或螺母接合稳定，再施力旋转。在旋转过程中，双手要互相配合，保证套筒扳手旋转时的接合稳定。使用时，要缓慢施力，避免冲击。

④ 使用时，将套筒套在配套手柄的方榫上（视需要与长接杆、短接杆或万向接头配合使用），再将套筒套住螺栓或螺母，左手握住手柄与套筒连接处，保持套筒与所拆卸或紧固的螺栓同轴，右手握住配套手柄加力。

⑤ 在使用套筒的过程中，左手握紧手柄与套筒连接处，切勿摇晃，以免套筒滑出或损坏螺栓或螺母的棱角。朝向自己的方向用力，可以防止滑脱而造成手部受伤。

⑥ 不要使用出现裂纹或已损坏了的套筒。这种套筒会引起打滑，从而损坏螺栓或螺母的棱角。禁止用锤子将套筒击入变形的螺栓或螺母六角进行拆卸或安装，以免损坏套筒。

⑦ 在使用旋具套筒时，一定要给予旋具套筒足够的下压力，防止旋具套筒滑出螺栓头。

4. 使用套筒的注意事项

套筒必须要和与之配套的扭力手柄、连接杆和棘轮扳手等配合使用,在选用套筒时,应注意以下事项。

① 应根据工作空间大小、扭矩要求和螺栓/螺母的尺寸等条件来选用合适的套筒。

② 不能使用小规格套筒去拧紧大扭矩螺栓/螺母。

③ 不能使用双六角形套筒去拧紧棱角已经磨损的螺栓/螺母。

④ 手动型号的套筒不能用冲击类工具进行螺栓/螺母的拆卸。不能将手动套筒用于气动工具上,否则会造成冲击损坏。

⑤ 不能把接杆当做冲头使用,否则会造成套筒驱动端变形。

⑥ 加力使用会造成套筒及滑行杆变形。

⑦ 不要使用出现裂纹或者损坏的套筒。这种套筒会引起打滑,从而损坏螺栓/螺母的棱角;禁止用锤子将双六角形套筒、六角形套筒击入变形的螺栓/螺母进行拆卸或安装,避免损坏套筒。

⑧ 套筒扳手必须成90°垂直套入螺栓/螺母中,并确保套筒已完全套入,否则会损坏螺栓/螺母棱角和套筒本身。

二、套筒接合器

套筒接合器也叫套筒转换接头,其作用是将现有的不同尺寸规格的手柄和套筒配合使用。例如10mm系列的手柄接12.5mm系列的套筒或者12.5mm系列手柄接10mm系列套筒等都需要转换接头。转换接头有两种:一种是"小"→"大";另外一种是"大"→"小",如图2-45所示。

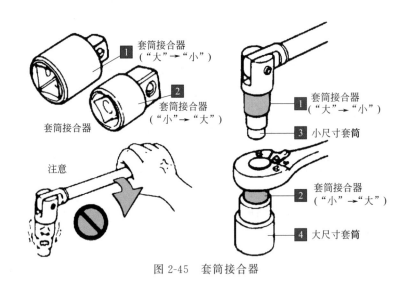

图 2-45 套筒接合器

三、万向接头

1. 万向接头的作用与类型

万向接头的作用如图2-46所示,主要用于连接配套手柄和套筒,实现手柄和套筒之间的角度自由变化,它可以提供比可弯式接头更大的变向空间。通常套筒扳手与配套手柄是垂直连接的，但车辆上很多地方套筒是无法伸入的，这时候使用万向接头将会提供最大的方便。

万向接头如图 2-47 所示，其结构与发动机前置后驱动汽车传动轴使用的万向节基本相同，分别为内齿卡栓、万向连接机构、防脱内珠卡槽和防脱钢珠等，其中的方形套头部分可以前后或左右移动。

万向接头按照其接头部分（方榫部分）尺寸的大小主要可分为 1/2in、3/8in 和 1/4in 三种规格。

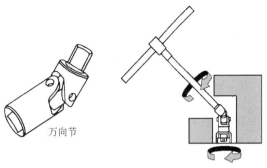

图 2-46 万向接头的作用

图 2-47 万向接头

2. 万向接头的使用方法

如图 2-48 所示，当使用万向接头时，不要使手柄倾斜较大角度来施加扭矩。应尽可能在接近垂直状态下使用，因为偏角过大会使扭矩的传递效率降低。使用气动工具时严禁使用万向节，因为球节由于不能吸收旋转摆动会发生脱开情况，造成工具、零件或车辆损坏，甚至造成人身伤害。

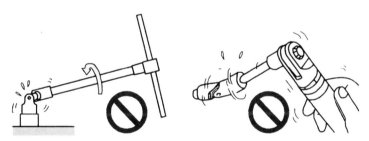

图 2-48 万向接头禁止使用的情况

四、接杆

1. 接杆的作用与类型

接杆又称延长杆或加长杆，如图 2-49 所示，是套筒类成套工具不可缺少的一部分。它的主要作用是加装在套筒和配套手柄之间，用于拆卸和更换装得很深，仅凭套筒和手柄无法接触的螺栓、螺母。另外，在拆卸平面上的螺栓、螺母时，工具会紧贴在操作面上，妨碍正常拆卸，甚至会产生安全事故。接杆可将工具抬离平面一定高度，便于操作，如图 2-50 所示。

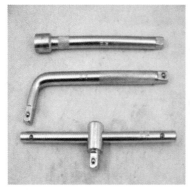

图 2-49 接杆

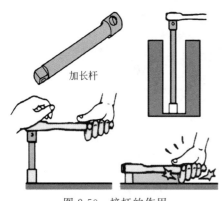

图 2-50 接杆的作用

有的接杆经过改进后具有特殊功能，如万向接杆和锁定接杆等。所谓万向接杆，是指普通接杆与套筒连接的方榫部，经过改进再装上套筒后，会产生 10°左右的偏角，因而使用非常方便。锁定接杆是指接杆具有套筒锁止功能，即在使用过程中套筒或万向节接头不会掉落。

汽车维修工作中，有 75mm、125mm、150mm 和 250mm 等不同长度的长接杆和短接杆供选用。

2. 接杆的使用方法

① 根据作业空间的实际情况，选用合适规格的接杆，将接杆加装在套筒和配套手柄之间，用于拆卸位置较深的螺栓、螺母。

② 将套筒套在配套手柄的方榫上（视需要与长接杆、短接杆或万向接头配合使用），再将套筒套住螺栓或螺母，左手握住手柄与套筒连接处，保持套筒与所拆卸或紧固的螺栓、螺母同轴，右手握住配套手柄加力。

③ 在使用套筒的过程中，左手握紧手柄与套筒连接处，切勿摇晃，以免套筒滑出或损坏螺栓、螺母的棱角。朝向自己的方向用力，可防止滑脱造成手部受伤。在选用套筒时，必须使套筒与螺栓、螺母的形状及尺寸完全适合，若选择不正确，则套筒在使用时极有可能打滑，从而损坏螺栓、螺母。

④ 当使用锁止接杆时，操作比较简单，只需单手就可以进行操作，按下锁止按钮，然后将套筒套入接杆的方榫部分，松开锁止按钮后，套筒即将被锁止，如果再次按压锁止按钮，套筒就能够被轻松取下。

⑤ 使用万向接杆时，只要套入套筒后将套筒拉出一点，套筒就可以偏转一定的角度。

3. 使用接杆的注意事项

① 禁止将接杆作为冲子使用，因为锤子的敲击会使接杆两端的方榫部分和方孔部分严重变形，从而导致套筒、万向接头和棘轮扳手等工具无法套入接杆。

② 不要使用棘轮扳手对螺栓或螺母进行最后拧紧，这样会导致棘轮扳手的棘轮机构损坏。

③ 使用扭力扳手时，应将扳手朝着自己的方向拧动，这样相对比较安全。

④ 对一个工件上有很多需紧固的螺栓情况，在选择拧紧螺栓时，要注意拧紧次序，一

一般的拧紧方法是：先中间，后两边、对角，顺时针方向依次、分阶段紧固。一般分两段紧固：第一步拧 50% 左右的力矩；第二步拧 100% 的力矩。

⑤ 在拧紧圆圈排列的螺栓过程中，应使用交叉的次序，这样可防止工件扭曲变形，如图 2-51 所示。

注意：如果从边缘开始拧紧螺栓，那么中间的那个螺栓就有可能不能完全拧紧。

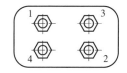
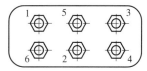

图 2-51 拧紧螺栓的次序

五、套筒手柄

套筒手柄是装在套筒上用于扳动套筒的配套工具，如果没有配套手柄，套筒将无法独立工作。常见的套筒手柄有旋转手柄、滑杆、棘轮手柄、快速摇杆、扭力扳手、T 形手柄等种类。

1. 旋转手柄

（1）旋转手柄的作用　旋转手柄可用于拆下或更换要求大扭矩的螺栓或螺母，也可在调整好手柄后进行迅速旋转。

旋转手柄按照方榫头部位的大小主要有 1/2in、3/8in 和 1/4in 三种规格，当然，旋转手柄杆身长度按照各个品牌不同而有所区别，如图 2-52 所示。

图 2-52 旋转手柄

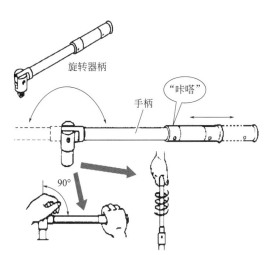

图 2-53 旋转手柄的使用方法

（2）旋转手柄的使用方法　一般的固定式手柄较长，很难在狭窄空间下使用，而旋转手柄头部可以做铰式移动，这样可以根据作业空间要求调整手柄的角度进行使用，如图 2-53 所示。

当旋转手柄与套筒接合器进行螺栓、螺母拆装，特别是安装时，要注意力矩不能过大，否则会损坏套筒或者螺栓、螺母。另外，在使用旋转手柄进行螺栓、螺母的拆卸或安装时，禁止用锤子对旋转手柄进行敲击。

在使用旋转手柄时，应尽量在保持端部与手柄成 90° 的 L 形位置的状态下使用。

2. 滑杆

（1）滑杆的作用　滑杆也称滑动 T 形杆，是与套筒配套使用的专业手柄之一，如图 2-54 所示。滑杆由滑动手柄（即横杆部）和滑动方榫两部分组成，滑动方榫可以在滑动手柄上滑动。滑杆通过调节滑动方榫在滑动手柄上的

图 2-54 滑杆

位置，可以实现L形扳手和T形扳手的结构，并实现与之相同的功能。

另外，它还特别适用于只能在垂直操作的场合，以便对螺栓、螺母进行快速拆卸。

根据T形滑动方榫的尺寸可分为1in、3/4in、1/2in、3/8in和1/4in几个系列。

（2）滑杆的使用方法　通过滑动方榫部分，滑杆可以有两种使用方法，如图2-55所示。将方榫调整到滑动手柄的一端，形成L形结构，从而增加扭矩，达到拆卸或紧固螺栓的目的，与L形扳手类似。将方榫调整到滑动手柄的中部位置，形成T形结构，两只手同时用力，可以增加拆卸速度，但需要较大的工作空间。

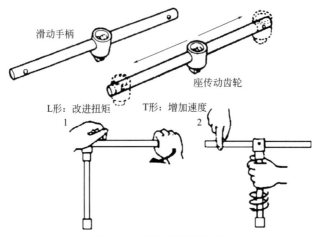

图2-55　滑杆的使用方法

（3）使用滑动T形杆的注意事项

① 当拆卸转矩过大时，禁止在滑动T形杆的手柄上再加装套管或者用锤子击打，否则会造成工具或者螺栓、螺母的损坏。

② 禁止把滑动T形杆当作冲子使用，否则会造成滑动T形杆的损坏。

3. 棘轮手柄

（1）棘轮手柄的作用与结构　棘轮手柄也称棘轮套筒扳手、棘轮扳手，因为棘轮扳手在汽车维修中使用方便快捷，所以也通常称为快速扳手。棘轮手柄是最常见的套筒手柄，如图2-56所示。

图2-56　棘轮手柄

棘轮扳手由棘轮扳手杆身、转动轴承、转动左右片、内置弹簧和调节杆等组成。棘轮手柄头部设计有棘轮装置，在不脱离套筒和螺栓的情况下，可实现拧紧和松开方向的调整，并能进行单方向快速转动。

按照棘轮扳手方榫部分的尺寸大小可分为1/2in、3/8in和1/4in三种规格。

（2）棘轮手柄的使用方法　通过调整棘轮装置上的锁紧机构可改变棘轮手柄的旋转方向：将锁紧机构手柄调到左边，可以单向顺时针拧紧螺栓或螺母；将锁紧机构手柄调到右边，可以单向逆时针松开螺栓或螺母，如图2-57所示。

图2-57　棘轮锁紧机构调整方法
1—顺时针拧紧；
2—设置水平

这种扳手摆动的角度很小，能拧紧和松开螺栓、螺母，拧紧时顺时针转动手柄，棘轮扳手本身的方形套筒上装有一个撑杆，当手柄向反方向扳回时，撑杆在棘轮齿的斜面中滑出，因而螺栓、螺母不会跟随反转。如果需要松开螺栓、螺母，只需翻转棘轮扳手的调节杆并朝逆时针方向转动即可。

当使用棘轮扳手时，可使套筒扳手以小的回转角度锁住并在有限的空间中工作。其头部设计有棘轮装置，在不脱离套筒或者螺栓的情况下，可实现快速单方向的转动。

利用棘轮装置，棘轮手柄能够在不同角度范围内快速往复进行螺栓或螺母的拧紧、松开作业，特别适合在作业面较小的场合使用，如图2-58所示。

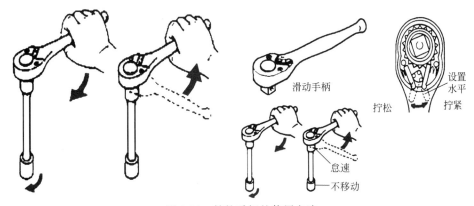

图2-58　棘轮手柄的使用方法

棘轮手柄使用方便但不够结实，因此不能使用棘轮手柄对螺栓或螺母进行最后的拧紧。另外，严禁对棘轮手柄施过大的扭矩，否则会损坏内部的棘爪结构，如图2-59所示。

有的棘轮手柄设计有套筒锁止及快速脱落功能，可防止在使用过程中套筒或接杆脱落，只需单手操作即可。使用时，按下锁定按钮，将套筒头套入棘轮手柄的方榫中，松开锁定按钮，套筒即被锁止，如再次按下锁定按钮，即可解除套筒锁定，如图2-60所示。

图2-59　棘轮手柄的施加扭矩不能过大

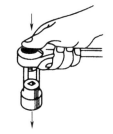

图2-60　棘轮手柄的锁止、脱落功能

（3）使用棘轮手柄的注意事项
a.禁止使用管子套入棘轮手柄的柄部，以加大扭矩，这样会损坏内部棘轮装置。

b. 禁止使用锤子敲击梅花棘轮手柄进行螺栓、螺母的拆装。

（4）快速摇杆

① 快速摇杆的作用。快速摇杆俗称摇把，如图 2-61 所示，是快速旋动螺栓或螺母的配套手柄，但是不能在螺栓或螺母上施加太大的扭矩，主要用于拧下已经松动的螺栓或螺母，或者把螺母快速旋上螺栓。在进行车辆维修时，可以使用快速摇杆方便地拆卸或安装螺栓或螺母，加快拆卸或安装的速度。

图 2-61　快速摇杆

快速摇杆按方榫部分的大小主要有 1/2in 的规格，但是摇杆的总长度根据品牌或者规格可能有所区别。

② 快速摇杆使用方法。使用快速摇杆时，左手握住摇杆端部，并保持摇杆与所拆卸螺栓同轴，右手握住摇杆弯曲部，迅速旋转。握摇杆的手不可摇晃，以免套筒滑出螺栓与螺母，发生安全事故。

第三章 汽车维修常用钳工工具

第一节 常用钳子类工具的使用

在汽车修配工作中，除了使用扭矩类拆卸或安装工具外，还要经常使用钳子类工具，如钳子、螺钉旋具、锤子等。钳子常用于弯曲小金属材料，夹持扁形或圆形小工件，剪断金属丝等。

常用的钳子种类有钢丝钳、尖嘴钳、弯嘴钳、鲤鱼钳、断线钳等，如图3-1所示。钳子的选择与使用，一方面应考虑在汽车维修中所要达到的不同目的；另一方面还要考虑工作空间的大小等因素。

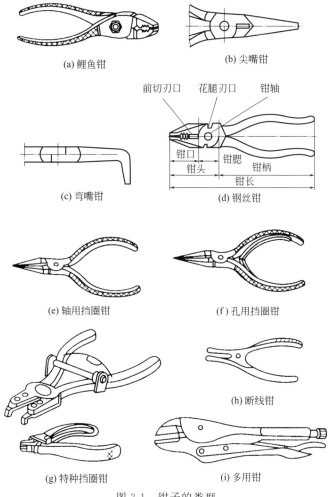

图 3-1 钳子的类型

一、钳工工作台

钳工工作台也称为钳台或钳桌,一般由铸铁或坚实的木材制成,牢固而平稳,台面高度一般为 800~900mm,台上装有防护网,台面可放置台虎钳、量具等钳工工作常用的工具,钳工的一些基本操作主要在工作台和台虎钳上完成,如图 3-2 所示。

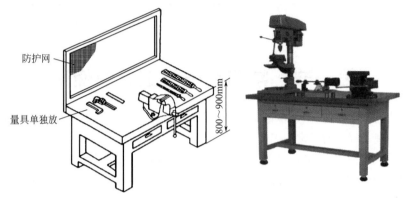

图 3-2　钳工工作台

使用钳工工作台的注意事项如下。
① 钳工工作台一般要求必须紧靠墙壁,人站在一面工作,对面不准有人。
② 用手锯锯割工件时,锯条应适当拉紧,以免锯条折断伤人。
③ 钳工工作台上应设置铁丝防护网,在錾凿时要注意对面工作人员的安全,严禁使用高速钢做錾子。
④ 钳工工作台上的杂物要及时清理,工具和工件要放在指定地方。
⑤ 工作时若对面有人,中间必须设置密度适当的防护网。
⑥ 钳工工作台上所使用的照明电压应取 36V 及以下的安全电压。
⑦ 使用钳工工作台之前必须检查使用工具是否完好。

二、台虎钳

1. 台虎钳的作用

台虎钳又称为虎钳、台钳,是一种常用的夹持工具,与前面所介绍的各种钳子不同的是,上述各种钳子为手持式工具,而台虎钳则为台式工具,安装在钳台上。台虎钳分为固定式和回转式两种类型,如图 3-3 所示。台虎钳以钳口的宽度为标定规格,按钳口宽度划分为 100mm、150mm、200mm 等不同类型。

(a) 固定式　　　　　(b) 回转式

图 3-3　台虎钳

汽车维修中常用的是回转式台虎钳，回转式台虎钳主要由固定钳口、活动钳口、夹紧盘、转盘座、夹紧手柄、丝杠、螺母等组成，如图3-4所示。

2. 台虎钳的使用方法

① 使用前应先将夹紧盘的夹紧手柄固定好，逆时针旋转夹紧手柄，调整好台虎钳的作业位置和朝向；顺时针旋转夹紧手柄，将台虎钳的固定钳身与底座固定好。

② 调节台虎钳钳口，顺时针旋转手柄，钳口变小；反之钳口变大，旋转手柄时要平稳。

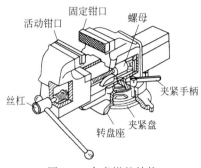

图3-4 台虎钳的结构

③ 夹持工件时不要太紧，防止钳口吃进工件表面或损坏钳身，夹持工件时，工件另一端要用支架支撑。

④ 当夹持已加工平面时，钳口应加垫紫铜板。一般钻孔直径大于8mm时，平口钳须用螺钉紧固在钻床台面上。

⑤ 用完后要用棉纱将钳口和钳台擦干净。

注意：在台虎钳上安装工件进行加工时一定要做好防护，防止飞溅物伤害工作人员。

3. 使用台虎钳的注意事项

① 当安装台虎钳时，必须使固定钳身的钳口工作面处于钳台边缘以外，以保证夹持长条形工件时，工件的下端不受钳台边缘阻碍。

② 必须把台虎钳牢固地固定在钳台上，工作时两个夹紧手柄必须扳紧，保证钳身没有松动现象，以免损坏台虎钳和影响加工质量。

③ 当用手扳紧手柄夹紧工件时，只允许用手的力量扳紧手柄，而不能借用助力工具加力，一是防止丝杆与螺母及钳身受损坏；二是防止夹坏工件表面。

④ 强力作业时，施力的方向应朝固定钳身的方向，否则丝杠和螺母会因受到过大的力而损坏。

⑤ 不允许在钳台和钳身上砸东西，特别是不能在活动钳身的光滑平面上进行敲击作业，以免降低活动钳身与固定钳身的配合性能。

⑥ 对丝杆、螺母和其他活动表面，应保持清洁，加润滑剂，以防止生锈。

⑦ 安装台虎钳的钳台高度为800～900mm，装上台虎钳后，钳口高度恰好与人的手肘平齐为宜，长度和宽度随工作需要而定。

三、鲤鱼钳

1. 鲤鱼钳的作用

鲤鱼钳也称为鱼嘴钳、鱼尾钳，因外形酷似鲤鱼而得名，如图3-5所示。主要用于夹持圆柱形工件，也可代替扳手旋转小螺母和小螺栓，钳口后部刃口可用于切断金属丝。其特点是钳口的开口宽度有两挡可调，可放大或缩小。

鲤鱼钳钳头的前部是平口细齿，适用于夹捏一般小工件；中部凹口粗长，用于夹持圆柱形工件；钳口后部的刃口可剪切金属丝。一片钳体上有两个互相贯

图3-5 鲤鱼钳

通的孔,还有一个特殊的销子,所以操作时钳口的张开度可很方便地变化,以适应夹持不同大小的工件。鲤鱼钳的规格尺寸用钳子的全长表示,一般有165mm、200mm两种,使用时可按照工作物的情况选用合适长度的某种规格实行操作,以免钳子因受力过大而损坏。

2. 鲤鱼钳的使用方法

鲤鱼钳的手柄一般较长,可通过改变支点上槽孔的位置来调节钳口张开的程度,以满足夹持不同尺寸部件的需要。当使用鲤鱼钳时,用手握住钳柄后端,使钳口开闭,钳口前端主要用于夹持各种工件,根部的刀口可用于剪断细导线。

当所夹持的工件尺寸较大时,可进行排挡调节使钳口增大,以适应工作需求,如图3-6所示。调整时摆动钳子手柄,钳子的偏心孔移到另外的位置,即可对钳口进行开度调整。

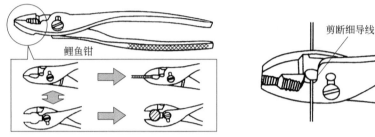

图3-6 鲤鱼钳的使用

3. 使用鲤鱼钳的注意事项

① 在用钳子夹持工件前,必须用防护布或其他防护罩遮盖易损坏件,如图3-7所示,防止锯齿状钳口对易损件造成伤害。

图3-7 鲤鱼钳使用注意事项

② 严禁把鲤鱼钳和水泵钳当成扳手使用,因为锯齿状钳口会损坏螺栓或螺母的棱角。

③ 鲤鱼钳钳柄外的塑料防护套可以耐高压,使用过程中不要随意乱扔,以免损坏塑料护套。

④ 为防止生锈,钳轴要经常加油。

⑤ 当带电操作时,手与鲤鱼钳的金属部分保持2cm以上的距离。

⑥ 禁止将鲤鱼钳当作榔头使用。

⑦ 当鲤鱼钳切断较硬的钢丝等物体时,禁止使用锤子击打鲤鱼钳的钳头来增加切削力,这样会损坏鲤鱼钳。

⑧ 使用钳子要量力而行,不可以超负荷使用。

⑨ 禁止把鲤鱼钳当作扳手拆卸或安装螺栓和螺母。

⑩ 使用鲤鱼钳拆卸水管时,要夹住夹具爪,从软管连接处滑动拆下夹具。

注意:拆卸水管时,应使用与夹具爪宽度相匹配的鲤鱼钳,不能过分扩大夹具,不能使夹具变形。

四、尖嘴钳

1. 尖嘴钳的作用

尖嘴钳又叫修口钳,尖嘴钳的头部尖细,适用于狭小空间的操作,特别适合在密封的空间内操作或夹紧小工件。

尖嘴钳和钢丝钳相似，其结构主要由尖头、刃口和钳柄三部分组成，如图 3-8 所示。其握持、切割电线方法与钢丝钳相同。尖嘴钳钳头较小，常用来剪断线径较小的导线或夹持较小的螺钉、垫圈等元件。使用时，不能用很大力气和钳较大的东西，以防钳嘴折断。

图 3-8　尖嘴钳

尖嘴钳的钳柄上一般带有绝缘套管，汽车电气维修中经常用到。尖嘴钳的公称尺寸用钳子的全长表示，一般有 125mm、150mm、175mm 等规格。

2. 尖嘴钳的使用方法（图 3-9）

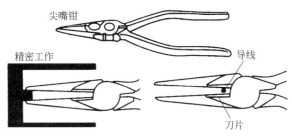

图 3-9　尖嘴钳的使用方法

① 尖嘴钳的握法。尖嘴钳的握法有平握法和立握法两种。通常采用平握法，用手握住钳柄后端，使钳口开闭，钳口前端主要用于夹持各种工件，根部的刃口可用于切割细导线。另外，在必要的空间条件下，还可以采用立握法使用尖嘴钳来夹取工件，如图 3-10 所示。

② 根据不同用途，选用不同规格的尖嘴钳。

③ 使用尖嘴钳时，手离金属部分的距离应不小于 2cm，尤其是当带电操作时。

④ 不可用尖嘴钳切割双股带电线，否则可能导致短路。

注意：切割导线或金属丝时，被切割物直径不得超过 5mm。

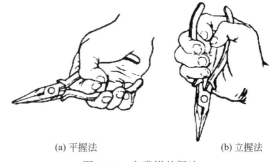

(a) 平握法　　(b) 立握法

图 3-10　尖嘴钳的握法

⑤ 钳头部分尖细，且经过热处理，钳夹物体不可过大，用力时切勿太猛，以防损坏钳头。

⑥ 使用完毕要擦净，钳轴、钳腮要经常加油，以防生锈。

⑦ 尖嘴钳钳柄上套装的绝缘塑料管具有绝缘功能，通常耐压 500V 以上，VDE 耐高压

尖嘴钳可耐压1000V，有了它可以带电剪切高压电线。使用中切忌乱扔，以免损坏绝缘塑料管，并且要注意防潮。

3. 使用尖嘴钳的注意事项

① 由于尖嘴钳钳嘴细长、强度有限，因此使用时不能用力太大，否则会使尖嘴钳的钳口尖部扩张变形成U形或断裂，如图3-11所示。

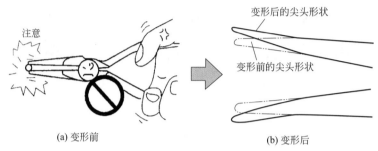

图3-11 使用尖嘴钳的注意事项

② 钳柄只能用手握，不允许用其他方法施力（如用锤子敲或用台虎钳夹等）。

③ 注意防潮、勿磕碰损坏尖嘴钳的柄套，以防触电。

④ 切勿把尖嘴钳当作锤子使用，也不可当作撬棒使用，不要代替扳手松动或拧紧螺栓、螺母，以免损伤螺件的头部棱角。

⑤ 为防止生锈，钳轴要经常加油。

五、弯嘴钳

弯嘴钳顾名思义，钳嘴呈弯曲状，如图3-12所示。它的功能和尖嘴钳类似，适宜在狭窄或凹下的工作空间使用，用来夹持比较细小的部件或拆卸或安装卡环、锁环。其公称尺寸用钳子的全长表示。

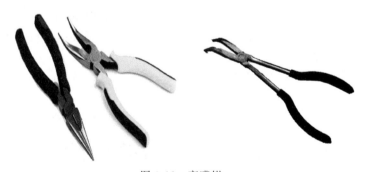

图3-12 弯嘴钳

六、大力钳

1. 大力钳的作用

大力钳也称锁定钳、多用钳，因它能产生很大的夹紧力而得名，其外形结构如图3-13所示。大力钳除了具备钳子的夹持作用外，还兼具活扳手、夹具的功能，适用于汽车维修时进行固定工件。其特点是钳口可以锁紧并产生很大的夹紧力，使被夹紧工件不会松脱，而且钳口的开口大小可以在其范围内进行无级调节，适用于不同尺寸的工件。

图 3-13　大力钳的外形结构

大力钳主要用于夹持工件，对工件进行铆接、焊接和磨削等相关加工作业，但根据大力钳类型的不同，其所具备的功能有所区别，例如链条式大力钳可用于拆卸机油滤清器。

2. 大力钳的使用方法

① 大力钳后面有滚花式调整螺杆，通过旋转这个螺杆可以调节钳爪的开口尺寸。当逆时针（向外）旋转调整螺杆时，钳口张开的尺寸增大；当顺时针（向内）旋转调整螺杆时，钳口张开的尺度减小。将钳爪的开口尺寸调到适当的宽度，然后将钳柄合上即可。

注意：除非螺栓或螺母的棱角已经损坏而无法使用正常的扳手时，才使用大力钳进行拆卸，因为大力钳会加剧螺栓或螺母的损坏程度。

② 用大力钳夹紧物体时，如果想释放被夹紧的物体，可压下释放手柄，在杠杆力的作用下工件将会被释放。

③ 使用完毕之后，下压快松手柄，钳口张开，手柄处于松弛状态。

3. 使用大力钳的注意事项

① 大力钳的钳柄只能用手握，不能用其他方法加力（如用锤子击打、台虎钳夹等）。
② 弧齿加硬大力钳可用于钳住棱角损坏的螺栓或螺母，对螺栓、螺母进行拆卸。
③ 根据不同的作业需求，选择合适功能的大力钳。
④ 为防止生锈，钳轴要经常加油。
⑤ 禁止将大力钳当作榔头使用。
⑥ 当用大力钳切断较硬的钢丝等物体时，禁止使用锤子击打大力钳的钳头部分来增加切削力，否则会损坏大力钳。
⑦ 使用大力钳要量力而行，不可以超负荷使用，适当调节夹紧力度。

七、断线钳

断线钳又称割线钳、剪线钳，是利用一组复合杠杆，能比较省力地剪断较粗金属线材的工具，如图 3-14 所示。在汽车维修中，常用来剪断锈死的螺栓。断线钳由刀头（钳头）、上下压板、保险板（止退片）、刀头螺钉、连臂（调整杆）、方头紧定螺钉、调节螺钉、手柄、橡胶垫圈（缓冲垫、定位器）、三脚螺钉（连接螺钉）、铆钉等组成。它的钳刃一般用非常优质的钢材制成，钳口刃部形状有单面刃和双面刃两种。单刃钳适宜剪切较软和较小的线材。双刃钳适宜剪切较硬和较大

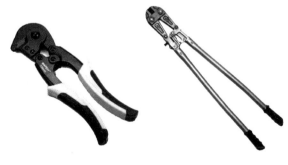

图 3-14　断线钳

的线材，但剪切工件的断面呈 V 形。它的柄部有铁柄及管柄两种。

使用时应根据需要选择合适规格的断线钳，不得以小代大，不得剪切硬度大于断线钳刀口的物品，更不得把它作为普通钢制品代替使用。断线钳禁止超范围、超负荷使用。

除刃口容易损坏外，断线钳最常出现的问题是两刀片不能完全闭合或错位，造成剪切困难，对于这种情况只需调整相应螺栓即可。

一般情况下，断线钳剪断电线或元件引脚时，应将线头朝下，以防止断线时伤及操作者的眼睛或其他人。普通断线钳不可用于剪断铁丝或其他金属物体，以免损伤器件口，直径超过 1.6mm 的电线不可用断线钳剪断。

注意：
① 切勿高空抛投，避免损坏物件；
② 使用过程中及时清除绷簧、齿槽夹带的泥土等杂物；
③ 若螺栓松动应及时拧紧，传动部分及时加油润滑。

八、水泵钳

1. 水泵钳的作用与结构

水泵钳如图 3-15 所示，是汽车、内燃机等安装、维修工作中常用的工具。它的作用类似管钳，主要用于夹持扁形或圆柱形金属工件，如用于上紧或松开管件（金属管、附件）和管箍。在汽车维修中，常把鲤鱼钳和水泵钳配合使用，用于拆卸发动机散热器软管和使制动系统活塞复位。

图 3-15　水泵钳

水泵钳的结构与鲤鱼钳相似，其钳口的开口宽度有多挡（五挡）调节位置，以适应夹持不同尺寸工件的需要，但水泵钳的可调节挡位要比鲤鱼钳多。

2. 使用水泵钳的方法

① 在使用前检查钳身有无裂纹。
② 使用时，要打开钳头的咬口部分，注意将钳头的咬口部分与材料相接触，然后滑动钳轴进行调节，使其尺寸吻合。
③ 使用时要注意，对于紧固配电盘、分电盘及仪表等连接部分所用的螺栓必须使用扳手。
④ 当钳口开度较小时，可单手操作；当钳口开度较大时，需双手操作。
⑤ 握紧手柄，使水泵钳夹紧工件，并按要求进行施力操作。

3. 使用水泵钳的注意事项

① 选择合适尺寸规格的水泵钳进行作业。
② 钳口张开的尺寸应与夹持的工件吻合。

③ 进行操作时注意水泵钳的受力方向。
④ 禁止将水泵钳当作榔头使用。
⑤ 使用钳子要量力而行，不可以超负荷使用。

注意：严禁将水泵钳当扳手使用，因为锯齿状的钳口会损坏螺栓或螺母的棱角。

九、斜口钳

1. 斜口钳的作用

斜口钳又称斜嘴钳，由斜口头、刀口和钳柄组成，如图 3-16 所示。它的钳口有刃口，而且尖部为圆形，不具备夹持工件的作用，能用于剪切金属丝、导线，还可用于剥线和修边等。斜口钳可以剪切钢丝钳和尖嘴钳不能剪切的细导线或线束中的导线，如图 3-17 所示。但不能用于剪切过硬或过粗的金属丝，以免损坏刃口。

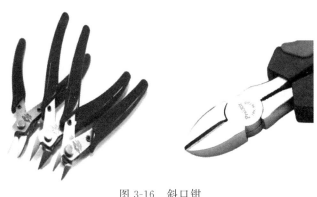

图 3-16 斜口钳

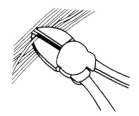

图 3-17 斜口钳的作用

斜口钳的种类有很多，根据厂家不同，其尺寸、外观及具备的功能都有所不同，斜口钳有带回位弹簧和无回位弹簧两种。

根据斜口尺寸大小进行分类，可分为 5in、6in 和 7.5in 等规格。

2. 斜口钳的使用方法

用右手操作斜口钳，将钳口朝内侧，便于控制钳切部位，将小指搭在两钳柄中间，以抵住钳柄，张开钳头，这样分开钳柄更灵活。

使用斜口钳要量力而行，不可用其剪切钢丝、钢丝绳和过粗的铜导线，否则容易导致斜口钳崩牙和损坏。

斜口钳的刀口可用于剖切软电线的塑料绝缘层。例如剪切 8 号镀锌铁丝时，应用刀刃绕表面来回割几下，然后轻轻一扳，即可剪断铁丝。铡口也可以用于切断电线、钢丝等较硬的金属线。

3. 使用斜口钳的注意事项

① 斜口钳钳柄上套装的绝缘塑料管具有绝缘功能，通常耐压 500V 以上，有了它可以带电剪切电线。使用中切忌乱扔，以免损坏绝缘塑料管，并且要注意防潮。

② 为防止生锈，钳轴要经常加油。

注意：使用钳子要量力而行，不能使用斜口钳剪切硬的或粗的导线（图 3-18），否则会损坏刀口，容易导致钳子崩牙和损坏。

③ 当带电操作时，手与斜口钳的金属部分保持 2cm 以上的距离。

④ 禁止将斜口钳当作榔头使用。

图 3-18 斜口钳使用注意事项

⑤ 当用斜口钳切断较硬的钢丝等物体时，禁止使用锤子击打斜口钳的钳头来增加切削力，否则会损坏斜口钳。

⑥ 使用斜口钳要量力而行，不可以超负荷使用，不可以用于剪切钢丝、钢丝绳和过粗的铜导线和铁丝，否则容易导致钳子崩牙和损坏。

十、钢丝钳

1. 钢丝钳的作用与结构

钢丝钳也称老虎钳、平口钳和综合钳，是汽车修配作业中最常见的一种钳子，如图 3-19 所示。它主要用于切断金属丝、夹持工件和缠绕或者弯曲导线（金属丝）。另外，刀口可用于剖切软电线的橡胶或塑料绝缘层。

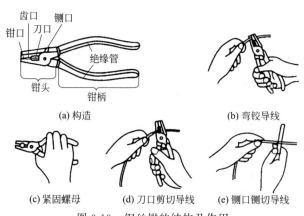

图 3-19 钢丝钳的结构及作用

钢丝钳由钳头和钳柄组成，钳头包括钳口、齿口、刀口和铡口。钳口前端主要用于弯铰或钳夹导线线头；齿口可用于紧固或拧松螺母；刀口可用于剖切软电线的橡胶或塑料绝缘层，也可用于剪切电线、铁丝；铡口可用于切断电线、钢丝等较硬的金属线。

一般的钢丝钳种类比较多，大致可以分为：日式钢丝钳、美式钢丝钳、德式钢丝钳和 VDE 耐高压钢丝钳。其中：VDE 耐高压钢丝钳与 VDE 耐高压尖嘴钳相似，其手柄橡胶绝缘层为红色和黄色，用于 1000V 供电电压线路的检修作业。

不同的钢丝钳适用的剪切功能也有所区别，不同材质钢丝钳所能剪切的能力有所不同。钢丝钳按总长分一般有三种规格，分别是 150mm、175mm 和 200mm，尺寸越大，剪切能力越强。

2. 钢丝钳的使用方法

① 根据不同用途，选用不同规格的钢丝钳。

② 使用钢丝钳时一般用手握住钳柄的后端，用拇指扣住一个钳柄，食指、中指勾住另一个钳柄，无名指和小指放在两个钳柄中间，使钳口开闭，如图 3-20 所示。

③ 当带电操作时，手与钢丝钳的金属部分保持 2cm 以上的距离。

④ 当用钢丝钳切断较硬的钢丝等物品时，禁止使用锤子锤击钳子来增加切削力，否则容易损坏钳子。

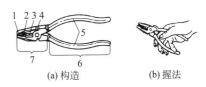

图 3-20　钢丝钳的构造及握法
1—钳口；2—齿口；3—刀口；4—铡口；
5—绝缘管；6—钳柄；7—钳头

3. 使用钢丝钳的注意事项

① 钢丝钳钳柄上套装的绝缘塑料管具有绝缘功能，通常耐压 500V 以上，VDE 耐高压钢丝钳可耐压 1000V，有了它可以带电剪切电线。使用中切忌乱扔，以免损坏绝缘塑料管，并且要注意防潮。

② 使用钢丝钳要量力而行，不可以超负荷使用。

③ 为防止生锈，钳轴要经常加油。

④ 禁止将钢丝钳当作榔头使用。

⑤ 禁止把钢丝钳当作扳手拆装螺栓和螺母。

十一、卡簧钳

1. 卡簧钳的作用与结构

卡簧钳是专门用于拆装卡簧的工具，外形上属于尖嘴钳一类。根据不同的使用范围，卡簧钳有轴用（外卡簧钳）和孔用（内卡簧钳）之分，如图 3-21 所示。轴用卡簧钳用于将卡簧胀开以便将卡簧从轴上拆下，常态时钳口是闭合的；而孔用卡簧钳则是将卡簧收缩，以便拆下卡簧，常态时钳口是打开的，而卡簧（或弹性挡圈）则装在轴或孔的卡簧槽里。

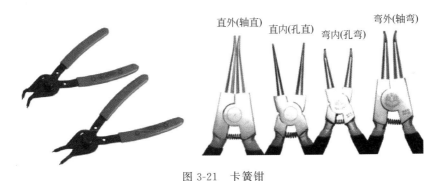

图 3-21　卡簧钳

2. 卡簧钳的使用方法（图 3-22）

① 根据卡簧形状或者安装位置，选用适用的工具来拆装卡簧。如果选用不适用的工具或使用过度的力量会损坏卡簧和其他零件。

② 在拆卸卡簧时，用手握住卡簧钳钳柄，根据卡簧的开口大小调整钳嘴开度。

③ 将卡簧钳钳嘴插入卡簧端部的孔中，然后手部对钳柄施力，使卡簧脱离轴或孔。

④ 保持手柄握紧状态，将卡簧从轴上或孔中取出。

⑤ 在安装卡簧时，也应先将卡簧钳钳嘴插入卡簧端部的孔中。

a. 内卡簧钳的使用，如图 3-23 所示。将内卡簧钳放入卡簧孔中，使用内卡簧钳来压缩卡簧，使其直径变小，将卡簧取出或将卡簧装配到位。

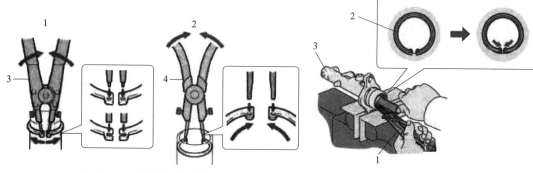

图 3-22 卡簧钳的使用方法
1—胀开拆卸型；2—收缩拆卸型；3—外卡簧钳；4—内卡簧钳

图 3-23 内卡簧钳的使用
1—卡簧钳；2—卡簧；3—制动器主缸

b. 外卡簧钳的使用，如图 3-24 所示。在卡簧端头的间隙中放一个卡簧钳，并用手把卡簧的另一头撑住。使用外卡簧钳张开卡簧，使其直径变大，并将卡簧取出或将卡簧装配到位。

3. 使用卡簧钳的注意事项

① 根据所要拆卸的卡簧，选择合适尺寸、功能的卡簧钳，特别是选择合适大小的钳嘴。

② 在对卡簧做张开动作时，其张度不宜过大，否则会损坏卡簧。

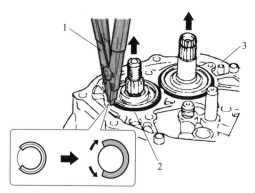

图 3-24 外卡簧钳的使用
1—卡簧钳；2—卡簧；3—传动外壳

③ 禁止将卡簧钳用于其他操作，如当作尖嘴钳使用。

④ 定期对钳轴进行润滑保养。

⑤ 当使用卡簧钳拆卸或安装卡簧时，应注意卡簧有弹出危险。

⑥ 使用完毕后应将卡簧钳清洁归位。

十二、剥线钳

1. 剥线钳的作用

剥线钳用于塑料或橡胶绝缘电线及电缆芯线的剥皮。它由刃口、压线口和钳柄组成，如图 3-25 和图 3-26 所示。剥线钳钳头上有多个大小不同的剥线孔，以适用于不同规格的导线。

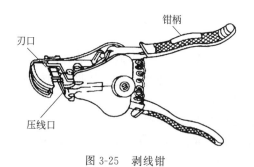

图 3-25 剥线钳

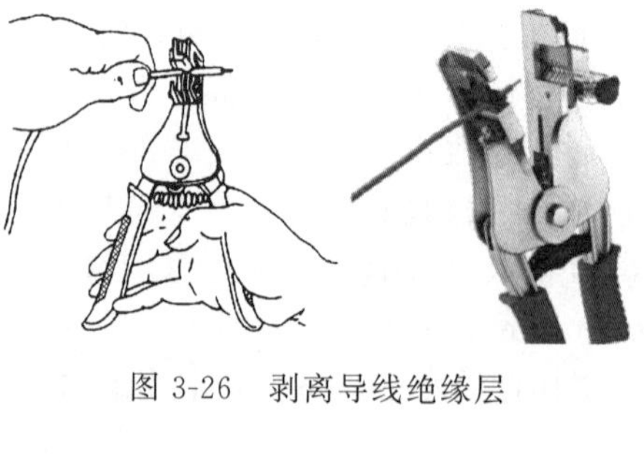

图 3-26 剥离导线绝缘层

剥线钳的种类很多，厂家不同，剥线钳的外观、尺寸及功能都有所区别。

按功能可分为普通单功能剥线钳和多功能剥线钳；按照自动剥线程度可以分为自动剥线钳与手动剥线钳。

2. 剥线钳的使用方法

① 根据缆线的粗细型号，选择相应的剥线刃口。

② 将待剥皮的线头置于钳头的刃口中，用手将两钳柄一捏，然后一松，绝缘皮便与芯线脱开。

③ 放松钳柄，取出电缆线，这时电缆金属整齐露出外面，其余绝缘塑料完好无损，剥线作业完成。

3. 使用剥线钳的注意事项

① 选择合适的剥线钳。

② 使用剥线钳时导线必须放在稍大于线芯直径的切口上切剥，以免损伤线芯。

③ 禁止带电进行剥线。手柄上的胶套是为增加使用舒适度；除非是特定的绝缘手柄，否则这些胶套不能防电，不能用于带电作业。

④ 普通钳子不能剪切钢丝，除非专门有此功能。

⑤ 禁止将剥线钳当作榔头使用。

第二节　螺钉旋具的使用

一、螺钉旋具的类型与使用

1. 螺钉旋具的类型

螺钉旋具又称螺丝起子、螺丝批、螺丝刀或改锥等，主要用于旋拧小扭矩、头部开有凹槽的螺栓和螺钉。

螺钉旋具的型号取决于其尖部的形状或是否能更换螺钉旋具刀头。螺钉旋具分为普通型螺钉旋具和组合型螺钉旋具两种：普通型螺钉旋具就是头柄制在一起的螺钉旋具；组合型螺钉旋具是把螺钉旋具头和柄分开的螺钉旋具，要安装不同类型的螺钉时，只需把螺钉旋具头换掉即可，如图 3-27 所示。

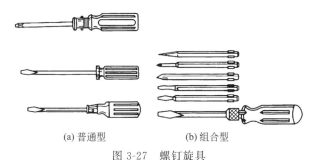

(a) 普通型　　(b) 组合型

图 3-27　螺钉旋具

汽车维修常用螺钉旋具类型主要有一字槽、十字槽、米字槽、梅花、方头、六角头、Y 形头等。其中一字槽螺钉旋具和十字槽螺钉旋具是汽车维修过程中最常用的，六角头用得不多，而常用内六角扳手，因为设备上内六角螺钉较多，方便多角度用力。螺钉旋具头部的截面形状如图 3-28 所示。

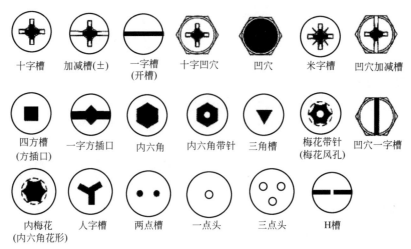

图 3-28 螺钉旋具头部的截面形状

2. 螺钉旋具的使用方法（图 3-29）

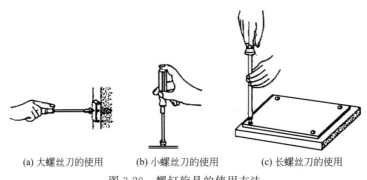

图 3-29 螺钉旋具的使用方法

① 选择螺钉旋具。在使用螺钉旋具时需根据螺钉槽的大小来选择，要使螺钉旋具口与螺钉槽口的宽度、长度和深度相适应，否则会损坏起子或螺栓（螺钉）槽的口。

② 选用螺钉旋具时应遵循"先大后小"的原则，即先选择大号，如大号不合适，再依次选择小号。如果螺钉旋具的头部太厚，则不能落入螺钉槽内，否则容易损坏螺钉槽；如果螺钉旋具的头部太薄，使用时螺钉旋具头部容易扭曲，如图 3-30 所示。

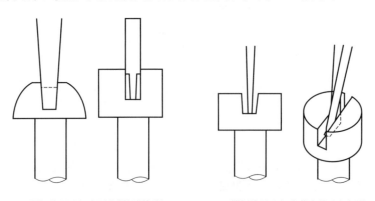

(a) 螺钉旋具头部太厚会损坏螺钉槽　　(b) 螺钉旋具头部太薄会使头部扭曲

图 3-30 使用螺钉旋具时易出现的问题

大螺钉旋具一般用于紧固较大的螺钉。使用时，除拇指、食指和中指要夹住握柄外，手掌还要顶住柄的末端，这样就可防止旋具转动时滑脱；小螺钉旋具一般用于紧固电气装置界限桩头上的小螺钉，使用时可用手指顶住木柄的末端捻旋。较长螺钉旋具的使用：可用右手压紧并转动手柄，左手握住螺钉旋具中间部分，以使螺钉旋具不致滑落，此时左手不得放在螺钉的周围，以免螺钉旋具滑出时将手划伤。

③ 为了使螺钉旋具和螺钉槽很好地配合，使用前要清除螺钉槽里的油漆和脏物，以免工作时滑脱。

④ 使用时，右手握住螺钉旋具，手心抵住柄端，使起子口与螺栓或螺钉槽口垂直吻合，并压紧后用手腕扭转，如图 3-31 所示。使用较长的起子时，可用右手压紧和拉动手柄，左手握起子柄中部使它不致滑落，以保证操作安全。

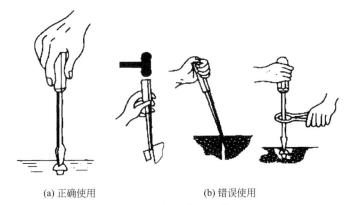

(a) 正确使用　　　　　　　(b) 错误使用

图 3-31　螺钉旋具的使用

⑤ 使用偏置起子时，因所施的压力很小，所以必须使起子口与螺钉槽口完全吻合，才能顺利拆卸或安装螺钉。

⑥ 禁止用起子当撬棒、凿子等使用。

3. 使用螺钉旋具的注意事项

① 当选用螺钉旋具时，应先保证螺钉旋具头部的尺寸与螺钉的槽部形状完全吻合，选用不当会严重损坏螺钉旋具或者螺钉，如图 3-32 所示。一般来说，电工不可使用金属杆直通柄顶的螺钉旋具，否则容易造成触电事故。

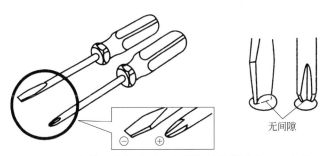

图 3-32　螺钉旋具头部的尺寸与螺钉的槽部形状完全吻合

② 在使用前应先擦净螺钉旋具柄和口端的油污，以免工作时滑脱而发生意外，使用后也要擦拭干净。

③ 使用螺钉旋具时，需将螺钉旋具头部放至螺钉槽口中，并用力推压螺钉，保持螺钉旋具与螺纹呈垂直状态，平稳旋转旋具，特别要注意用力均匀，不要在槽口中蹭，以免磨毛槽口。

④ 不要把螺钉旋具当作撬棒或錾子使用。
⑤ 对于普通螺钉旋具，切勿用鲤鱼钳或其他工具过度施加力矩，否则可能刮削螺钉的凹槽或损坏螺钉旋具尖头，如图3-33所示。

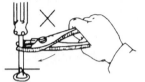

图3-33　切勿用鲤鱼钳过度施加力矩

⑥ 如果一手紧握螺钉旋具，另一手紧握工件，当操作时，螺钉旋具易滑动，容易把手凿伤，因此要把工件固定后，再操作螺钉旋具。
⑦ 使用螺钉旋具时应该使头部顶牢螺钉槽口，防止打滑而损坏槽口。同时注意，不用小旋具去拧旋大螺钉，否则，一是不容易旋紧，二是螺钉尾槽容易拧豁，三是旋具头部易受损；反之，如果用大旋具拧旋小螺钉，也容易造成因为力矩过大而导致小螺钉滑丝现象。
⑧ 使用螺钉旋具紧固和拆卸带电的螺钉时，手不得触及螺钉旋具的金属杆，以免发生触电事故。为了避免螺钉旋具的金属杆触及皮肤或触及邻近带电体，可在金属杆上套绝缘管。

二、一字槽螺钉旋具

1. 一字槽螺钉旋具的作用

一字槽螺钉旋具的刃口端面为一字形，故称为一字槽螺钉旋具，用于旋拧一字槽螺钉，如图3-34所示。一字槽螺钉旋具用于单个槽头螺钉的拆卸或安装。

一字槽螺钉旋具根据金属杆长度和刃口的尺寸大小可分为很多种类。一字槽螺钉旋具的型号表示为头部宽度×杆长度，例如2mm×75mm，表示头部宽度为2mm，杆长度为75mm。

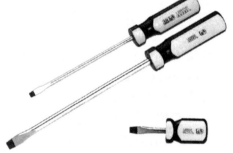

图3-34　一字槽螺钉旋具

2. 一字槽螺钉旋具的使用方法

① 使用时应选择规格尺寸与螺钉或螺丝槽口相吻合的一字槽螺钉旋具。
② 用手握持一字槽螺钉旋具的手柄，手心抵住柄端，让一字槽螺钉旋具口端与螺钉槽口处于垂直吻合状态（图3-35）。当开始拧松或最后拧紧时，应用力将一字槽螺钉旋具向螺钉方向压紧后再用手腕力拧转一字槽螺钉旋具；当螺栓松动后，即可使手心轻压一字槽螺钉旋具柄，用拇指、中指和食指快速转动一字槽螺钉旋具。

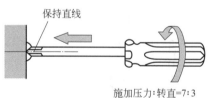

图3-35　螺钉旋具的使用方法

3. 使用一字槽螺钉旋具的注意事项

① 一字槽螺钉旋具的手柄应该保持干燥、清洁、无破损且绝缘完好。在使用前应先擦净一字槽螺钉旋具柄和头部的油污，以免工作时滑脱而发生意外，使用后也要擦拭干净。
② 电工不可使用金属杆直通柄顶的一字槽螺钉旋具，不应让一字槽螺钉旋具的金属杆部分触及带电体，可以在其金属杆上套上绝缘塑料管，以免造成触电或短路事故。
③ 不能用锤子或其他工具敲击一字槽螺钉旋具的手柄，不可将一字槽螺钉旋具当作撬棒或凿子使用。

三、十字槽螺钉旋具

十字槽螺钉旋具的刃口端面为十字形,故称为十字槽螺钉旋具,如图 3-36 所示。它用于旋拧十字槽螺钉,其杆部一般带有磁性,可吸附细小的螺钉。十字槽螺钉旋具的使用方法和注意事项与一字槽螺钉旋具相同。

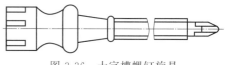

图 3-36　十字槽螺钉旋具

十字槽螺钉旋具根据金属杆长度和刀头的尺寸大小可分为很多种类。十字槽螺钉旋具的型号表示为头部大小×杆长度,例如 2 号×75mm,表示头部为 2 号(PH2,通常还有 PH0、PH1 和 PH3 等型号),杆长度为 75mm。

使用时用手握持十字槽螺钉旋具的手柄,手心抵住柄端,让十字槽螺钉旋具口端与螺钉槽口处于垂直吻合状态。当开始拧松或最后拧紧时,应用力将十字槽螺钉旋具向螺钉方向压紧后再用手腕力拧转十字槽螺钉旋具;当螺栓松动后,即可使手心轻压十字槽螺钉旋具柄,用拇指、中指和食指快速转动十字槽螺钉旋具。

四、梅花螺钉旋具

梅花螺钉旋具也称花形螺钉旋具或者 T 形手柄,主要用于拆卸或安装梅花形槽头的螺钉或螺栓。梅花螺钉旋具的结构与普通型螺钉旋具的结构基本相同,主要差异是其头部的形状为梅花(六角)形,如图 3-37 所示。

图 3-37　梅花螺钉旋具

五、冲击螺钉旋具

1. 冲击螺钉旋具的作用

冲击螺钉旋具(图 3-38)也称穿心螺钉旋具,又称锤击式加力螺钉旋具。当螺钉、螺栓生锈或拧得过紧时,需要施加较大的力矩才能扭动,此时可利用冲击螺钉旋具施加瞬间冲击力达到拆卸的目。

注意:一般只有一字槽螺钉旋具和十字槽螺钉旋具具备冲击螺钉旋具(穿心螺钉旋具)的类型。

冲击螺钉旋具的形状与普通型螺钉旋具相似,主要区别是它通常采用高强度铬钒合金钢,把手顶部是可以用于敲击的金属端面,该端面与螺钉旋具金属柄为一体,通过施加在螺钉旋具上的冲击力来松动螺钉。

2. 冲击螺钉旋具的使用方法

① 使用时应根据实际情况选择合适的刀头尺寸规格与螺丝槽口适合的冲击螺钉旋具。

② 使用冲击螺钉旋具前,应先将其旋转方向调整好,使刃口对准螺钉或螺栓的头部。

③ 使用时利用锤子敲击冲击螺钉旋具把手的顶部端面,以此利用冲击力振动、释放螺纹的拧紧力矩。

图 3-38　冲击螺钉旋具

④ 将冲击螺钉旋具垂直放置于螺丝槽口，一手握住冲击螺钉旋具手柄，利用锤子敲击冲击螺钉旋具把手的顶端端面。

⑤ 通过敲击锤子，利用敲击时的冲击力释放螺纹的拧紧力矩，同时利用手腕转动冲击螺钉旋具，使螺钉与螺纹孔松动。

第三节　锤子和錾子的使用

锤子俗称为榔头或手锤，主要用于锤击錾子、冲子等工具或用于敲击工件，使工件变形，产生位移、振动，从而达到校正和整形等目的，也可以通过敲击来拆卸和更换工件。另外，还可以根据锤击的声音来测试螺栓的松紧度。

锤子按锤头形状不同可分为圆头锤、方锤和钣金锤等，按锤头材料不同可分为铁锤、软面锤（木锤、橡胶锤、塑料锤）等，如图3-39所示。常见的锤子主要有圆头锤、大锤、软面锤、直锤等。

铁锤的规格一般用其质量表示，常用的有0.25kg、0.5kg和1kg等。

图3-39　锤子的不同类型

一、圆头铁锤

1. 圆头铁锤的作用

圆头铁锤又称钳工锤，是汽车维修中经常使用的工具，这种锤子一头为圆头，一头为平头，如图3-40所示。锤子的平头用于锤击冲子、黄铜棒或錾子等工具，圆头用于铆接和锤击垫片。圆头铁锤的规格一般用锤头质量表示，如0.5kg、0.75kg等。

图3-40　圆头铁锤

2. 圆头铁锤的使用方法

（1）锤子的握法　锤子的握法主要有紧握法和松握法两种。

① 紧握法。如图3-41(a)所示，用右手五指紧握锤柄，拇指合在食指上，虎口方向对准锤头方向，木柄尾端露出15～30mm，在锤击过程中五指始终保持紧握状态。由于手握得较紧，容易疲劳或将手磨破，所以应尽量少用。

② 松握法。如图3-41(b)所示，只有拇指和食指始终握紧锤柄，其余三个手指在挥动

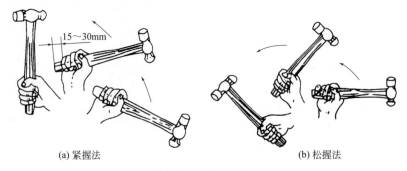

(a) 紧握法　　　　　　　(b) 松握法

图3-41　锤子的握法

锤子时，按小指、无名指、中指顺序依次放松；在敲击时，又按照相反的次序收拢握紧三根手指，这种方法在操作时手不易疲劳，且产生的敲击力度较大。

（2）挥锤方法　在汽车维修中，根据对加工工件锤击力量的不同要求，挥锤方法有腕挥、肘挥和臂挥三种，如图 3-42 所示。

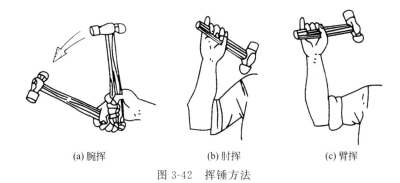

(a) 腕挥　　　　(b) 肘挥　　　　(c) 臂挥

图 3-42　挥锤方法

① 腕挥。挥锤时仅用手腕的动作来进行锤击运动，锤击力小。采用紧握法握锤，一般用于錾削余量较少和錾削开始或结尾。

② 肘挥。挥锤时手腕与肘部一起挥动完成锤击运动，敲击力较大。采用松握法握锤，这是一种常用的挥锤方法。

③ 臂挥。挥锤时腕、肘和臂联合动作，锤头要过耳背，锤击力最大。它适于需要大锤击力的工作。这种方法费力大，较难掌握，但只要掌握了臂挥，其他两种方法也就容易掌握了。

注意：使用锤子时，眼睛要注视工件，锤头面要和工作面平行，以确保锤面平整地打在工件上，不得歪斜，避免破坏工件表面形状，也防止锤子击偏，造成人员受伤和设备受损。

（3）选择锤子手柄　大部分锤子在购买时就已安装了手柄，使用时，要仔细检查锤头和锤把是否楔塞牢固。如果需要自己选择及安装手柄，应注意手柄的粗细要与锤头的大小相适应，锤头中心线要与锤柄中心线垂直，并且锤柄的最大椭圆长轴方向要与锤头中心线方向一致。

（4）注意清洁　要擦干净手上和锤柄上的汗水、油污，以防工作时锤子从手中滑脱。

（5）锤击　要用手握牢锤柄的后端，靠手腕的运动来锤击。

3. 使用圆头铁锤的注意事项

① 使用前要保证锤面及手柄上无油污，以防止在使用过程中锤子从手中滑脱，造成伤人损物的事故。

② 使用前要检查手柄安装是否牢固，有无开裂现象，以防锤头脱出造成事故。如锤头松动，可用楔子塞牢；如手柄开裂或断裂，应立即更换新手柄，否则禁止继续使用。

③ 使用外表已损坏了的锤子非常危险，当击打时，锤子上的金属可能会飞出并造成事故。

④ 使用锤子锤击錾子、冲子等工具时，一定要戴防护眼镜。

⑤ 使用锤子时，握锤应握住锤把后部，这样击打时更省力，如图 3-43 所示。

⑥ 严禁使用铁锤直接锤击配件表面及易损部位。因为铁锤会损坏由低硬度材料制成的配件，如铝制部件、气缸盖等，这些部位只能使用软面锤。

⑦ 两个锤子不能互相敲打，否则会造成金属剥落而飞出！

⑧ 拆卸零部件时，禁止直接锤击配件表面及易损部位，以防出现表面损坏。

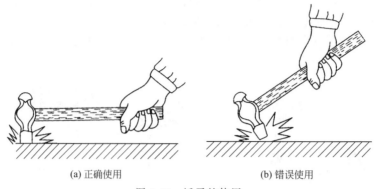

(a) 正确使用　　(b) 错误使用

图 3-43　锤子的使用

4. 使用圆头铁锤时常用的辅助工具

黄铜棒用较软的金属制成，用来敲击不允许直接锤击的工件表面。使用时一般和锤子共用，一手握住黄铜棒，将其一端置于工件表面；另一手用锤子锤击黄铜棒另一端，不得用力太大。如果黄铜棒尖头变形，可用磨床研磨，如图 3-44 所示。

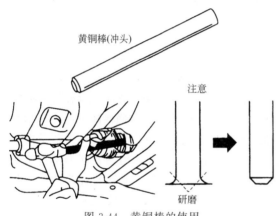

图 3-44　黄铜棒的使用

注意：

① 敲击工件时应在下面垫以硬木，严禁硬性敲击；

② 黄铜棒不可代替锤子或当撬棍使用。

二、软手锤

1. 软手锤的作用

软手锤的锤头部是使用软面材料制成的，比如橡胶、木头、塑料或黄铜等。在汽车维修作业中，常用软手锤敲击需要装配的工件或金属薄片。由于软手锤材质较软，使用这种锤子敲击时不会在受敲击的工件表面留下伤痕，从而使工件之间形成更好的配合。比如对于汽车发动机，在将活塞销安装到活塞销孔的时候，就需要用塑料锤敲击安装。

根据软手锤头部使用材料的不同，可分为橡胶锤、黄铜锤和木锤等，如图 3-45 所示。很多软手锤为增加惯性，在内部装有铅或铜等金属。

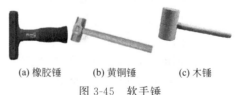

(a) 橡胶锤　　(b) 黄铜锤　　(c) 木锤

图 3-45　软手锤

2. 软手锤的使用方法和注意事项

软手锤的使用方法和注意事项与圆头铁锤相同。

三、錾子

1. 錾子的作用与类型

錾子又称齿削，是錾削操作中使用的主要工具，錾子一般和手锤配合使用，由工具钢制成，其刃部经刃磨和热处理而成，如图 3-46 所示。在汽车维修作业中，常用手锤锤击錾子，对金属进行切削加工，比如剔下不能拆卸的旧螺栓。

常见的錾子有扁錾、狭錾、油槽錾和扁冲錾等，如图 3-47 所示。扁錾用于錾削平面，切割和去除毛刺；狭錾用于开槽；油槽錾用于錾削润滑油槽；扁冲錾用于打通两个钻孔之间的间隔。

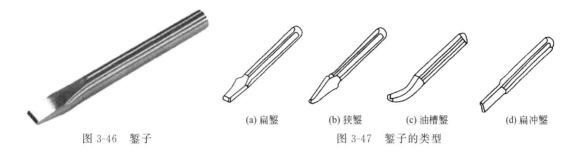

图 3-46 錾子　　　　　　图 3-47 錾子的类型

2. 錾子的使用方法

（1）錾子的握法　錾子在和手锤配合使用时，要根据不同的作业需要采用不同的握法。錾子的握法随錾削工件不同而不同，一般有三种握法，如图 3-48 所示。

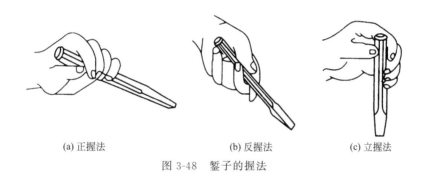

图 3-48 錾子的握法

当需要执行錾削平面操作时，要采用正握法；当需要执行錾削小平面和侧面时，应采用反握法；当需要执行垂直錾削时，要采用立握法。

① 正握法。手的腕部伸直，拇指和食指自然接触，松紧适当，用中指、无名指握住錾子，小指自然合拢，錾子头部伸出约 20mm。这种握法适合于錾削平面。

② 反握法。手心向上，左手拇指、中指握住錾子，食指抵住錾身，无名指、小指自然接触。这种握法适合于錾削小平面和侧面。

③ 立握法。左手拇指与食指捏住錾子，中指、无名指和小指轻轻扶持錾子。这种握法适合于垂直錾削，如在铁砧上錾断材料等。

（2）錾子的使用　使用錾子时，通常是用左手抓持，与工件表面成 30°角。使用时不要将錾子握得太紧，否则不利于锤击后錾子回弹。在使用过程中，眼睛要看清錾凿的位置，同时用余光看准錾子头，锤子对准錾子头平稳地进行锤击，如图 3-49 所示。

平头錾子可以用于切断铆钉头或锈蚀了的螺栓头，其方法是手持錾子，以一个适当的角度对准铆钉头或螺栓头的下部进行錾削。

要錾削厚度为 4mm 左右的钢板，可以将薄钢板垂直地夹在台虎钳上，錾子角度与水平面成 30°角；錾削时，切口应当紧贴钳口，从工件的边缘开始，錾子应当沿着台虎钳卡爪的方向运动，不断地錾削金属。

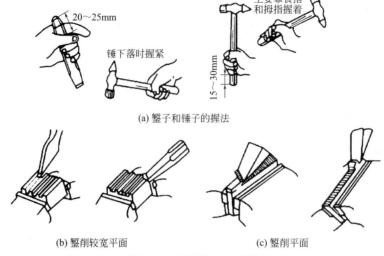

图 3-49 錾子的正确使用

3. 使用錾子的注意事项

① 錾子的刃磨　当錾子头部被锤打成蘑菇状时，应当及时用砂轮进行修磨，以去掉翻卷的金属边和毛刺，如图 3-50 所示。刃磨时，两手要拿稳錾身，一手在上，另一手在下，使刃口向上倾斜靠在砂轮上，轻加压力的同时应注意刃口要高于砂轮水平中心线，在砂轮全宽上平稳均匀地左右移动錾身。在用砂轮进行修磨时，需要注意防止铁屑飞溅伤人。

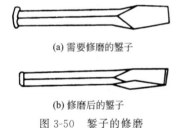

图 3-50 錾子的修磨

在刃磨錾子的过程中，应注意磨后的楔角大小要适宜，两刃面要对称，刃口要平直，刃面宽 2~3mm。錾子头部未经过热处理，在使用过程中易卷边，如出现这种现象应及时磨掉。

② 使用錾子时要握稳握平，使用锤子锤击时，防止锤子击在手上，造成人身伤害。錾削将要完工时，应用锤子轻轻敲击，以免阻力突然消失时手及錾子冲出去，碰在工件上把手划破。

③ 錾子使用完毕后应将其归位搁置，防止錾子生锈。

四、冲子

1. 冲子作用与类型

冲子（图 3-51）又叫冲头，主要用于冲出铆钉和销子等，也可以用于标示钻孔位置，常见的冲子类型有中心冲、销冲和孔冲等，它们的结构不同，作用也是不一样的。

（1）中心冲　中心冲也称圆柱冲或平头冲，一端用软材料制成，另一端比较尖锐，是用高碳钢制成的。

中心冲主要用于标示要钻孔的位置及导向，也可用于工件拆卸前对其做标记，通过标示拆下的工件，

图 3-51 冲子

可以防止安装时造成装配错误，例如对曲轴轴承盖进行标记。

注意：标记时不可用力太重。

（2）销冲　销冲有各种不同的直径，可用于把铆钉或销钉从孔中冲出，销冲的柄部呈六边形，也有呈圆形的。在汽车维修厂里，常用销冲的直径为 3～12mm。

（3）孔冲　孔冲有多种形状，在汽车维修作业中主要用到的是圆孔冲，它用于在薄钢板、塑料板、皮革以及垫圈上冲孔，如密封垫片螺栓孔的开孔。但它只能冲软材料，冲头应保持锋利，用钝的冲头可能会把材料冲坏。它主要用于加工密封件。

2. 冲子的使用方法

现以销冲为例，介绍其使用方法。

① 选择合适尺寸规格的销冲。
② 确认销冲头部位置的平整度。
③ 将销冲的头部顶住穿销。
④ 调整销冲的位置，使得销冲与穿销保持在同一轴线上。
⑤ 利用锤子轻轻敲打销冲，观察穿销的移动状况，直到穿销被冲出。

3. 使用销冲的注意事项

① 选择合适的销冲进行作业。
② 销冲的头部如果不平整，应利用打磨机进行修整。
③ 禁止使用头部不平整的销冲进行作业。
④ 在使用过程中，销冲应与穿销保持同一轴线位置。
⑤ 作业过程中应轻轻敲打销冲，并时刻观察穿销状态。
⑥ 使用后将销冲归位放置。

第四节　锉削工具的使用

一、手锯

1. 手锯的作用

手锯是锯削的工具，主要用于分割材料或在工件上切槽。在汽车维修中，经常用到的是钳工手锯，它由锯弓和锯条组成，如图 3-52 所示。

图 3-52　钳工手锯

（1）锯弓　锯弓是用于张紧锯条的，锯弓由手柄、梁身和夹头组成。锯弓两端都装有夹头，与锯弓的方孔配合，一端是固定的，另一端是活动的。当锯条装在两端夹头的销子上后，旋紧活动夹头上的翼形螺母就可以把锯条拉紧。

锯弓有固定式和可调整式两种形式，如图 3-53 所示。固定式锯弓的长度不能变动，只能使用单一规格的锯条。可调整式锯弓使用广泛，可以使用不同规格的锯条，手把形状便于用力。

图 3-53　锯弓的形式

（2）锯条　锯条一般由碳素工具钢和合金工具钢制成，都经过淬火处理。如图 3-54 所示，锯条两端开有安装孔，便于安装到锯弓上。锯条的长度是以两端的安装孔的中心距来表示的，常见的锯条长度为 300mm，宽为 12mm，厚为 0.8mm。

锯条根据锯齿的大小分为粗齿（齿距为 1.8mm，或每 25mm 长度内含 14～18 个齿）、中齿（齿距为 1.4mm，或每 25mm 长度内含 24 个齿）、细齿（齿距为 1.1mm，或每 25mm 长度内含 32 个齿）。粗齿锯条用于切割软的金属材料（如铜、铝、铸铁、中碳钢和低碳钢等）或厚工件材料，细齿锯条用于切割较硬的钢板材料或薄壁的材料（如各种管子、薄板料和角铁等），中齿锯条用于切割普通铜、铸铁及中等厚度的工件。锯齿的排列多为波浪形（图 3-55），以减少锯口两侧与锯条间的摩擦。

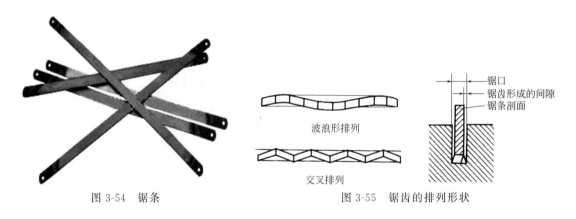

图 3-54　锯条　　　　　图 3-55　锯齿的排列形状

2. 手锯的使用方法

（1）锯条的选用　不同锯条的锯齿数和锯齿粗细各不相同，使用时要根据工件形状和锯削要求选择不同锯齿数及不同锯齿粗细的锯条。选择合适的锯条，是保证锯削质量和效率的重要条件。使用时应根据工件材料的硬度、强度、厚度及切面的形状大小等来选择。锯削软材料及厚材料时，应该选用粗齿锯条。因在锯削软材料及厚材料时，锯屑较多，要求有较大的空间容屑；锯削硬材料及薄材料时，应选用细齿锯条；锯削中等硬度的材料用中齿锯条，如中等硬度的钢、黄铜、铸铁、厚壁管及大、中尺寸的型钢，如图 3-56 所示。

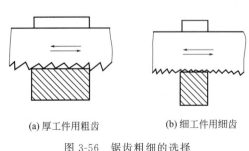

图 3-56　锯齿粗细的选择

在选择粗齿锯条或细齿锯条时，要考虑在锯割截面上至少有 3 个锯齿同时参与锯割，这样才能避免锯齿被钩住和崩裂。

(2) 正确安装锯条　锯条安装到锯弓上时，应使锯齿的齿尖朝前（图 3-57），不能反装。这是因为实际锯割操作中在向前推进时才起切削作用，回程时不起切削作用。安装锯条的松紧也要控制适当，锯条不能安装得过松或过紧，过紧则受力过大，容易在操作中断裂（经验丰富的人一般使用紧的锯条），过松则会因锯条的松动出现锯偏现象，也易使锯条因弯曲而折断。锯条的松紧度可通过锯弓上的翼形螺母调节。一般用两手指的力能旋紧为止。其松紧程度可用手扳动锯条，以感觉硬实即可。锯条安装后，要保证锯条平面与锯弓中心平面平行，不得倾斜和扭曲，否则，锯削时锯缝极易歪斜。

注意：不要敲打锯条，锯条易损坏。

(3) 工件的夹持　被锯削的工件装夹要平稳，如图 3-58 所示，应尽可能夹持在台虎钳的左侧，便于操作；锯割线应与钳口垂直，以防锯斜；工件夹持应稳当而牢固，以防操作中因工件移动而导致锯条折断。工件伸出钳口部分要短，不应过长，以防止锯削时产生振动。较小的工件，既要夹牢，又要防止工件变形和夹坏已加工的表面。

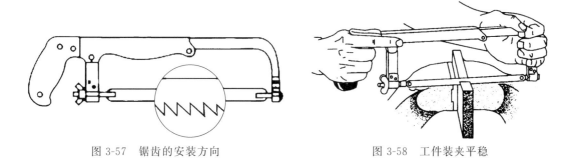

图 3-57　锯齿的安装方向　　　　　图 3-58　工件装夹平稳

(4) 锯削的站姿　使用钢锯时，要采用感觉舒适的姿势，锯削的速度要均匀、平稳、有节奏，快慢要适度，否则会很快疲劳，同时要注意经常休息。

① 手锯的握法。用右手握住锯柄，用左手握住锯架的前端，如图 3-59 所示。

② 正确的锯削姿势。

a. 锯削时的站立位置。应面向台虎钳，站在台虎钳中线的左侧，身体稍微离开台虎钳。然后迈出左脚，使右脚尖到左脚跟的距离约为 300mm。左脚与台虎钳中线约成 30°角，右脚与台虎钳中线约成 75°角，如图 3-60 所示。

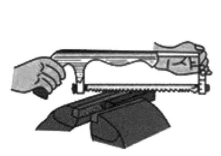
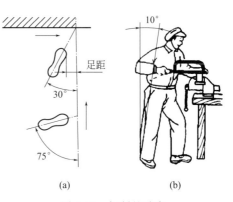

图 3-59　手锯的握法　　　　　图 3-60　锯削的站姿

b. 锯削时的手臂姿势。用右手满握锯柄，主要负责推拉运动和掌握方向，左手轻扶锯弓前端，配合右手将锯扶正并向下施加一定的压力。推进时，要对锯条施加压力，退出时；不要对锯弓施加压力，锯身应轻轻抬起，尽可能减少锯齿与被锯面的接触，以减少对锯齿的磨损，速度要比推进时快些。

锯削推锯时，身体上部略向前倾，与竖直方向约成 10°角，给手锯以适当的均匀压力，此时右肘尽量向后收。随着推锯行程的增大，身体逐渐向前倾斜，如图 3-61(a) 所示；当行程达 2/3 时，身体倾斜约 18°角，左右臂均向前伸出，如图 3-61(b) 所示；当锯削最后 1/3 行程时，用手腕推进锯弓，身体随着锯弓的反作用力退回到 10°角位置，如图 3-61(c) 所示；当回程时，取消压力使手和身体都退回到最初位置；锯削速度不宜过快，过快则容易使操作者疲劳，并造成锯条过热，很快损坏。一般速度为 40 次/min，硬度较高的材料速度要更低一些。

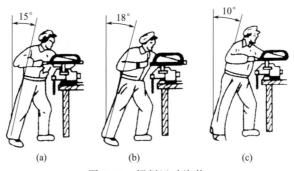

图 3-61　锯削运动姿势

锯削时要尽可能使用整个锯条，在向前推锯弓时，要平稳地移动钢锯并均匀用力，在回程时轻轻地抬起锯弓以避免磨损锯齿背部。当工件快锯断时，用力应稳，以免碰伤。

（5）起锯方法　使用锯削时，应注意起锯、锯削压力、锯削速度和往返长度。

① 起锯角度要正确，操作姿势要自然。起锯有远起锯和近起锯两种方法，如图 3-62 所示。当起锯时，锯条应对工件表面稍倾斜，有一个起锯角 θ（10°～15°），但不宜过大，以免崩齿。为保证起锯的位置准确和平稳，维修工在操作时可用手指甲挡住锯条的方法来定位（一般应为 15°），也可在锯割位置先用三角锉刀锉出一条槽来定位。

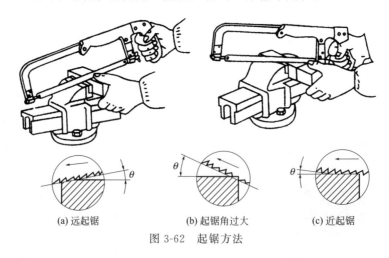

图 3-62　起锯方法

② 起锯角过大，锯条的锯齿容易被工件的棱边卡住；起锯角过小，则不容易切入工件

并且容易打滑。

（6）锯割的压力、速度和行程　锯割运动时，推力和压力由右手控制，左手主要配合右手扶正锯弓，压力不要过大。手锯推出时为切削行程施加压力，返回行程不切削、不加压力，从加工面上轻轻滑过，锯割软材料时速度应快一些。锯割行程一般不小于锯条全长的2/3，这样可以减少锯条在锯割中锯齿的磨损，延长锯条的使用寿命。

（7）各种材料的锯割方法

① 锯割钢管。锯割钢管时应把钢管夹在两块木制的 V 形槽垫之间，用台虎钳夹正，如图 3-63(a) 所示。锯割时一般不采用在一个方向上一次锯断，而应多次转动管子在不同方向上锯割，且每次只锯透管壁，当管壁锯透后，即将管子沿着手锯的推进方向旋转一个较小的角度，再沿原锯缝下锯进行下一次锯削，依次转动，直至将管子锯断为止［图 3-63(b)］。若沿着管材背离推进方向旋转，锯削时，管壁会卡住锯齿，有可能将锯齿崩裂或使手锯剧烈跳动，使锯削不平稳，如图 3-63(c) 所示。

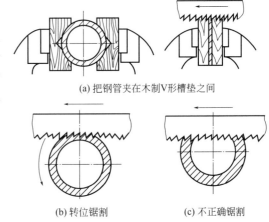

图 3-63　锯割钢管

② 锯割薄板料。锯割薄板料时易发生弯曲和抖动，应尽可能从宽面开始锯割，如图 3-64(a) 所示。当只能从薄板料的窄面开始锯割［图 3-64(b)］时，可用两块木板把薄板料夹在中间，连同木板一起锯开。这样可以增加薄板料的刚度，锯割时既不会发生抖动，又可防止锯齿钩住断落。

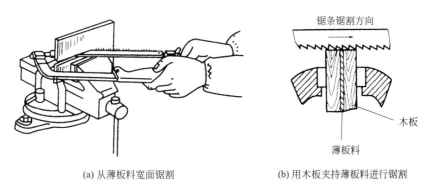

图 3-64　锯割薄板料

③ 锯削厚工件（深缝锯削）。由于锯条与锯弓之间的距离有限，使锯入的深度达不到要求时［图 3-65(a)］，可通过改变锯条锯齿方向的方法加以解决。当锯缝的深度超过锯弓的高度时，应将锯条转过 90°重新安装，使钢锯架转至工件一侧，再进行锯削，如图 3-65(b) 所示。锯弓横下来后，如果高度仍然不够，可将锯条安装成锯齿在锯弓内进行锯割作业，如图 3-65(c) 所示。深缝锯削时必须使用较轻的压力、较慢的速度，以防止锯条发生扭曲而折断。

注意：锯条崩齿后，即使是一个齿，也不能继续使用，否则相邻锯齿也会相继脱落。为了使崩齿锯条能继续使用，必须用砂轮将崩齿的地方磨成弧形，以便在锯削时顺利地通过，不致卡住。

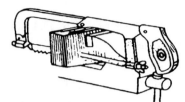

(a) 锯缝深度超过锯弓高度

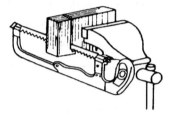

(b) 锯条转过90°安装后锯削

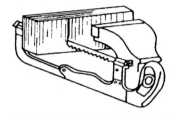

(c) 将锯条安装成锯齿在锯弓内进行锯割

图 3-65　深缝的锯削方法

3. 使用手锯的注意事项

① 锯割钢件时可给锯条加油润滑冷却,以减少锯条与锯削断面的摩擦并能冷却锯条。

② 锯条安装要松紧适当,用力均匀。锯削时不要突然摆动过大、用力过猛,防止工作中锯条折断,从锯弓上崩出伤人。

③ 要及时修整磨光已崩裂的锯齿。当锯条局部几个齿崩裂后,应及时在砂轮机上进行修整,即将相邻的2~3齿磨低成凹圆弧,并把已断的齿部磨光。如不及时处理,会使崩裂齿的后面各齿相继崩裂。

④ 工件将被锯断时,用力要小。要目视锯削处,握锯要轻,速度要慢,行程要小,并用左手扶住即将落下的材料,避免掉下砸伤脚。

⑤ 锯割操作时,思想要集中,防止锯条折断后从锯弓弹出造成伤人事故。

⑥ 锯削完毕,应将锯弓张紧螺母适当放松,卸除锯条的张紧力。但不要拆下锯条,防止锯弓上的工件失散,应将其妥善放好。

二、锉刀

1. 锉刀的作用

锉刀是手工锉削的主要工具,如图 3-66 所示。锉削就是对工件表面进行切削加工,使其尺寸、形状、位置和表面粗糙度都达到要求的加工方法,其加工范围包括:平面、台阶面、角度、曲面、沟槽和各种复杂的表面等。

图 3-66　锉刀

2. 锉刀的结构与分类

（1）锉刀的结构　锉刀主要由锉身和锉柄两部分组成，如图 3-67 所示。锉刀一般由碳素工具钢经轧制、锻造、退火、磨削、剁齿和淬火等工序加工而成。

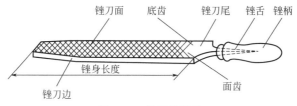

图 3-67　锉刀的结构

① 锉身。锉身包括锉刀面、锉刀边、锉刀尾三部分。

a. 锉刀面指锉刀上下两面，是锉削的主要工作面。锉刀面在前端做成凸弧形，上下两面都有锉齿，便于进行锉削。

b. 锉刀边是指锉刀的两个侧面，有齿边和光边之分。齿边可用来切削，光边只起导向作用。有的锉刀两边都没有齿，有的其中一边有齿。没有齿的一边叫光边，其作用是在锉削内直角形的一个面时，用光边靠在已加工的面上去锉另一直角面，防止碰伤已加工表面。

c. 锉刀尾（锉舌）用于装锉刀柄。锉舌是不经淬火处理的。

② 锉柄。锉刀的柄脚安装有手柄，它的作用是便于锉削时握持传递推力。通常是木制的，在安装孔的一端应有铁箍。

（2）锉刀的分类

① 按锉纹的多少分类。锉刀根据锉纹（锉纹是指在锉刀表面加工出的切纹，这些切纹构成了锉齿）间距的大小分为粗齿锉、中齿锉、细齿锉和油光锉等，如图 3-68 所示，分别用来粗加工和精加工。通常是按锉刀的 10mm 长度范围内锉纹条数多少来划分的，锉纹条数越多，则锉纹越细。4~12 齿的称为粗齿锉，13~23 齿的称为中齿锉，30~40 齿的称为细齿锉，50~62 齿的称为油光锉。

② 按锉纹的类型分类。锉刀根据锉纹不同又可分为单纹锉和双纹锉两种。单纹锉是指锉刀上只有一个方向锉纹，呈条形，与锉刀中心线成 70°角，一般用于锉软金属，如铜、锡、铅等。双纹锉则有两种锉纹，有低锉纹和面锉纹之分，低锉纹与锉刀中心线成 45°角，锉纹间距较疏；面锉纹与锉刀中心线成 60°~65°角，锉纹间距较密，适用于锉削硬材料。

图 3-68　粗齿锉、中齿锉和细齿锉

③ 按断面形状分类。锉刀的断面有多种形式，适用于不同切面的金属表面加工。常见的有平锉、三角锉、方锉、半圆锉和圆锉等几种类型，如图 3-69 所示。

平锉主要用于锉削平面、外圆和凸圆弧面；方锉主要用于锉削平面和方孔及方槽；三角锉主要用于锉削平面、方孔及 60°以上的锐角；圆锉主要用于锉削圆内弧面；半圆锉主要用于锉削平面、内弧面和大的圆孔。

④ 按用途分类。锉刀分为普通锉、特种锉和整形锉（也称什锦锉）。普通锉主要用于一般工件的加工，按其断面形状不同，分为平锉、方锉、三角锉、半圆锉和圆锉五种，适用于不同表面的加工；特种锉，也称异形锉，主要用于锉削工件特殊表面，有刀口锉、菱形锉、

扁三角锉、椭圆锉、圆肚锉等类型；整形锉主要用于修整细小部分的表面，其长度和截面尺寸均很小，截面形状有圆形、不等边三角形、矩形、半圆形等。整形锉俗称组锉，用于锉削小而精细的金属工件，由许多各种断面形状的小锉组成一套，如图 3-70 所示。

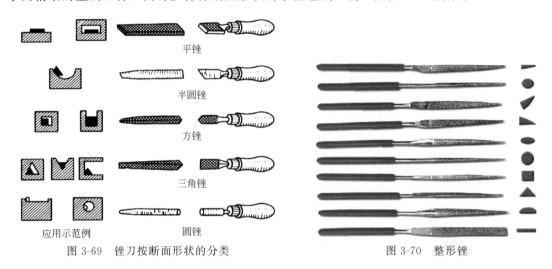

图 3-69 锉刀按断面形状的分类　　　　图 3-70 整形锉

汽车维修中还经常用到螺纹锉，它主要用于修复受损的螺纹。

(3) 锉刀的规格　锉刀的规格用锉刀的尺寸规格和锉齿的粗细规格两种表示方式。

① 尺寸规格。圆锉刀用直径表示，方锉刀以断面边长表示，其他锉刀以锉身长度（锉刀有齿部分的长度）表示，平锉常用的有 100mm、150mm、200mm、250mm、300mm 等几种尺寸规格。

② 粗细规格。以锉刀每 10mm 长度内主锉纹条数表示。通常分为 1 号锉纹：粗锉刀，齿距为 2.3～0.83mm。2 号锉纹：中粗锉刀，齿距为 0.77～0.42mm。3 号锉纹：细锉刀，齿距为 0.33～0.25mm。4 号锉纹：双细锉刀，齿距为 0.25～0.20mm。5 号锉纹：油光锉刀，齿距为 0.20～0.16mm。

3. 锉刀的选用原则及使用方法

(1) 锉刀的选用原则　要根据加工对象的具体情况，正确地选择锉刀，具体原则如下。

① 锉刀断面形状的选用。要根据所要加工工件的形状选用不同截面的锉刀。方锉四面都有锉齿，可锉方形孔（内直角表面），另外还可加工直角形状的工件；三角锉可锉削内角表面；半圆锉可用于锉内凹的弧面；圆锉可用于锉圆弧面工件，还可把圆孔锉大。

② 锉刀齿粗细的选择。锉刀齿粗细要根据加工工件的余量大小、加工精度、材料性质和表面粗糙度的大小来选择。

粗加工选用粗锉刀，精加工选用细锉刀。粗齿锉刀适用于加工大余量、尺寸精度低、表面粗糙度大的工件；反之应选择细齿锉刀。细齿锉刀适用于锉削加工余量小、加工精度高和表面粗糙度小的工件。油光锉刀只用于对工件表面进行最后的修光。

锉刀齿纹要根据被锉削工件材料的性质来选用。锉削铝、铜、软钢等软材料工件时，最好选用单齿纹（铣齿）锉刀。

③ 锉刀尺寸规格的选用。锉刀尺寸规格应根据被加工工件的尺寸和加工余量来选用。当加工尺寸大、加工余量也较大时，要选用大尺寸规格的锉刀；反之要选用小尺寸规格的锉刀。锉刀的长度一般应比锉削面长 150～200mm。

④ 当选用锉刀时，锉刀的硬度必须高于所要锉削材料的硬度，而且普通的锉刀不能用

于锉如铜、铝等低硬度的材料，因为铜屑、铝屑会堵塞锉齿。

(2) 锉刀的使用方法

① 安装锉刀手柄。在使用锉刀前，首先要给锉刀安装大小合适的手柄，并检查手柄是否松动。有些锉刀自带手柄。

② 锉刀的握法。不同的锉刀在使用时有不同的握法，如图3-71所示。

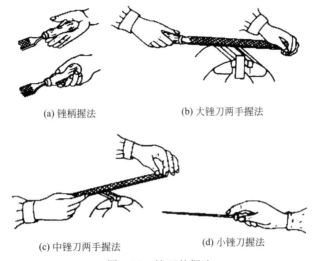

(a) 锉柄握法　　(b) 大锉刀两手握法

(c) 中锉刀两手握法　　(d) 小锉刀握法

图 3-71　锉刀的握法

使用大锉刀、重锉刀（长度大于250mm）时的握锉方法：右手握柄，柄端抵在拇指根部的手掌上，拇指放在手柄上部，其余手指由上而下地握着锉刀柄，左手拇指根部肌肉压在锉刀上，拇指自然伸直，其余四指弯向掌心，用中指、无名指捏住锉刀前端，锉削时右手小臂要与锉身水平，右手肘部要提起。

使用中型锉刀（长度200mm左右）时的握锉方法：右手与握大锉刀一样，左手的拇指与食指轻轻捏住锉身前端。

使用小型锉刀（长度150mm左右）时的握锉方法：右手拇指放在刀柄的上方，食指放在刀柄的侧面，其余手指则从下面稳住锉柄；用左手的食指、中指、无名指压在锉身中部，以防锉身弯曲。

使用整形锉刀或长度小于150mm的更小锉刀时，只用右手握住，拇指放在锉柄的侧面，食指放在上面，其余手指由上而下握住锉刀柄。

注意：在锉削过程中，不可用手擦摸锉削表面、锉屑及锉刀，因为锉削时产生的金属粉粘在手上后很难去除，会造成手部打滑。

③ 锉削时的站立姿势如图3-72所示。两手握住锉刀，放在工件上面。左臂弯曲，小臂与工件锉削前面的左右方向保持基本平行；右小臂自然地与工件锉削的前后方向保持基本平行。右脚尖到左脚跟的距离约等于锉刀长，左脚与锉削工件中线约成30°角，右脚与锉削工件中线约成75°角。

④ 锉削时的动作（图3-73）。开始锉削时，身体前倾约10°，右脚后伸，以充分利用锉身有效的长度。当锉刀推到1/3行程时，身体前倾约15°，使左腿稍弯曲。右肘再向前推至2/3行程时，身体逐渐前倾到18°左右。锉削最后1/3行程时，用手腕推锉刀至尽头，身体随着锉刀的反作用力自然退回到前倾15°左右的位置。锉削终了时，两手按住锉刀，取消压力，抽回锉刀，身体恢复到原来位置。如此进行下一次的锉削。锉削时身体的重心要落在左

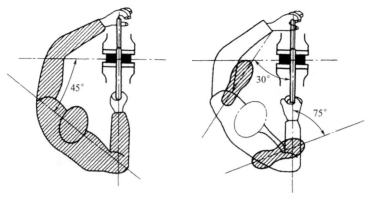

图 3-72 锉削时的站立姿势

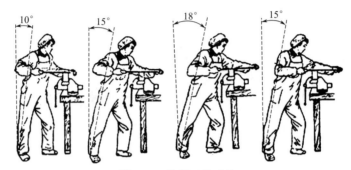

图 3-73 锉削时的动作

脚上，右腿伸直、左腿弯曲，身体向前倾斜，两脚站稳不动，锉削时靠左脚的屈伸使身体做往复运动。两手握住锉刀放在工件上面，右臂弯曲，小臂与工件锉削面的左右方向保持基本平行，右小臂要与工件锉削面的前后方向保持基本平行，但要自然。

锉削行程中，身体先与锉刀一起向前，右脚伸直并稍向前倾，重心在左脚，左膝部呈弯曲状态；当锉刀锉至约 3/4 程时，身体停止前进，两臂则继续将锉刀向前锉到头，同时左腿自然伸直并随着锉削时的反作用力，将身体重心后移，使身体恢复原位，并顺势将锉刀收回；当锉刀收回将近结束时，身体又开始先于锉刀前倾，做第二次锉削的向前运动。

如要锉出平直的平面，必须使锉刀保持直线锉削运动。在锉刀回程时两手不要加压，以减少锉刀磨损。

⑤ 锉削时的施力。锉刀推进时应保持在水平面内。两手施力按如图 3-74 所示变化，返

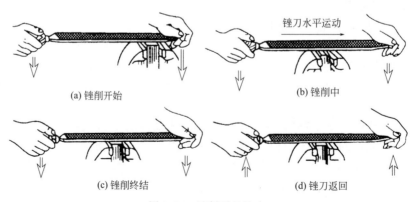

图 3-74 锉削时的施力

回时不加压力，以减少齿面磨损。如锉削时两手施力不变，则开始阶段刀柄会下偏，而锉削终了时前端又会下沉，结果将锉成两端低、中间凸起的鼓形表面。

锉削速度一般应在 40 次/min 左右，推出时稍慢，回程时稍快，动作要自然协调。

锉削的方法有平面锉削和圆弧面锉削两种。

a. 平面锉削如图 3-75 所示，是锉削中最基本的一种，常用顺向锉、交叉锉、推锉三种操作方法。

顺向锉是指锉刀始终沿其长度方向锉削，一般用于最后的锉平或锉光。

交叉锉是指先沿一个方向锉一层，然后再转 90°锉平。交叉锉切削效率较高，锉刀也容易控制，如工件余量较多，先用交叉锉法较好。

推锉法的锉刀运动方向与其长度方向垂直。当工件表面已锉平，余量很小时，为了降低工件表面粗糙度值和修正尺寸，用推锉法较好。推锉法尤其适用于较窄表面的加工。

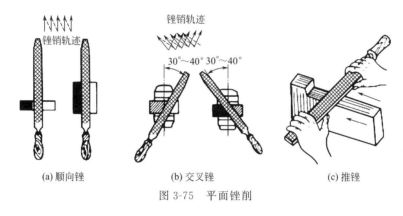

图 3-75 平面锉削

b. 圆弧面锉削。当锉削圆弧面时，锉刀既需向前推进，又需绕弧面中心摆动。常用的有外圆弧面锉削时的滚锉法和顺锉法，如图 3-76(a) 所示。

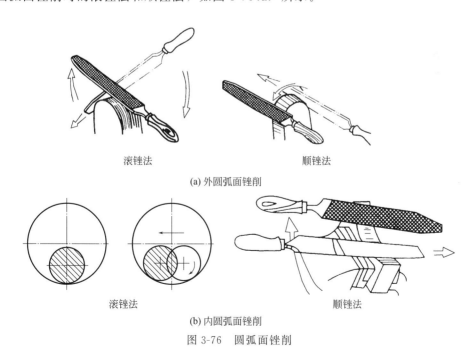

图 3-76 圆弧面锉削

如图 3-76（b）所示为内圆弧面锉削时的滚锉法和顺锉法。当滚锉时，锉刀顺圆弧摆动锉削。滚锉常于表锉外圆弧面。顺锉时，锉刀垂直圆弧面运动。顺锉适宜于粗锉。

4. 使用锉刀的注意事项

① 不准使用无柄锉刀、裂柄锉刀和无柄箍锉刀，防止伤手。锉刀柄的安装如图 3-77 所示。

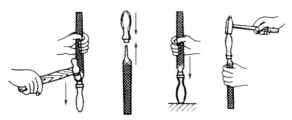

图 3-77 锉刀柄的安装

② 新锉要先使用一面，用钝后再使用另一面。另外，锉刀在使用时应充分利用有效全长，这样既可提高锉削效率，又可避免锉齿局部磨损。

③ 锉刀上不可沾水和油污。当锉刀槽齿被锉屑堵塞时，应使用专用铜丝刷顺其齿纹进行清除。

④ 不得用新锉刀锉硬金属。不可锉毛坯件的硬皮及淬硬的工件。如铸件或毛坯表面有硬皮，应先用砂轮磨去或用旧锉刀锉去后，再进行正常锉削加工。

⑤ 不能把锉刀当作敲击或撬动的工具。

⑥ 锉刀硬而脆，锉刀放置时不得叠放，不能与其他金属硬物相碰，不可与其他工具或工件堆放在一起，以免损坏锉齿。另外还要防止锉刀掉落在地上，以免损坏锉刀。

⑦ 锉刀使用完毕后，必须用锉刷顺锉纹方向刷去锉纹中的锉屑。使用过程中发现锉屑嵌入锉纹，也要及时刷去。若嵌入的锉屑大，要用铜片剔除。锉刀应存放在干燥通风的地方，以免生锈。

⑧ 使用整形锉时用力不可过猛，以免折断。

三、刮刀

1. 刮刀的作用与类型

刮刀又称铲刀，刮刀是刮削的主要工具，一般用碳素工具钢或轴承钢锻成。刮刀分为平面刮刀、垫片刮刀和曲面刮刀三类，如图 3-78 所示。

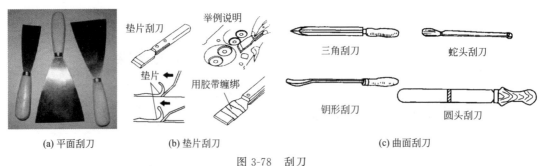

图 3-78 刮刀

平面刮刀和垫片刮刀用于刮削平面及刮花，清理发动机部件密封材料，如气缸盖垫片、液态密封剂、胶黏物以及表面上的其他物体，当使用在易于破损的表面上时，刮刀应包裹塑料带，如电工胶布；曲面刮刀用于刮削内弧面，如滑动轴承的轴瓦，如图 3-79 所示。

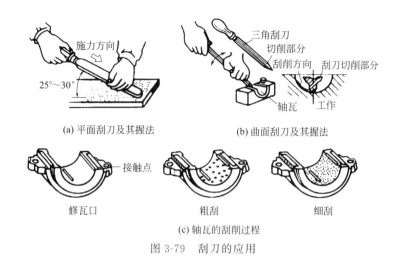

图 3-79　刮刀的应用

2. 刮刀的使用

下面以清理油底壳与气缸体的密封胶为例，介绍铲刀的使用方法。

① 选择合适的铲刀。
② 检查切削刃部分是否整齐。
③ 将铲刀置于部件密封面的平面上，确认切削刃部分完全与表面接合。
④ 保持切削刃与接合平面完全接触，稍微用力下压铰刀并向前推进，刮除密封材料。
⑤ 在刮除过程中，合理选择切削刃的朝向，确保密封材料的清理效果。切削刃切入垫片，刮的效果会更好些，但是容易刮到表面；若切削刃未很好地切入垫片，则难以获得整齐的效果，但是被刮的表面未被损坏。

3. 使用刮刀的注意事项

① 当使用在易于破损的表面上时，刮刀应包裹塑料带，如电工胶布。
② 禁止把手放在刀片前，刀片可能会伤到手。
③ 如果需要对切削刃进行加工，应选择合适的磨石磨刀片。

第五节　丝锥与板牙的使用

一、丝锥

1. 丝锥与板牙的作用与结构

（1）丝锥与板牙的作用。丝锥与板牙是加工内、外螺纹的工具。丝锥主要用作加工内螺纹，一般用碳素工具钢或高速工具钢制作，并经热处理淬火硬化；板牙用作加工外螺纹，这类工具有手动和机用两种。在汽车维修中，手动丝锥和板牙用得最多，它主要用于小型工件的加工或用于修复已损坏的螺纹。通常丝锥和板牙以组合套件的形式出现，一般包括铰杠（丝锥铰手柄T形铰杠）、板牙、一字螺钉旋具、板牙铰手、牙规和丝锥，如图 3-80 所示。

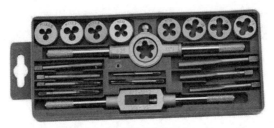

图 3-80　丝锥和板牙组合工具

① 丝锥也称螺丝攻、丝攻，它是一种用于攻螺纹的工具，沿轴向开有沟槽。所谓攻螺纹，是指在孔中切削出内螺纹的加工方法。攻螺纹工具由丝锥和铰杠（铰手）两部分组成，如图 3-81 所示。

图 3-81　丝锥和铰杠

② 铰杠是用于夹持丝锥的工具。有普通铰杠和丁字铰杠两类。丁字铰杠用于在高凸台旁边或箱体内部攻螺纹。各类铰杠又有固定式和活络式两种，如图 3-82 所示。固定式铰杠常用于攻 M5 以下的螺孔，活络式铰杠可以调节方孔尺寸。

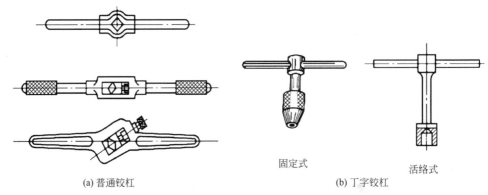

(a) 普通铰杠　　　　　　　　　　固定式　　　(b) 丁字铰杠　　活络式

图 3-82　铰杠的类型

（2）丝锥的构造　丝锥主要由柄部和工作部分组成，如图 3-83 所示。

柄部的方榫部分用于插入丝锥铰杠中以传递转矩。工作部分又分为切削部分和校准部分（导向部分）。切削部分担任主要的切削任务。常用丝锥轴向开 3～4 条容屑槽，以形成切削部分锋利的切削刃和前角，同时能容纳切屑。端部磨出切削锥角，使切削负荷分布在几个刀齿上，逐渐切到齿深部位，而使切削省力、刀齿受力均匀，不易崩刃或折断，也便于正确切入。

校准部分均具有完整的牙型，主要用于校准和修光已切出的螺纹，并引导丝锥沿轴向前进。为了制造和刃磨方便，丝锥上的容屑槽一般做成直槽。有些专用丝锥为了控制排屑方向，做成螺旋槽。加工不通孔螺纹，为使切屑向上排出，容屑槽做成右旋槽。加工通孔螺纹，为使切屑向下排出，容屑槽做成左旋槽。

（3）丝锥的类型　按加工方法分类，丝锥分为手用丝锥和机用丝锥两种。机用丝锥可用于手攻螺纹，而手用丝锥也可用于机攻螺纹。习惯上把制造精度较高的高速工具钢磨牙丝锥称为机用丝锥，把碳素工具钢或合金工具钢的滚牙（或切牙）丝锥称为手用丝锥，实际上两者的结构和工作原理基本相同。机用丝锥使用时装在机床上，用机械动力来攻螺纹，为了装夹方便，丝锥的柄部较长，切削部分也比手用丝锥长。

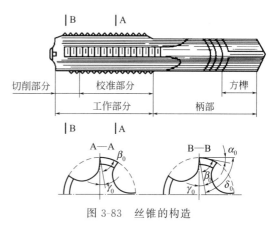

图 3-83　丝锥的构造

按加工螺纹的种类不同，丝锥又分为普通三角螺纹丝锥（其中 M6～M24 的丝锥为两个一套，小于 M6 和大于 M24 的丝锥为三个一套）、圆柱管螺纹丝锥（为两个一套）和圆锥管螺纹丝锥（大小尺寸均为单只）。圆柱管螺纹丝锥与一般手用丝锥相近，只是其工作部分较短，一般为两支一组。圆锥管螺纹丝锥的直径从头到尾逐渐增大，而牙型与丝锥轴线垂直，以保证内外螺纹结合时有良好的接触。

对于成组丝锥，手用丝锥一般由两个或三个组成一套，分头锥、二锥或三锥。三种丝锥直径相同，但斜切面长度不同。两个组成一套的丝锥，头锥与二锥之间有明显的区别，如图 3-84 所示。头锥的切削部分长，不完整的牙数有 7～8 个，切削时可完成总工作量的 70%～80%；二锥切削部分短，不完整的牙数有 2～3 个，切削时完成总工作量的 20%～30%。

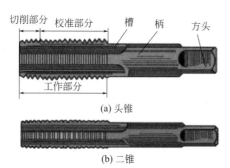

图 3-84　成组丝锥的头锥和二锥

通常头锥的头部呈锥形（大约有六个螺纹），以方便丝锥在孔中启动。这种丝锥主要用于横截面较薄的工件（丝锥可以穿透工件，攻出一个完整的螺纹）；二锥与头锥相比锥度稍小些，在攻通孔螺纹时应用二锥，以便在接近孔底处切削出一个完整的螺纹；三锥没有锥度，用于螺纹的精加工。

另外，丝锥还有粗牙、细牙之分；有粗柄和细柄之分；有单个、成组之分；有等径与不等径之分；有长柄机用丝锥、短柄螺母丝锥、长柄螺母丝锥等。

不同尺寸规格的丝锥具有不同的螺距、柄径、总长等数据。

2. 丝锥的使用方法

（1）丝锥的选用　为减小削力和延长丝锥的使用寿命，提高耐用度和加工精度，通常在攻螺纹时将整个切削工作量分配给几个丝锥来分别担当，并按切削顺序分别叫头攻、二攻和三攻。通常手用丝锥中 M6～M24 的丝锥为两个一套，小于 M6 和大于 M24 的丝锥为三个一套，称为头锥、二锥、三锥。

（2）攻螺纹流程　在汽车修配作业中，攻螺纹主要用于内孔螺纹的修复。通常遵循以下操作流程。

① 确认螺纹孔有坏牙，螺栓不得断裂。

② 用游标卡尺测量螺栓外径，获得标准尺寸，用以选择合适的丝锥。

③ 用螺距量规测量螺纹螺距。以此为依据，选择与螺纹螺距相同（相配）的丝锥。

④ 选择与螺纹中径螺距相适应的丝锥。丝锥选择不合适可能导致修出的螺纹孔过大，因此一定要仔细选择。选择丝锥时应参考丝锥上显示的尺寸，M8代表螺纹直径，1.25代表螺距。

（3）攻螺纹方法

① 攻螺纹前，先将选好的丝锥插入要修复的螺纹孔中转动1~2圈（用于丝锥定位，使丝锥轴线与螺孔轴线一致），然后将铰杠安装到丝锥方柄上。铰杠应与丝锥（方柄）尺寸相配。

② 用头锥起攻时，右手握住铰杠中间，沿丝锥中心线加适当压力，左手配合将铰杠顺时针转动（对于左旋丝锥则逆时针转动铰杠），或两手握住铰杠两端均匀施加适当压力，并将铰杠顺向旋进，将丝锥旋入，保证丝锥中心线与孔中心线重合，不致歪斜。

③ 当丝锥切削部分切入1~2圈后，应及时用目测或用直角尺在前后、左右两个方向检查丝锥是否垂直，如图3-85所示，并不断校正至标准要求。校正丝锥轴线与底孔轴线是否一致，若一致，两手即可握住铰杠手柄继续平稳地转动丝锥。一般在切入3~4圈时，丝锥位置应正确无误，此时不应再强行纠正偏斜。

④ 当丝锥的切削部分全部进入工件时，只需要两手用力均匀地转动铰杠，就不再对丝锥施加压力，而靠丝锥进行自然旋进切削，丝锥会自动向下攻削。

⑤ 为防止切屑过长而损坏丝锥，每扳转铰杠1/2~2圈，应反转1/4~1/2圈，以使切屑折断，排出孔外，避免因切屑堵塞而损坏丝锥，如图3-86所示。

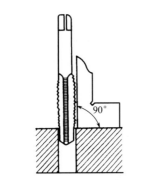

图3-85 用直角尺校正丝锥位置

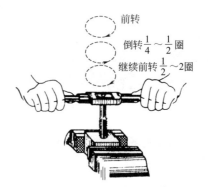

图3-86 手工攻螺纹动作

⑥ 为保证加工的螺纹光洁，在使用丝锥的过程中要不断地润滑丝锥。针对软金属（如铝件）攻螺纹时，或丝锥在攻螺纹过程中转动困难时，要把丝锥从孔中退出来清扫排屑槽，以防止切屑将丝锥卡住。丝锥相当脆，如果用力过度就可能折断。

⑦ 按照第一步到最后一步的顺序使用各种丝锥完成攻螺纹。

⑧ 用压缩空气将铁屑吹净。

⑨ 将螺栓安装到螺孔内，检查是否可以平顺旋转。

3. 攻螺纹步骤（图3-87）

① 底孔的孔口必须倒角。钻孔后，在螺纹底孔的孔口必须倒角，通孔螺纹两端都倒角，倒角处最大直径应和螺纹大径相等或略大于螺纹大径。这样可使丝锥开始切削时容易切入，并可防止孔口出现挤压出的凸边。

② 攻削顺序。对于成组丝锥要按头锥、二锥和三锥的顺序攻削。当攻螺纹时，必须以头锥、二锥和三锥的顺序攻削至标准尺寸。用头锥攻螺纹时，应保持丝锥中心与螺孔端面在两个相互垂直方向上的垂直度。头锥攻过后，先用手将二锥旋入，再装上铰杠攻螺纹。以同

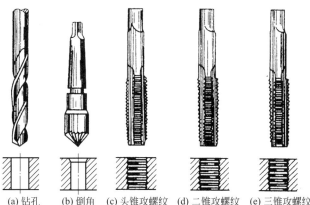

(a) 钻孔　(b) 倒角　(c) 头锥攻螺纹　(d) 二锥攻螺纹　(e) 三锥攻螺纹

图 3-87　攻螺纹步骤

样的办法攻三锥。在较硬的材料上攻螺纹时，可轮换各丝锥交替攻下，以减小切削部分负荷，防止丝锥折断。

③ 排屑处理。当攻不通孔时，可在丝锥上做好深度标记，并要经常退出丝锥，清除留在孔内的切屑。否则，会因切屑堵塞易使丝锥折断或攻螺纹达不到深度要求。当工件不便换向进行清屑时，可用弯曲的小管子吹出切屑或用磁性针棒吸出。

④ 添加切削液。为了减少摩擦，减小切削阻力，减小加工螺孔的表面粗糙度，保持丝锥的良好切削性能，延长丝锥寿命，得到光洁的螺纹表面，当攻螺纹时，应根据工件材料，选用适当的切削液。攻钢件时用全损耗系统用油，螺纹质量要求高时可用工业植物油，攻铸铁件可加煤油。

⑤ 不可以用钳子代替丝锥铰手工作，以免用力不均匀产生歪斜，对于空间狭小的孔位，用相适应的扳手夹持丝锥进行操作。

⑥ 机攻时，丝锥与螺孔要保持同轴性。

⑦ 机攻时，丝锥的校准部分不能全部出头，否则在反车退出丝锥时会产生乱牙。

二、板牙

板牙是套螺纹或修正外螺纹的螺纹加工工具。所谓套螺纹，就是用板牙在圆杆上切削出外螺纹的操作。套螺纹工具由板牙和板牙架组成，如图 3-88 所示。板牙架是装夹板牙的工具，它上面有紧固螺钉，用以固定装在其中的板牙。

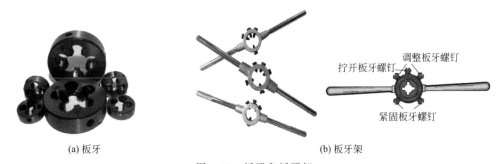

(a) 板牙　　　　　　　　　　　　　　(b) 板牙架

图 3-88　板牙和板牙架

1. 板牙的构造

板牙一般与板牙架成套组成。板牙主要由切削部分、校准部分（中间部分）和排屑孔组成,如图 3-89 所示。板牙两端 50°的锥角起切削作用,中间部分起校准、导向、修光作用。板牙的前三道螺纹起导向作用,后面的螺纹才起切削作用。

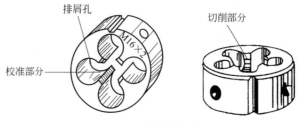

图 3-89 板牙的构造

2. 板牙的类型

按外形和用途可分为圆板牙、方板牙、六角板牙和管形板牙,如图 3-90 所示。其中以圆板牙应用最广,规格范围为 M0.25～M68。当加工出的螺纹中径超出公差时,可将板牙上的调节槽切开,以便调节螺纹的中径。

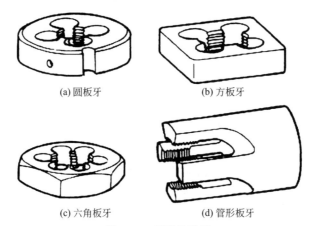

图 3-90 板牙的类型

圆板牙分为固定式、可调式和滚丝圆板牙三种,如图 3-91 所示。可调式圆板牙也称为开口式圆板牙,圆板牙、六方板牙均有国标,但五金市场上一般只能买到圆板牙,很难买到六方板牙和四方板牙。

图 3-91 圆板牙的类型

3. 板牙的使用方法

① 套螺纹前应检查圆杆直径,太大则难以套入,太小则套出螺纹不完整(图 3-92)。为便于板牙顺利套入,套螺纹的圆杆必须倒角,通常为 45°～60°形成圆锥体,如图 3-93 所示。

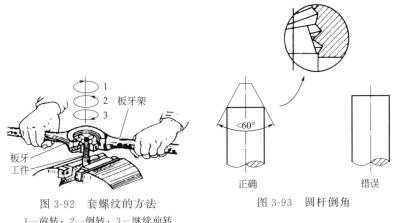

图 3-92 套螺纹的方法
1—前转；2—倒转；3—继续前转

图 3-93 圆杆倒角

② 套螺纹部分伸出应尽量短，其圆杆最好沿铅垂线方向放置。

③ 套螺纹开始时，要将板牙放正，其轴心线应与圆杆轴线重合。然后转动板牙架并施加轴向力，压力要均匀，转动要慢，同时要在圆杆的前、后、左、右方向观察板牙是否歪斜。

④ 在板牙旋转切入圆杆 2~3 圈时，要及时检查板牙与圆杆垂直情况并及时校正，应从两个方向进行垂直度的及时校正。

⑤ 进入正常套螺纹后，只转动板牙架，不施加压力，让板牙自然引进，以免损坏螺纹和板牙，并经常倒转以断屑，即板牙转动 1 圈左右要倒转 1/2 圈进行排屑。

⑥ 在钢件上套螺纹要加切削液润滑，以保证螺纹质量，延长板牙的使用寿命，使切削省力。

注意：在套螺纹起始时，应保持板牙锥角朝下。

4. 使用板牙的注意事项

① 用板牙在工件上套螺纹时，材料因受到撞压而变形，牙顶将被挤高一些，所以圆杆直径应稍小于螺纹大径的尺寸。

② 在调节可调式圆板牙时，不得把板牙张开，张开的板牙在攻螺纹时会对工件产生刮擦而不是切削。

③ 均匀地转动调节螺钉，可把可调式圆板牙闭合大约 0.15mm。若压力只作用在板牙的一边，可能会使板牙损坏。

④ 套螺纹时控制两手用力均匀和掌握好最大用力限度，是影响套螺纹质量的关键因素。

⑤ 采用正确的切削液。在钢件上套螺纹时要加冷却润滑液，并把足量的切削液对准切削加工区域。一般可用机油或较浓的乳化液，要求高时可用工业植物油。

第六节　其他钳工工具的使用

一、砂轮机

1. 砂轮机的作用

砂轮机主要用于对金属的磨削加工，是利用砂轮的旋转对工件的表面进行磨削或切断的机器。砂轮机一般以电力或压缩空气为动力，分为台式和立式两种，如图3-94。

(a) 台式砂轮机　　　　　　(b) 立式砂轮机

图 3-94　电动砂轮机

在汽车维修中最为常用的是台式电动砂轮机，常用于对工件的端部或表面进行磨削。磨削常用的工具为砂轮，使用砂轮可磨削钻头、冲头和錾子等工具。

2. 更换砂轮

① 当要在砂轮机上装一个新砂轮时，应使用与旧砂轮标记（牌号）相同的砂轮。

② 安装之前，要检查砂轮是否有破损和固定是否牢靠。

③ 安装之后，砂轮应在最高转速下至少试运转5min，试运转时，在危险区域应设防护罩。

3. 使用电动砂轮机的注意事项

① 检查砂轮是否损坏或是否出现裂纹，否则损坏的砂轮部分有可能会飞离主体砂轮造成人员伤亡。

② 在磨削之前，让砂轮以一定的工作速度空转至少1min以上，让砂轮达到最高速度。

③ 确保砂轮被防护体遮盖一半以上。

④ 操作电动砂轮机时，戴上特制的眼镜或面罩。

⑤ 打磨工件时，不可用力过大，以防损坏砂轮及工件从手中滑脱。

⑥ 不要站在砂轮机的正前方，应站在砂轮机的侧面，与砂轮机有一定夹角，以防砂轮破裂后飞出伤人。

⑦ 磨削时手拿工件轻轻接触砂轮，并把工件放置成正确的角度，如图3-95所示。

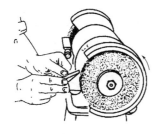 

(a) 磨工件时把工件贴着砂轮的正确方法　　(b) 不正确的方法——工件有可能卡在支架和砂轮之间

图 3-95　工件放置的角度

⑧ 磨削小工件时，不能直接用手抓工件，而需用手钳夹住，这样可避免把手指磨伤。

⑨ 不要将工件反向放在砂轮的上部磨削，若工件本身很长，工件有可能被卡住。
⑩ 使用砂轮磨工件时，不能只使用砂轮的一侧，这样可能导致砂轮损坏。
⑪ 不允许两人同时使用电动砂轮机。

二、钻孔工具

钻孔是指用钻头在实心工件上加工孔，在汽车维修作业中，常用的钻孔工具有钻床和手电钻两种。

1. 钻床的结构与类型

（1）台钻 常见的钻床有台式、立式和摇臂式三种，汽车维修中最常用的是台式钻床（图3-96）。台式钻床是一种放置在工作台上使用的小型钻床，非常适合在工件上钻出直径较小的孔。台式钻床的结构如图3-97所示。

图3-96　台式钻床的外形

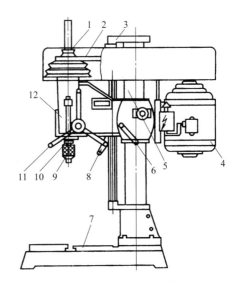

图3-97　台式钻床的结构
1—塔轮；2—V形带；3—丝杆架；4—电动机；5—立柱；
6—锁紧手柄；7—工作台；8—升降手柄；9—钻夹头；
10—主轴；11—进给手柄；12—头架

（2）手电钻 手电钻主要用于钻直径12mm以下的孔，常用于不便使用钻床的场合。手电钻的电源有220V和380V两种，手电钻体型小巧，携带方便，操作简单灵活，在汽车维修中应用非常广泛。常用手电钻如图3-98所示。

（3）钻头 钻头是钻孔的主要刀具，一般用高速钢或超硬合金制作，常用的钻头由柄部、颈部和工作部分组成，如图3-99所示。钻头柄部是钻头的夹持部分，有直柄和锥柄两种。直柄传递的力矩较小，一般用于直径小于12mm的钻头；锥柄则可以传递较大的力矩，用于直径大于12mm的钻头。

（4）钻夹头 钻夹头是用于夹持直柄钻头的夹具，如图3-100所示。它在夹头的三个斜孔内装有

(a) 插电式

(b) 自带电池式

图3-98　常用手电钻

带螺纹的夹爪，夹爪螺纹和装在夹头套筒的螺纹啮合，旋转套筒使三个爪同时张开或合拢，将钻头夹住或卸下。

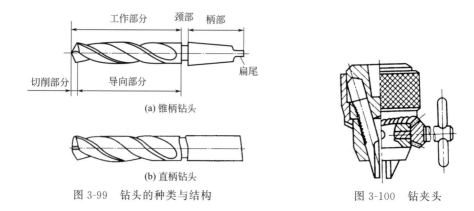

图 3-99　钻头的种类与结构　　　　图 3-100　钻夹头

钻套和楔铁如图 3-101 所示。钻套是用于装夹锥柄钻头的夹具。楔铁是用于从钻套中卸下钻头的工具。

钻夹头按其用途可分为轻型、中型和重型。如图 3-102 所示为两种形式的钻头夹头，一种为轻型钻夹头，另一种为重型钻夹头。轻型钻夹头可以用手转动滚花套筒进行调节，重型钻夹头则要求使用钥匙来拧紧或松开。钻夹头一般与钻床和车床一起使用。

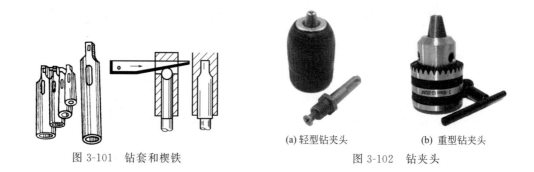

图 3-101　钻套和楔铁　　　　图 3-102　钻夹头

轻型扳手钻夹头主要用于家用钻具，适用于不同功率的直流和交流电钻。中型、重型钻夹头主要用于木工机床、台钻、加工中心等负载较大的设备。用于力矩输入的锥齿轮均为钢齿，可以承受较大的扭矩。

手紧钻夹头主要用于家用的直流和交流电钻。根据其结构有带锁、不带锁、单套、双套之分。只要握住钻夹头的前后套，拧紧即可使用。根据钻夹头的内部结构不同，适合使用的电钻也不同。

2. 台式钻床的使用

（1）使用前的准备

① 按规定加注润滑脂。检查手柄位置，进行保护性运转。

② 扎紧工作服袖口，佩戴护目镜。留有长发的维修人员必须戴工作帽。

③ 严禁戴手套操作。

（2）装卸钻头

① 安装钻头前，仔细检查钻套，钻套标准化锥面部分不能碰伤或凸起。

② 拆卸时必须使用标准斜铁。
③ 装钻头时要用夹头扳手,不得用敲击的方法装卸钻头。
(3) 钻削加工
① 严禁非专业人员操作。
② 钻孔时不可用手直接清除钻屑,也不能用纱布擦或用嘴吹,头部不能与钻床旋转部分靠得太近。
③ 台式钻床未停稳时,不得转动变速盘变速,禁止用手抓握未停稳的钻头或钻夹头。
④ 只允许一个人操作。
⑤ 钻孔时工件装夹应稳固,严禁用手把持工件加工。孔即将钻穿时,尽量减小压力与进给速度。
⑥ 清除铁屑要用毛刷等工具,不得用手直接清理。

三、压床

1. 压床的作用与构造

压床如图 3-103 所示,汽车工件的装配多采用过渡配合或过盈配合,在维修中要使用压床,用于压入或压出衬套、气缸套、滚珠轴承、齿轮、带轮及校正工件弯曲等。

使用较多的是液压式压床,如图 3-104 所示。液压式压床也称为液压机,一般由机身(支架)、工作台、高度调整装置和液压装置等组成。在汽车维修作业中,一般用于轴承的更换、摆臂橡胶套的更换。

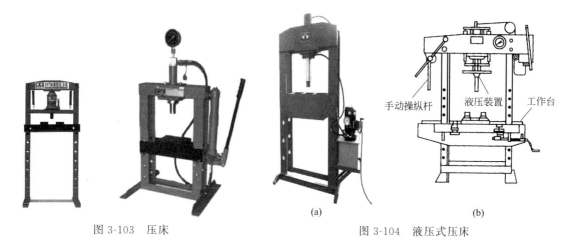

图 3-103　压床　　　　　　　　图 3-104　液压式压床

2. 液压式压床的使用方法

① 使用前先压动手柄,观察液压杆处是否漏油,如有漏油则需通知工具设备管理员维修。
② 将工件平稳放置于托盘上,注意工件重心位置。
③ 压动手柄加压,使液压杆逐渐压向工件,当液压杆压到工件时,检查工件放置位置是否正确、平稳、可靠。
④ 在操作压床时,要尽量小心,因为工作时的压力很大。随时观察压力表,其值不要超出额定许可值。
⑤ 手动施加的压力应均匀,若感觉有阻力则应立即停止操作,校正工件位置后再继续

操作。

⑥ 操作结束后,应旋转泄压阀,泄压复位,释放并取下工件。

⑦ 将压力机清洁干净。

3. 使用液压式压床的注意事项

① 使用前应检查液压缸、压力表、手柄和支架等技术状况是否良好,安全保护装置是否正常,工作台是否清洁。

② 工件应放置平稳后方可施压加工。在加压过程中发现工件松动滑移应立即停止加压,松压校正后再继续加工。

③ 在施压状态下,严禁调整和敲打工件,防止工件弹出伤人。

④ 不得超负荷使用液压式压床;不准对长条形工件直立进行施压加工,以免工件弹出伤人。

⑤ 工作完毕后应将支撑垫块放回适当位置并清除杂物,清洁润滑压床各部位,必要时加注液压油。

⑥ 不要使用铸铁材料的支撑轴,因为铸铁易脆,并且可能散架。

⑦ 当向滚动轴承施压时,压力应加在轴承内圈上,不要加在轴承外圈上或滚动体上,否则轴承有可能破裂。

⑧ 为了防止被压件飞出,压床周围应有保护体或遮护板。

⑨ 为了防止中心线定位不准,冲头的长度应尽可能短些,以防止出现不同轴的情况。

⑩ 为了防止工件侧面弯曲,要把工件竖直并牢固地夹紧。

四、划线工具

划线工具是指划线操作时使用的专用工具。所谓划线,就是根据图样和实物的要求,在工件表面准确划出加工界线的操作。通过划线,可以确定工件表面的加工余量、确定孔的位置,使机械加工有明确的标志,还可以检查加工件是否存在偏差。

划线工具包括划针、划线盘、划规和样冲等。

1. 划针

划针是用于在被划线的工件表面沿着钢板尺、直尺或样板进行划线的工具,它是用工具钢或弹簧钢锻制成细长的针状,经淬火磨尖后制作的,一般有弯头划针和直划针两种,如图 3-105 所示。弯头划针用于直头划针划不到的地方。

划线时,划针要按照如图 3-106 所示,沿着钢尺、角尺或划线样板等导向工具移动,同时向外倾斜 15°~20°,向移动方向倾斜 45°~75°。

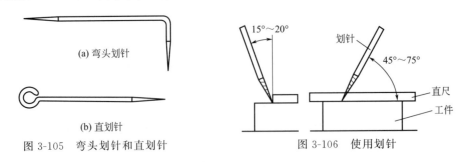

图 3-105 弯头划针和直划针　　图 3-106 使用划针

2. 划线盘

划线盘是在工件上划水平线和校正工件位置的常用工具,分为普通划线盘和可微调划线盘两种，如图 3-107 所示。划针的一端焊上硬质合金，另一端弯头是校正工件用的。划线时，在量高尺（图 3-108）上取出尺寸，将划针调节到一定的高度并移动划线盘底座，划针的尖端即可对工件划出水平线，如图 3-109 所示。

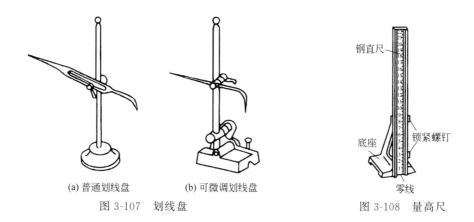

图 3-107　划线盘　　　　　　图 3-108　量高尺

划线盘主要由底座、立柱、划针和夹紧螺母等组成。划针两端分为直头端和弯头端，直头端用于划线，弯头端常用于划正工件的位置。

用划针盘划线时应注意以下事项。

① 划针的夹紧要可靠，避免划线过程中尺寸变动。划针夹紧牢固，呈水平状态划线时，应使划针基本处于水平位置，不要倾斜太大。划针伸出的部分应尽量短些，不易产生抖动。划针的夹紧也要可靠，以避免尺寸在划线过程中有变动。

② 在拖动底座划线时，应使它与平台台面

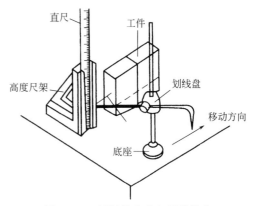

图 3-109　用划线盘进行划线操作

紧贴，无摇晃或跳动现象。划针沿划线方向应朝后倾斜一定的角度（40°～60°），可以减少划线阻力和防止针尖扎入工件表面，以减少抖动。

③ 在用划线盘划较长直线时，应采用分段连接划线法，可对各段的首尾做校对检查，避免在划线过程中由于划针的弹性变形和划线盘本身的移动所造成的划线误差。

④ 要紧贴平板表面平稳地拖动划线盘底座，在划线过程中，要拖动划线盘底座时，应使它与平台台面紧紧接触，而无摇晃或跳动现象。

⑤ 为使底坐在划线时拖动方便，要求底座与平台的接触面保持清洁，以减少阻力。

⑥ 暂不使用时，划针直头端应垂直向下。划线盘使用完毕后，应使划针置于垂直状态，并使直头端向下，以防伤人和减少所占的空间位置。

3. 划规

划规俗称圆规，划线操作中使用的划规主要用于划圆或划弧、等分或角度，以及把直尺上的尺寸移到工件上，如图 3-110 所示。

划规用中碳钢或工具钢制成，两脚尖端经过淬硬。有的在两脚端部焊上一段硬质合金，则耐磨性更好。

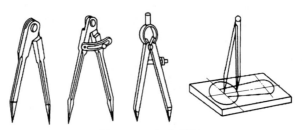

图 3-110　各种划规

4. 样冲

（1）样冲的作用与结构　样冲主要用于在已划好的线上冲圆心或钻孔时冲中心眼，为了避免划出的线被擦掉，要在划出的线上以一定的距离打一个小孔（小眼）做标记，以便在所划的线模糊后，仍能找到原线及交叉点位置，从而起到强化显示用划针划出的加工界线的作用。此外样冲也可以在划圆弧时作为定心脚点使用。

样冲由高碳钢制成，长度 90～150mm，尖端磨成 30°～40°或 60°角两种，并经淬火处理。样冲及应用如图 3-111 所示。

样冲的使用如图 3-112 所示。一只手的拇指与食指持样冲中部，与工件面竖直垂直后倾斜 45°～60°，移动顶尖寻找并对准被冲的交叉点或交汇点等冲点后，再竖直垂直样冲，用另一只手持小锤子，用锤轻轻敲击样冲尾部一下，使样冲点形成。如查看冲点深浅不足或偏斜，则按原对准法再次修正和击打。

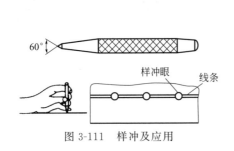

图 3-111　样冲及应用　　　　　图 3-112　样冲的使用

（2）使用样冲的注意事项

① 要使冲尖对准线条的正中。冲眼的位置要准确，冲心不能偏离线条。

② 冲眼间距可视线段长短决定。一般在直线段上冲眼间距可大些；在曲线段上间距要小些；在线条的转折交叉点处需冲眼。

③ 冲眼的深浅要掌握适当。冲眼的大小要根据工件材料表面情况而定，薄的应浅些，粗糙的可深些，软的应轻些，而精加工表面禁止冲眼。

④ 孔中心处的冲眼最好打得大些，以便钻孔时钻头容易对准圆心。

第四章　汽车维修常用量具和检测仪器设备

第一节　常用测量尺的使用

一、钢直尺与钢卷尺

钢尺一般有钢直尺和钢卷尺两种，如图 4-1 所示。

(a) 钢直尺　　　　(b) 钢卷尺

图 4-1　钢直尺与钢卷尺

1. 钢直尺

（1）钢直尺的作用　钢直尺是汽车维修中使用非常广泛的基本测量工具之一，钢直尺一般用钢材或不锈钢制作而成，一般用于精度要求不高的场合，可以直接测量出工件的尺寸。

钢直尺一般均配有悬挂孔，使用完毕后，应使用干净的棉丝将钢直尺擦拭干净，然后悬挂起来，使钢直尺自然下垂，这样可以有效防止钢直尺发生弯曲变形而影响测量精度。

注意：在所有的测量工具中，金属直尺的精确度最差。

根据使用场合的不同，钢直尺的长度也不尽相同，长度分为 150mm、200mm、300mm、500mm 等多种规格，汽车修理厂一般用 150mm、300mm 两种规格的钢直尺。钢直尺的最小刻度为 1mm 或 0.5mm，精确度能达到 0.1mm。

（2）钢直尺的使用方法（图 4-2）

① 使用钢直尺测量工件尺寸时，要以钢直尺端边的"0"刻线作为测量基准，将钢直尺有刻度的一面向上，并使刻度沿着物体放置。测量时用拇指将钢直尺按住，使其牢固贴靠在需要测量的工件上。

② 在测量过程中，钢直尺要放平，不能前、后、左、右歪斜，且被测物所在的平面要平整，否则，从尺上读出的数值（测量值）将比被测物体的实际尺寸（真实值）大。

③ 用钢直尺测量圆柱体的截面直径时，钢直尺的"0"刻线所在的一端要与被测面的边缘相切，然后以"0"刻线的顶点为圆心左右摆动钢直尺，找到的最大尺寸即为所测圆柱体的截面直径。

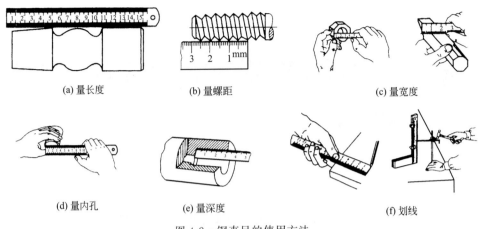

图 4-2 钢直尺的使用方法

④ 当测量螺母以及直边的部件时,使用钢直尺的效果较好,如图 4-3 所示。

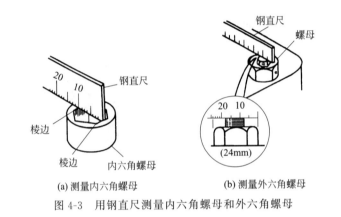

图 4-3 用钢直尺测量内六角螺母和外六角螺母

(3) 使用钢直尺的注意事项

① 使用时应先检查其各部位有无损伤,不允许有影响钢直尺使用性能的外观缺陷,例如碰弯、划痕、刻度断线或看不清刻度线等缺陷。应注意尺身不能弯曲,尺端边及两个直角不应有磨损及损伤,以保证尺端与尺边的垂直。测量时尺子要放正,不得前、后、左、右歪斜,否则从尺上读得的数值比被测的实际尺寸要大。读数时,视线必须与尺面相垂直,以免读数产生误差。

② 用钢直尺测量工件时,应当注意使钢直尺的侧边与工件被测尺寸的轴线重合或平行,以减小因操作方法不正确引起的测量误差,提高测量准确度。

③ 测量矩形工件时,尺的端边要与工件垂直并对准零位,读数时注意视差的影响,测量圆柱形工件时,应使钢直尺刻度线面与圆柱体的轴线平行。测量圆形工件的外径或孔径时,用尺端(或任一刻度)对准工件的一边,而尺的另一端绕此点来回摆动,读取最大值即测量结果。

④ 使用钢直尺后,应擦去尺面的油垢,并平放在工作台上或利用尺子的悬挂孔,将尺子挂起,以防钢直尺变形;对于没有悬挂孔的钢直尺,使用后将其擦干净,然后平放在平板或平台上,防止其受压变形。

⑤ 如果较长时间不用,则应将钢直尺涂上防锈油,存放在温度低的地方。

⑥ 如果钢直尺受压变形,或其他原因使之变形,在使用时应该检查"0"刻线所在端的

边与侧边的垂直度、刻度面的平面度，经检查合格后方能使用。

2. 钢卷尺

（1）钢卷尺的作用与结构　钢卷尺又称为挠性尺或拉尺，主要用于度量较长的长度、圆周或弯曲表面的长度。钢卷尺由薄而有弹性的钢带制成，其整条钢带上标有刻度线，一般来讲，钢卷尺的刻度单位与钢直尺的刻度单位相同。最小刻度为毫米（mm），总长度有 2m、3m、5m、10m、15m、20m 等规格。

钢卷尺主要由尺带、盘式弹簧（发条弹簧）和卷尺外壳等组成。所谓盘式弹簧，就像旧式钟表里的发条。当拉出刻度尺时，盘式弹簧被卷紧，产生回卷力；当松开刻度尺的拉力时，刻度尺就被盘式弹簧的拉力拉回。钢卷尺按其结构可分为自卷式钢卷尺和制动式钢卷尺两种，如图 4-4 所示。

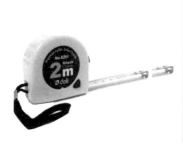

(a) 自卷式钢卷尺　　　　(b) 制动式钢卷尺

图 4-4　钢卷尺

（2）钢卷尺的使用方法

① 使用前检查钢卷尺的各个部位。对自卷式和制动式钢卷尺来说，拉出和收入钢卷尺时，应轻便、灵活、无卡滞现象；制动式钢卷尺的按钮装置应能有效地控制尺带收卷，不得有阻滞失灵现象；尺带表面不得有锈迹和明显的斑点、划痕，刻线应十分清晰。

② 使用钢卷尺应以"0"点端为测量基准，这样便于读数。当以非"0"点端为基准测量物品时，要特别注意起始端的数字，否则在读数时易读错。

③ 使用钢卷尺与使用钢直尺一样，不得前后或左右歪斜，而且要拉紧尺带进行测量。

（3）使用钢卷尺的注意事项

① 钢卷尺的尺带一般镀铬、镍或其他涂料，所以要保持清洁，测量时不要使其与被测表面摩擦，以防划伤。

② 使用自卷式或制动式钢卷尺时，拉出尺带不得用力过猛，而应慢慢拉出，用后也应让它慢慢收起。对于制动式钢卷尺，应先按下制动按钮，然后徐徐拉出尺带；用毕后按下制动按钮，尺带自动收卷。尺带自动收卷时，应防止尺带伤人。

③ 尺带只能卷，不能折，不允许将钢卷尺放在潮湿和有酸类气体的地方，以防锈蚀。

二、游标卡尺

游标卡尺又称四用游标卡尺，简称卡尺，是一种精密测量仪器，用于测量工件的长度、外径、内径及深度。

1. 游标卡尺的组成与类型

① 游标卡尺由尺身、内测量爪、外测量爪、游标尺、主尺、深度尺和紧固螺钉等组成，

如图4-5所示。尺身上有主尺刻度，游标上有游标尺刻度。内测量爪通常用于测量内径，外测量爪通常用于测量长度和外径。

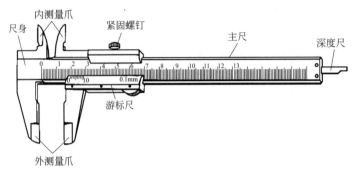

图4-5 游标卡尺的组成

a. 尺身。尺身上的主尺刻度以毫米为单位，刻线间距为1mm。在厘米刻度线上标有数字1、2、3等，表示1cm、2cm、3cm等（或者在厘米刻度线上标注数字10、20、30等，表示10mm、20mm、30mm等）。主尺的长度决定游标卡尺的测量范围。在汽车维修中，经常用到的游标卡尺的测量范围是0～150mm。

b. 尺框。尺框上有游标。游标卡尺最小刻度的分度值有三种，分别是0.1mm、0.05mm和0.02mm。如果游标上有10个刻度，表示每一刻度为0.1mm；游标上有50个刻度，表示每一刻度为0.02mm；游标上有20个刻度表示每一刻度为0.05mm。游标读数值，是指使用这种游标卡尺测量工件尺寸时，卡尺上能够读出的最小数值。在汽车维修中使用最多的是0.02mm精度的游标卡尺。

c. 深度尺。深度尺固定在尺框的背面，能随着尺框在尺身的导向凹槽中移动。测量深度时，应把尺身尾部的端面靠紧在工件的测量基准平面上。

② 有的卡尺还装有测微表，称为带表游标卡尺，也叫附表卡尺（图4-6），主尺上有大致的刻度，结合指示表读数，比普通游标卡尺读数更为快捷准确。带表游标卡尺一般具有测量内径、外径、深度、台阶四种功能，能进行直接测量和比较测量。

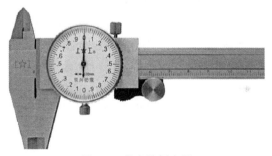

图4-6 带表游标卡尺

③ 数显游标卡尺（图4-7），是以数字显示测量示值的长度测量工具，是一种测量长度、内外径的仪器，且测量精度可达到0.005mm或0.001mm。数显游标卡尺采用光栅、容栅等测量系统。

2. 游标卡尺的读数

为确保读数的准确性，读数时要正对游标刻度，看准对齐的刻线，目光不能斜视，以减小读数误差。

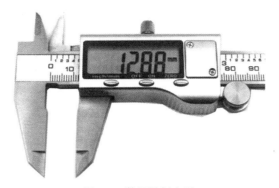

图 4-7 数显游标卡尺

游标卡尺读数分为三个步骤，如图 4-8 所示。

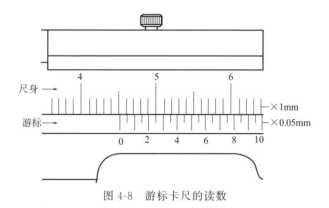

图 4-8 游标卡尺的读数

（1）先读整数　读数时读出游标"0"线左边与主刻度尺尺身相邻的第一条刻线的整毫米数（游标"0"线所对尺身前面的刻度），即为测得尺寸的整数值为 45mm。

（2）再读小数　再读出游标尺上与主刻度尺刻度线对齐的那一条刻度线所表示的数值（游标尺上一定有一条刻线与主尺的刻线对齐），为测量的小数，即游标"0"线后的第 5 条线与尺身的一条刻线对齐。游标"0"线后的第 5 条线表示为：0.05mm×5=0.25mm。

注意：读游标尺要看清总格数（精度长度），哪条刻线对着，读出来，再乘以每个格对应的长度，就是游标尺读数。

（3）得出被测尺寸　把主尺和游标尺数据相加，即将整数和小数部分相加，就是最后读数，一定要注意单位。

最终读数＝尺身读数＋游标重合线位数×分度值，即：45mm＋5×0.05mm＝45.25mm。

3. 游标卡尺的使用方法

（1）使用前的检查　测量前应将被测工件的表面擦净，然后检查游标卡尺尺身和游标上两条零线是否对齐，若未对齐则应记下误差值，测量读数后用于修正。

游标必须能够在主尺上轻轻地移动而不会发出声音才行。

（2）游标卡尺的测量操作（图 4-9）

① 内径测量如图 4-9(b) 所示，首先用拇指轻轻拉开副尺，并使主尺量爪与测定物件保持正确的接触，上下晃动，由指示的最大尺寸读取读数。

② 外径测量如图 4-9(c) 所示，在测量外径时，需要将工件深夹在量爪中，然后用右手

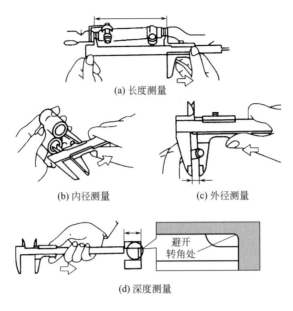

图 4-9 游标卡尺的测量操作

拇指轻压游标卡尺,同时使测定工件和游标卡尺保持垂直状态。

③ 深度测量如图 4-9(d) 所示,用游标卡尺测量汽车零部件的深度。

④ 当测量小型工件时,左手持工件,右手操作游标卡尺。当测量大型工件时,应用两手操作游标卡尺。测量时,量爪的测面应与工件的轴线垂直或平行。

⑤ 当使用带微动装置的游标卡尺时,要先松开两个紧固螺钉,移动游标使活动量爪的测面接近工件,然后固定微动装置,左手捏住固定量爪,右手旋转调整螺母,使活动量爪的测面精确、平稳地接触工件,即可读数。

⑥ 当使用圆柱形测面的游标卡尺时,应将读数与量爪外测面宽度相加。

⑦ 不允许用游标卡尺测量旋转着的工件或高温工件。游标卡尺使用完毕应擦净,装盒保存。

4. 使用游标卡尺的注意事项

① 使用前,应先把测量爪和被测工件表面的灰尘、油污等清理干净,以免碰伤游标卡尺测量爪的测量面和影响测量精度,同时检查各部位的相互作用。如尺框和微动装置移动是否灵活,紧固螺钉能否起作用等。

② 检查游标卡尺零位,使游标卡尺的两测量爪紧密贴合,眼睛观察应无明显的光隙,同时观察游标零刻线与尺身零刻线是否对准,游标的尾刻线与尺身的相应刻线是否对准。

③ 使用时,工件与游标卡尺要对正,测量位置要准确,两量爪要与被测工件表面贴合,不能歪斜,并掌握好测量爪测量面与工件表面接触时的压力,既不能太大,也不能太小。

④ 用游标卡尺测量读数时,应把游标卡尺水平地拿着朝亮光方向,使视线尽可能地和尺上所读的刻度线垂直,以免引起读数误差。

⑤ 测量外尺寸时,读数后切不可从被测工件上猛地抽下游标卡尺,应将测量爪张开后拿出;测内尺寸时,读数后要使测量爪沿着孔的中心线方向滑动,防止歪斜,否则会导致测量爪磨损、扭伤、变形或使尺框移动,影响测量精度。

⑥ 不能用游标卡尺测量运动着的工件,否则会导致游标卡尺受到严重磨损,也容易发生事故。

⑦ 不准以游标卡尺代替卡钳在工件上来回拖拉。使用游标卡尺时,不可用力与工件撞击,以防损坏游标卡尺。

⑧ 不允许敲击和撞击游标卡尺。

⑨ 不允许把游标卡尺作为钳子使用。

⑩ 不要将游标卡尺放在强磁场附近(如磨床的磁性工作台上),以免使游标卡尺磁化,影响使用。不允许把游标卡尺放在温度高的地方,这可能影响它的精度。

⑪ 使用后,应将游标卡尺擦拭干净,平放在专用盒内,并保存在不受冲击及不易掉下的地方。

三、外径千分尺

1. 外径千分尺的作用

外径千分尺也称为螺旋测微器,常简称为千分尺,是利用螺纹节距来测量长度的一种精密测量仪器,用于测量加工精度要求较高的零部件。外径千分尺可分为普通式和电子式两种类型,如图 4-10 所示。

(a) 普通式　　　　　　　　(b) 电子式

图 4-10　外径千分尺

外径千分尺的结构,如图 4-11 所示。主要由尺架、固定测砧、测微螺杆、锁紧装置、微分套筒、棘轮、螺母套管、绝热板等组成。尺架的一端装着固定测砧,另一端装着测微螺杆。固定测砧和测微螺杆的测量面上都镶有硬质合金,以提高测量砧的使用寿命。螺母套管上刻有刻度,活动套管的外圆上刻有 50 等分的刻度,在读数时每等分为 0.01mm。尺架的两侧面覆盖着绝热板,使用千分尺时,手拿在绝热板上,防止人体的热量影响千分尺的测量精度。

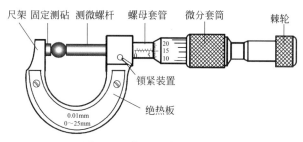

图 4-11　外径千分尺的结构

外径千分尺的锁紧装置主要用于测量读数时锁定微分套筒,防止其移动,便于识读数值。正常锁定时无异响且无松动。

常用千分尺测微螺杆的螺距为 0.5mm。微分套筒的圆周上刻有 50 个等分刻度,微分套筒刻度旋转一周,测微螺杆可前进或后退 0.5mm,因此旋转每个小分度,相当于测微螺杆

前进或后退 $0.5/50=0.01(mm)$。微分套筒刻度每一小分度表示 0.01mm，所以螺旋测微器可准确到 0.01mm。

2. 千分尺的读数方法

在千分尺的螺母套管上刻有轴向中线，作为微分套筒读数的基准线。另外，为了计算测微螺杆旋转的整数转，在固定套筒中线的两侧，刻有两排刻线，刻线间距均为 1mm，上下两排相互错开 0.5mm。

千分尺的读数如图 4-12 所示，读数方法可分为三步，即螺母套管上要读到微分套筒边缘以左的整数部分，再读微分套筒上的小数部分，最后把两个读数加上去，即为千分尺测得的尺寸。

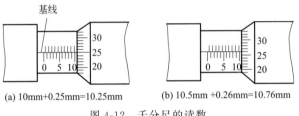

图 4-12 千分尺的读数

（1）读整数部分 读出螺母套管上露出的刻线尺寸，一定要注意不能遗漏应读出的 0.5mm 的刻线值。

（2）读小数部分 读出微分套筒上的尺寸，要看清微分套筒圆周上哪一格与螺母套管的中线基准对齐，将格数乘以 0.01mm 即得微分套筒上的尺寸。

（3）整数值＋小数值 最终读数结果为将上面两个数相加，即千分尺测得的尺寸。

如图 4-12(a) 所示，在螺母套管上读出的尺寸，读数为 10.00mm，微分套筒上读出的尺寸为 25（格）×0.01mm＝0.25mm（因为 25 刻度线对齐基准线），因此读数是：10.00mm＋0.25mm＝10.25mm。

又如图 4-12(b) 所示，在螺母套管上读出的尺寸为 10.50mm，一定要注意不能遗漏应读出的 0.5mm 的刻线值。微分套筒上读出的尺寸为 26（格）×0.01mm＝0.26mm（因为 26 刻度线对齐基准线），因此读数是：10.50mm＋0.26mm＝10.76mm。

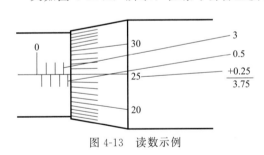

图 4-13 读数示例

如图 4-13 中读数示例：3.50mm＋0.25mm＝3.75mm。

3. 千分尺的使用方法

① 检查千分尺的零位是否校准。使用前先把千分尺的两个测砧面擦干净，松开锁紧装置，转动测微螺杆使它们贴合在一起（这是指 0~25mm 的千分尺而言，若测量范围大于 0~25mm 时，应该在两测砧面间放上校对样棒），检查微分套筒圆周上的"0"刻线是否对准螺母套管的中线，微分套筒的端面是否正好使螺母套管上的"0"刻线露出来。如果两者位置都是正确的，就认为千分尺的零位是对的，否则就要进行校正，使之对准零位。接触面上应没有间隙和漏光现象。

注意：偶尔会发生向后旋转测力装置时，螺杆和测砧两者不分离的情形。这时可用左手手心用力顶住尺架上测砧的左侧，右手手心顶住测力装置，再用手指沿逆时针方向旋转旋钮，可以使螺杆和测砧分开。

② 转动测力装置时，微分套筒应能自由灵活地沿着螺母套管活动，没有任何卡滞和不灵活的现象，否则应及时检修。

③ 用千分尺测量工件时，一只手拿千分尺的尺架，将待测物置于测砧与测微螺杆的端面之间，另一只手握测力装置的转帽来转动测微螺杆，使测砧表面保持标准的测量压力，即听到"喀喀"的声音，表示压力合适，旋紧锁紧装置（防止移动千分尺时螺杆转动），即可开始读数。

④ 使用千分尺测量工件时，要使测微螺杆与工件被测量的尺寸方向一致。如测量外径时，测微螺杆要与工件的轴线垂直，不要歪斜。测量时，可在旋转测力装置的同时，轻轻地晃动尺架，使测砧面与工件表面接触良好。

⑤ 用千分尺测量工件时，最好在工件上进行读数，放松后取出千分尺，这样可减少测砧面的磨损。如果必须取下读数时，应用制动器锁紧测微螺杆后，再轻轻滑出工件。

⑥ 在读取千分尺上的测量数值时，要特别留心不要读错。

⑦ 对于超常温的工件，不要进行测量，以免产生读数误差。

4. 千分尺的调整

千分尺在使用过程中，由于磨损，特别是使用不妥当时，会使千分尺的示值误差超差，应定期进行检查，进行必要的拆洗或调整，以便保持千分尺的测量精度。

（1）校正千分尺的零位　检查微分套筒的端面是否与螺母套管上的零刻度线重合，若不重合应先旋转旋钮，直至螺杆要接近测砧时，旋转测力装置，当螺杆刚好与测砧接触时会听到"喀喀"声，这时停止转动。如两零线仍不重合（两零线重合的标志是：微分套筒的端面与固定刻度的零线重合，且可动刻度的零线与固定刻度的水平横线重合），可将螺母套管上的小螺栓松动，用专用扳手调节螺母套管的位置，使两零线对齐，再把小螺栓拧紧。不同厂家生产的千分尺的调零方法不一样。

如果零位移动是由于微分套筒的轴向位置不对导致的，如微分套筒的端部盖住螺母套管上的"0"刻线，或"0"刻线露出太多，"0.5"的刻线弄错，必须进行校正。此时，可用制动器把测微螺杆锁住，再用千分尺的专用扳手，插入测力装置轮轴的小孔内，把测力装置松开（逆时针旋转），微分套筒就能进行调整，即轴向移动一点。使螺母套管上的"0"刻线正好露出来，同时使微分套筒的零线对准螺母套管的中线，然后把测力装置旋紧。

如果零位移动是由于微分套筒的零线没有对准螺母套管的中线导致的，也必须进行校正。此时，可用千分尺的专用扳手，插入螺母套管的小孔内，把螺母套管转过一点，使之对准零线。但当微分套筒的零线相差较大时，不应当采用此法调整，而应该采用松开测力装置转动微分套筒的方法来校正。

（2）调整千分尺的间隙　为了保持千分尺的精度，必须及时进行调整。

① 调整精密螺纹的配合间隙。应先用制动器把测微螺杆锁住，再用专用扳手把测力装置松开，拉出微分套筒后再进行调整。

② 在螺纹轴套上，接近精密螺纹一段的壁厚比较薄，且连同螺纹部分一起开有轴向直槽，使螺纹部分具有一定的胀缩弹性。同时，螺纹轴套的圆锥外螺纹上，旋着调节螺母。当调节螺母旋入时，因螺母直径保持不变，则迫使外圆锥螺纹的直径缩小，于是精密螺纹的配合间隙则减小。

③ 然后，松开制动器进行试转，看螺纹间隙是否合适。间隙过小会使测微螺杆活动不灵活，可把调节螺母旋出一点；间隙过大则使测微螺杆有松动，可把调节螺母再旋进一步。

④ 直至间隙调整好后，再把微分套筒装上，对准零位后把测力装置旋紧。

5. 使用千分尺的注意事项

① 用千分尺测量工件前，应清洁千分尺的工作面和工件的被测表面，若有油污或灰尘，必须立即擦拭干净。

② 严禁在毛坯工件上，以及对正在运动着的工件或过热的工件进行测量，以免影响千分尺的精度或影响测得的尺寸精度。

③ 使用前检查零刻度是否对齐。若有误差可用调整扳手调整或将被测值减去该误差。

④ 测量时尽可能握住千分尺的尺架部分，同时要注意不可碰到测量砧。

⑤ 在读数之前确定千分尺是否固定，对测微螺杆不要施加过高的压力。

⑥ 读数时眼睛的视线应与基准线平齐。

⑦ 不准拿着微分套筒快速转动，以防止测微螺杆加速磨损或两个测量面相互猛撞，将螺旋副撞伤。

⑧ 要防止油石、砂布等硬物损伤千分尺的测量面、测微螺杆等部位。

⑨ 不要把千分尺放在容易掉下和受冲击的地方，千分尺万一掉在地上或者硬物上，应立即检查千分尺的各部位的相互作用是否符合要求，并校对其"0"位。

⑩ 当使用千分尺测量直径时，必须保证被测轴线与最大轴径保持一致，即测量处为最大轴径处，只有这样才能保证测量数据的误差小。

⑪ 测量小工件时，应把千分尺固定在支架上，通过移动工件寻找正确的测量位置。

⑫ 根据千分尺的检测规则，不要超过它的尺寸范围。

⑬ 当用完千分尺后，必须进行清洁，并放回盒子里面。

⑭ 当不用千分尺时，在测微螺杆和测砧之间应留有一定间隙。

⑮ 如果较长时间不使用，应该在测量面和测微螺杆上涂防护油，而且两个测量面不要相互接触，不得将千分尺放在高温、潮湿、有酸和磁性的地方。

⑯ 不要试图调整千分尺，除非对调整已接受培训。

四、高度尺

1. 高度尺的作用

高度尺又称为高度游标卡尺，主要用于测量工件的高度，另外还经常用于测量形状和位置公差尺寸，有时也用来划线（配合划针盘一起使用，以确定划针在平台上的高度尺寸）。

高度尺由钢尺和底座组成。高度尺根据其读数的不同，可分为普通高度尺和电子高度尺两种，如图4-14所示。一般的高度尺的规格为0～300mm、0～500mm、0～1000mm、0～2000mm或是0～1500mm等。从使用范围来看，0～300mm以及0～500mm两种规格的高度尺使用频率更多。

2. 高度尺的读数

高度尺的读数方法与游标卡尺相同。

3. 高度尺的使用方法

① 使用前清洁被测工件的表面，检查量爪是否有磨损。

② 将高度尺底座擦净，放置在清洁平整的平台上，装好并紧固量爪，用一只手按住底座，另一只手调整游标和量爪，使量爪测量面与平台轻轻接触，检查游标上的"0"刻线是否与尺身的"0"刻线对齐。

③ 当使用高度尺标高时，将被测工件沿高度方向垂直地放置在平台上，移动尺框，将

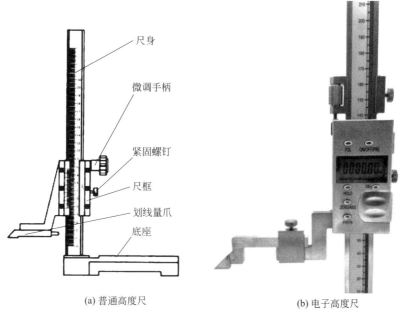

(a) 普通高度尺 (b) 电子高度尺

图 4-14　高度游标卡尺

测量爪移动到被测工件顶部并使测量爪底部平面与被测工件顶部紧密接触,锁紧紧固螺钉。

④ 将划线头与工件表面接触后,根据划线要求移动基座进行划线。

4. 使用高度尺的注意事项

① 在使用高度尺之前,一定要使用干燥的布将其表面擦拭干净。如果身边备有清洁油,用其进行擦拭则效果更佳。高度尺摆放的平面应该整洁干净,并尽量水平。

② 使用高度尺前需检查高度尺的外观是否有缺陷,表盘刻度是否清晰,游标滑动是否顺畅,紧固螺钉是否紧固等。

③ 使用高度尺前检查零刻度是否对齐,若没有对齐则需要校对。

④ 当读数时,应使视线正对刻度线,避免读数误差太大。

⑤ 不要测量锻件、铸件和运动工件表面,以免损坏高度尺。

⑥ 高度尺带有的测量爪比较锋利,使用者需要特别注意,不要被其碰伤。

⑦ 长期不用的高度尺应擦干净后上油,放入盒中保存。

⑧ 使用高度尺的环境温度以 5~40℃ 为宜。

第二节　维修专用测量尺的使用

一、塞尺

1. 塞尺作用

塞尺俗称厚薄规、间隙片、测微片,它是由一组淬硬的钢片组成的,这些淬硬的钢片被研磨或滚压成精确的厚度,它们通常都是成套供应的,如图 4-15 所示。

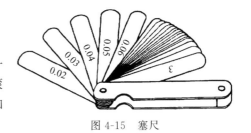

图 4-15　塞尺

第四章　汽车维修常用量具和检测仪器设备　**093**

在汽车维修工作中，塞尺主要用于测量工件结合面之间的间隙大小，例如，活塞与气缸间隙、活塞环槽和活塞环间隙［图 4-16（a）］、活塞环端隙［图 4-16（b）］、气门间隙、齿轮啮合间隙、触点间隙和一些接触面的平直度、曲轴轴向间隙等。

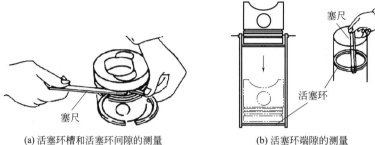

(a) 活塞环槽和活塞环间隙的测量　　　(b) 活塞环端隙的测量

图 4-16　用塞尺测量活塞环间隙和端隙

塞尺由许多层厚薄不一的薄钢片组成，每条钢片上都标出了厚度，单位为毫米（mm），它们可以单独使用，也可以将两片或多片合在一起使用，以便获得所要求的厚度。最薄的为 0.02mm，最厚的为 3mm；常用塞尺长度有 50mm、100mm、200mm 三种。

2. 塞尺的使用方法

① 使用塞尺前必须将钢片擦净，不得有污垢、锈蚀及杂物，以免影响测量的准确度。

② 使用塞尺时应根据结合面的间隙情况选用塞尺片数，但片数越少越好。

③ 使用塞尺测量时，应根据间隙的大小，先用较薄片试插，逐步加厚，可以一片或数片重叠在一起平整插入间隙内，插入深度应在 20mm 左右。将塞尺插入被测间隙中，来回拉动塞尺，感到稍有阻力，说明该间隙值接近塞尺上所标出的数值；如果拉动时阻力过大或过小，则说明该间隙值小于或大于塞尺上所标出的数据。松紧适度，所插入的钢片厚度为间隙尺寸。

④ 测量时不能强行把塞尺塞入测量间隙，以免塞尺遭受弯曲和折断；不能测量温度较高的工件。

⑤ 使用塞尺时不能戴手套并保持手的干净、干燥。

⑥ 塞尺使用完后要将测量面擦拭干净，并及时将测量片合到夹板中去，以免损伤各金属薄片。如发现塞尺有折损或标示刻度已经模糊不清，应予以更新。

⑦ 当塞尺与直角尺配合使用时，可用来检查工件表面的平直度，如气缸盖平直度的检测，如图 4-17 所示。

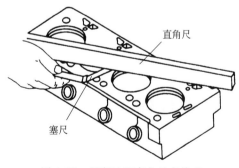

图 4-17　用塞尺和直角尺来检查气缸盖的平直度

3. 使用塞尺的注意事项

① 使用前去除塞尺钢片上的污垢、锈蚀及杂物。

② 由于塞尺很薄，容易弯曲或折断，测量时不能用力太大，变形的塞尺禁止使用。

③ 不允许在测量过程中剧烈弯折塞尺，或用较大的力硬将塞尺插入被检测间隙，否则将损坏塞尺的测量表面或工件表面的精度。

④ 使用塞尺时必须注意正确的方法（测量间隙时必须垂直被测面，测量工件间的断差时必须放平）。

⑤ 当读数时，按塞尺上所标数值直接读数即可。
⑥ 不能测量温度较高的工件。
⑦ 塞尺不用时必须放入盒子保护，以防生锈变色而影响使用。

二、塑料间隙规

1. 塑料间隙规的作用

塑料间隙规又称塑性线间隙规，由软塑料制成（图 4-18）。塑料间隙规是一种在汽车维修中用于测量曲轴主轴承或连杆轴承间隙时使用的特制塑料条。塑料条在轴承间隙中夹扁后，用特种量尺测量出夹扁后的塑料条宽度，尺上表示的数字即是轴承间隙的数据。

塑料间隙规为固定表面的间隙测量提供了一种既简单又有效的测量方法。在普通间隙规无法插入的情况下测量间隙或者测量对开式滑式轴承间隙时，它显得格外有用。

塑料间隙规有三种颜色，每一种表示不同的厚度。间隙测量范围：绿色为 0.025～0.076mm，红色为 0.051～0.152mm，蓝色为 0.102～0.229mm。

图 4-18　塑料间隙规（0.025～0.175mm）

2. 塑料间隙规的使用方法

① 清洁曲轴连杆轴颈和轴承。
② 截取相应长度的间隙规，以便和轴承宽度匹配。
③ 将塑料间隙规放在曲轴连杆轴颈上。
④ 把轴承盖放在曲轴连杆轴颈上并以规定的力矩将其紧固，切勿转动曲轴。
⑤ 拆下轴承盖并使用塑料间隙规封套上的刻度来确定平直的塑料间隙规的宽度。测量塑料间隙规最宽部位的宽度。

用塑料间隙规检查曲轴轴承间隙如图 4-19 所示。首先在轴承上放置塑料间隙规，然后安装轴承，轴承安装后塑料间隙规即被夹扁，然后再拆卸轴承，测量夹扁后的塑料条宽度。

此外，塑料间隙规还可用于测量曲轴径向间隙，测量时拆下曲轴主轴承盖，将测量片放在轴颈或轴承上进行测量，如图 4-20 所示，再测量挤压过的塑料测量片的厚度。新轴承的径向间隙应为 0.03～0.08mm，磨损极限值为 0.17mm，超过磨损极限时，应更换相应的轴承。

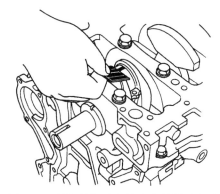 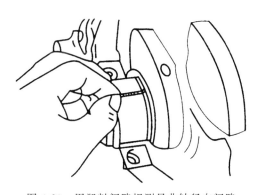

图 4-19　用塑料间隙规检查曲轴轴承间隙　　图 4-20　用塑料间隙规测量曲轴径向间隙

三、内外卡钳

1. 内外卡钳的作用

内外卡钳是一种间接式测量工具（间接读数），凡不宜用游标卡尺、钢直尺和钢卷尺的地方，或者用这些量具测量不方便的地方，均可用卡钳进行测量。卡钳按其功能的不同可分为外卡钳和内卡钳两种，如图 4-21 所示。

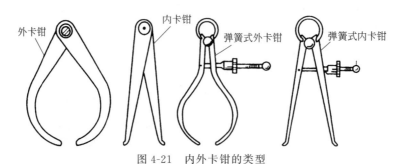

图 4-21　内外卡钳的类型

内卡钳用于测量内径和凹槽，如图 4-22（a）所示，外卡钳用于测量外径和平面，如图 4-22（b）所示。它们本身都不能直接读出尺寸，必须与钢直尺或其他刻度线量具配合测量。把测量得到的长度尺寸（直径也属于长度尺寸），在钢直尺上进行读数，或在钢直尺上先取下所需尺寸，再去检验工件的直径是否符合。

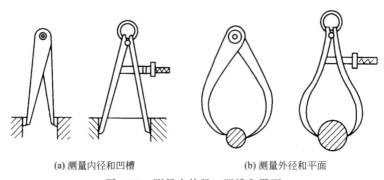

(a) 测量内径和凹槽　　(b) 测量外径和平面

图 4-22　测量内外径、凹槽和平面

内外卡钳是一种简单的量具，广泛应用于要求不高的工件尺寸的测量和检验，尤其是对锻铸件毛坯尺寸的测量和检验，内外卡钳是最合适的测量工具。

2. 内卡钳的使用方法

如图 4-23 所示，使用内卡钳测量孔的内径时，用右手的拇指和食指轻轻地捏住内卡钳轴销两头，将卡钳的两个量爪送入孔内，然后使一个量爪的爪尖与孔壁接触，另一个量爪在径向平面内左右轻轻摆动，如内卡钳在孔内有较大的自由摆动时，就表示卡钳尺寸比孔径小了；如内卡钳放不进去，或放进孔内后紧得不能自由摆动，就表示内卡钳尺寸比孔径大了，如内卡钳放入孔内，按照上述的测量方法能有 1～2mm 的自由摆动距离，这时孔径与内卡钳尺寸正好相等。

3. 外卡钳的使用方法

使用外卡钳测量轴的外径时，用右手的中指从卡钳的两个量爪之间挑起卡钳，拇指与食指撑住卡钳的轴销两头，使卡钳的两个量爪在自身的重量作用下滑过被测表面，如图 4-24 所示。

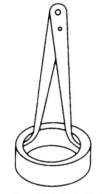

图 4-23 用内卡钳测内径

图 4-24 用外卡钳测外径

在测量中，卡钳量爪爪尖与被测表面的接触情况是凭手的感觉来判断的，只要手有轻微的感觉即可，不宜过松，也不要用力使劲捏卡钳。

内卡钳常与游标卡尺或千分尺配合使用，外卡钳一般与量尺配合使用，它们的使用与读数方法如图 4-25 所示。

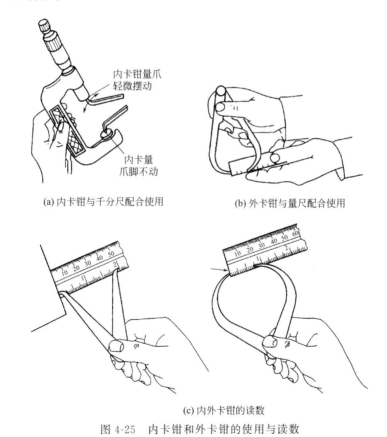

(a) 内卡钳与千分尺配合使用　　(b) 外卡钳与量尺配合使用

(c) 内外卡钳的读数

图 4-25 内卡钳和外卡钳的使用与读数

4. 使用卡钳的注意事项

① 卡钳使用一段时间后，两个量爪测量部位会磨损变钝，这时应修磨，使之成为圆弧

形，然后淬火，使之变硬，变得更耐磨。

② 卡钳用完后应擦拭干净，将两个量爪合拢存放，不得将卡钳与其他工具堆放在一起，以防把它压弯。

四、直角尺

1. 直角尺的作用

直角尺是一种角度测量工具，用于检测工件的垂直度及工件相对位置的垂直度。它由一个短边和一个长边构成，两个边形成 90°的直角，如图 4-26 所示。一般用于检查工件的两个平面是否垂直，包括内直角和外直角。

图 4-26　直角尺

2. 直角尺的使用方法

直角尺的使用方法如图 4-27 所示。检查时，直角尺短边（托柄）的内侧要紧紧地贴着精加工过的表面，让长边稍微离开工件一点；手持工件对准亮处，然后把直角尺的长边降下来接触到被检查的表面，如图 4-27(a) 所示；如果两个表面是垂直的，则长边和被检查的表面之间不能透光。

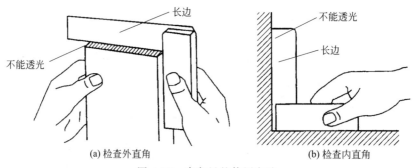

(a) 检查外直角　　　(b) 检查内直角

图 4-27　直角尺的使用方法

检查内直角时，采用的方法与检查外直角的方法相似，如图 4-27(b) 所示。

例如，测量气门弹簧的倾斜度是否超出规范时，通常把气门弹簧放到平规上，用直角尺抵住气门弹簧，检查能否在转动气门弹簧时产生的最大间隙处放入规定值的厚度规，如图 4-28 所示。

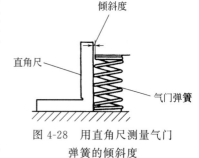

图 4-28　用直角尺测量气门弹簧的倾斜度

3. 使用直角尺的注意事项

① 使用之前将直角尺进行清洁，去除油污和灰尘，以免影响检测效果。

② 使用直角尺时要轻拿轻放，禁止使用变形的直角尺。

③ 禁止在高温或潮湿的场所从事测量作业以及保养直角尺。

④ 在搬运过程中，不允许提起直角尺的长边或者短边，而应该是一只手托住短边，另一只手扶长边。

⑤ 用完直角尺之后应擦拭干净，放在盒子内保存。

五、轮胎花纹深度尺

1. 轮胎花纹深度尺的作用与类型

轮胎花纹深度尺也称为花纹深度规、轮胎花纹深度计，主要用于测量轮胎花纹的深度，以此判断汽车轮胎的磨损量是否超出安全的花纹深度。

轮胎花纹深度尺通常有机械刻度式花纹深度尺、指针式花纹深度尺和数显式花纹深度尺三种类型，如图 4-29 所示。

(a) 机械刻度式花纹深度尺　　(b) 指针式花纹深度尺　　(c) 数显式花纹深度尺

图 4-29　轮胎花纹深度尺的类型

2. 轮胎花纹深度尺的读数方法

如图 4-30 所示，机械刻度式花纹深度尺有两组数字，粗一点的固定的标尺，是辅助测量尺，细长的可以移动的，则是主测量尺。当尺身的探头与尺身的"0"刻度对齐时，机械刻度式花纹深度尺即处于"归零"状态。

在实际测量中，将辅助尺"0"刻度所处位置的尺身刻度作为整数读入，再看辅助尺的哪一个刻度线与尺身任意刻度线最接近或对齐，该辅助刻度线对应的数字就作为小数点后的读数。

例如，辅助尺的"0"刻度位于主尺"20mm"与"21mm"刻度之间，读为 20mm。辅助尺的"2"刻度与主尺的某一刻度对齐，则读为 0.2mm。主尺读数与辅助尺读数相加为总读数，即 20.2mm。

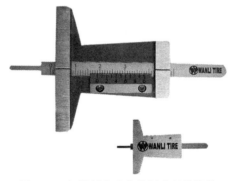

图 4-30　机械刻度式花纹深度尺的结构

3. 轮胎花纹深度尺的使用方法

下面以机械刻度式花纹深度尺为例，介绍其使用方法。

① 在使用机械刻度式花纹深度尺测量轮胎花纹深度前，需检查当尺身的探头与尺身处于同一平面时，尺身与辅助尺的"0"刻度是否对齐，即机械刻度式花纹深度尺是否可正确"归零"。

② 拉出尺身的探头。

③ 将机械刻度式花纹深度卡尺的长边向下，并使花纹垂直于胎面放置，下压花纹，将尺身的探头伸入轮胎胎面同一横截面的主花纹沟中，确认机械刻度式花纹深度尺的测量基准面与轮胎表面平行，完全接合，就可以测得一个数值。

④ 将轮胎转动一个角度，按照②、③的步骤多次（最少三次）测量，得到一些数据，

取最小值，就得到了轮胎的花纹深度。一般来说，当测量的轮胎花纹深度值约为1.6mm时，就必须更换轮胎。

4. 使用轮胎花纹深度尺的注意事项

① 使用轮胎花纹深度尺前，要检查其能否正确"归零"。如果不能正确"归零"，就要对轮胎花纹深度尺进行"归零"校对。

② 轮胎花纹深度尺所测轮胎花纹为轮胎胎面的主花纹沟，轮胎花纹深度尺的测量基准面（下端平面）应放置在胎面上，不要陷入轮胎花纹中，如图4-31所示。

图4-31　测量轮胎花纹深度

③ 轮胎花纹深度尺不能放置于轮胎的磨损标记上进行测量。

④ 读数时，视线要垂直于尺面，否则测量值不准确。

⑤ 使用完毕后，应将轮胎花纹深度尺擦拭干净，放置在所配塑料套中，并避免被重物所压，以免变形。

⑥ 如果长时间不使用，应在轮胎花纹深度尺上涂上防腐蚀油脂，以免生锈。

第三节　指示式量具的使用

一、百分表

1. 百分表作用

百分表如图4-32所示，是一种利用精密齿条齿轮或杠杆齿轮传动，将测杆的直线位移变为指针的角位移的测微器具。一般常把百分表和百分表架配合使用，用于测量工件的尺寸和几何形状、位置误差等。例如测量轴承弯曲、偏摆、齿轮间隙、平行度及平面状态是否良好等。

2. 百分表的结构原理

在汽车维修中常用的百分表一般配有大小两个刻度盘，大刻度盘的长针用于读取1mm以下的位移量，小刻度盘上的短针用于读取1mm以上的位移量。测量头移动1mm时，长针转一周，短针走一格。另外百分表的表盘是可以转动的，以便于零位校准。

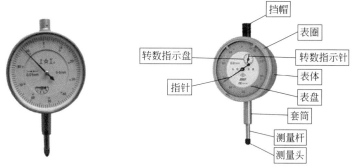

图 4-32 百分表

如图 4-33 所示，百分表主要由齿条和小齿轮装配而成，百分表的工作原理是将被测尺寸引起的测杆微小直线移动，经过齿轮传动放大，变为指针在刻度盘上的转动，从而读出被测尺寸的大小。百分表测量头和芯轴的移动带动 1 号小齿轮转动，再利用同轴上的作动齿轮传递给 2 号小齿轮转动，于是装置在 2 号小齿轮上的指针（百分表中的长针）即能放大芯轴的移动量并显示在刻度盘上。长针每一个回转相当于 1mm 的移动量 1/100mm。

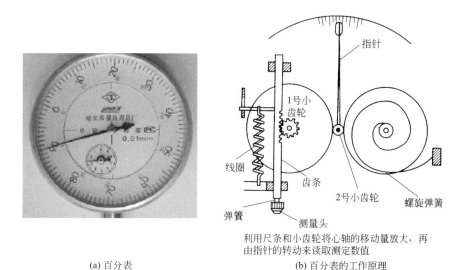

(a) 百分表　　　　　　　　　　(b) 百分表的工作原理

图 4-33 百分表及其工作原理

百分表的测量头主要包括长型、辊子型、杠杆型和平板型四种类型，如图 4-34 所示。

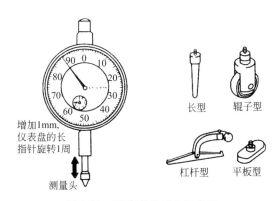

图 4-34 百分表的测量头类型

第四章　汽车维修常用量具和检测仪器设备　**101**

长型适合在有限空间中使用；辊子型通常用于轮胎的凸、凹面测量；杠杆型用于测量不能直接接触的部件；平板型用于测量活塞突出部分等。其测量杆行程有 0~3mm、0~5mm 和 0~10mm 三种规格。

3. 百分表的读数方法

百分表数值主要根据大指针的转动刻度线来判断机件表面的偏差。通过大小指针的偏转刻度来确认数值。先读小指针转过的刻度线（即为毫米整数），再读大指针转过的刻度线并估读一位（即小数部分），再乘以 0.01mm，即为小数部分。然后两者相加，即得到所测量的数值。

4. 百分表的使用方法

① 使用前，应检查测量杆活动的灵活性。即轻轻推动测量杆时，测量杆在套筒内的移动要灵活，没有任何轧、卡现象，每次手松开后，指针能回到原来的刻度位置。

② 使用前，要将百分表装在普通表架或磁性表座上，并卡紧和装稳，如图 4-35 所示。

③ 测量时，调整滑杆，使其头部接触待检查的工件。注意百分表测量杆应与被测表面垂直。

④ 旋转表盘，将指针对准刻度盘的"0"刻度。

⑤ 百分表的测量步骤如图 4-36 所示。

a. 测量过程如图 4-36(a) 所示。

ⓐ 将百分表固定在磁性支架上。调整百分表位置和被测物体并设置指针，使其位于移动量程的中心位置。

ⓑ 转动被测物并读出指针偏离值。

b. 读取测量值，如图 4-36(b) 所示。

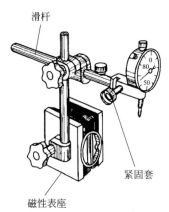

图 4-35 安装百分表

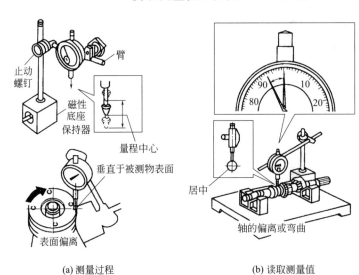

(a) 测量过程　　　(b) 读取测量值

图 4-36 百分表的测量步骤

指针在表盘 7 个刻度内左右摆动，偏差范围为 0.07mm。

⑥ 测量平面时，百分表的测杆应与被测平面垂直；测量圆柱形工件时，测量杆要与工件的中心线垂直。同时根据被测工件的形状、粗糙度等来选用测量头。

⑦ 测量时，不要使测量杆的行程超过它的测量范围，不要使表头突然撞到工件上，也

不要用百分表测量表面粗糙或有显著凹凸不平的工件。

⑧ 为方便读数,在测量前一般都让大指针指到刻度盘的零位。

5. 使用百分表的注意事项

① 百分表内部构造和钟表相类似,应避免摔落或遭受强烈撞击。

② 定期检查百分表的精密度,并检查其外观和各部位合格后方能使用。

③ 百分表只能检测光滑机械表面,不要用于测量毛坯的粗糙表面或有显著凹凸的表面,否则会损伤测头。

④ 芯轴上不可涂抹机油或油脂。如果芯轴上沾有油污或灰尘而导致芯轴无法平滑移动时,应使百分表保持垂直状态,再将套筒浸泡在品质极佳的汽油内浸至中央部位,来回移动数次后用干净的抹布擦拭,即能恢复至原来平滑的状态。

⑤ 测量平面时,测量杆要与被测面垂直,否则不仅测量误差大,而且有可能会把测量杆卡住不能活动,损坏百分表。

⑥ 测量圆柱形工件时,测量杆的中心线要垂直地通过工件的轴心线。

⑦ 测量时,先把测量杆提起,再把工件推到测量头下面,不得把工件强行推入测量头下,防止把测量头撞坏。

⑧ 不允许把测量头压到尽头,以防止百分表被损坏。

⑨ 要轻拿轻放,不要过多地拨动测量头使它做无效运动,以防机件不必要的磨损。

⑩ 用完后要把百分表擦净放回盒内,但不得在测量杆上涂凡士林或其他油类,否则会使测量杆和套筒黏结,造成移动不灵活。

⑪ 不使用时,应让测量杆自由放松,使百分表处于自由状态,避免其内部机件受到外力作用,以保持精度。

⑫ 百分表应放置在干燥、无磁性、无酸性的地方保存。

二、量缸表

1. 量缸表的作用与结构

量缸表也叫内径百分表,是由内量杠杆式测量架和百分表组合制成的测量仪器,如图 4-37 所示,也是用于测量孔径的比较性测量工具,还是主要用于测量或检验工件的内孔、

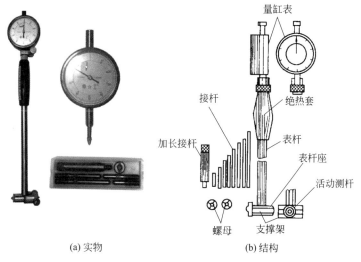

(a) 实物　　　　　　　(b) 结构

图 4-37　量缸表

第四章　汽车维修常用量具和检测仪器设备　**103**

深孔直径及其形状精度的比较性测量工具。在汽车维修中，量缸表通常用于测量气缸的缸径及检验气缸的磨损量，以及轴承座孔的圆度、圆柱度误差或工件磨损情况。

量缸表的生产厂家不同，其规格、尺寸也有所区别。如图4-38所示，量缸表主要由百分表、测量架（表杆）和成组可换量杆等组成。量缸表测量架的内部结构：在三通管的一端装着活动测头，另一端装着可换量杆，垂直管口一端，通过表管装有百分表。活动测头的移动，使传动杠杆回转，通过活动杆，推动百分表的测量杆的运动，通过杠杆向上传递给顶部的百分表或千分表，通过指针的偏转可得出气缸缸径。

由于杠杆的两侧触点是等距离的，当活动测头移动1mm时，活动杆也移动1mm，推动百分表指针回转一圈。因此，活动测头的移动量，可以在百分表上读出来。

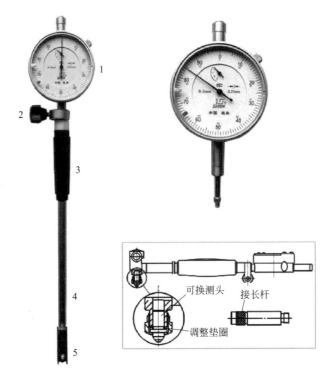

图4-38 量缸表结构

1—指示表；2—锁紧螺钉；3—绝热手柄；4—大管；5—活动测头

在测量内径时，不容易找正孔的直径方向，活动套与锁紧螺母组成的定心导向板和弹簧就起了一个帮助找正直径位置的作用，使内径百分表的两个测量头正好在内孔直径的两端。活动测量头的测量压力由活动杆上的弹簧控制，保证测量压力一致。

量缸表活动测量头的移动量，小尺寸的只有0~1mm，大尺寸的可有0~3mm，它的测量范围是由更换或调整可换量杆的长度来达到的。因此，每个量缸表都附有成套的可换量杆。这些量杆都放在装百分表及各种附件的箱子中。

2. 量缸表的使用

（1）量缸表的设定

① 使用游标卡尺测量缸径得出标准尺寸。利用这些长度作为选择量缸表合适可换量杆的参考。

② 首先根据所测缸径的基本尺寸选用合适的可换量杆和调整垫圈，使量缸表比缸径大0.5~1.0mm（在更换杆上标有其尺寸，以5mm递增），用这些长度作为选择合适杆件的参

考，然后用调整垫圈进行微调。量缸表的量杆除垫片调整式外，还有螺旋杆调整式。无论哪种类型，只要将杆件的总长度调整至比所测缸径大 0.5~1.0mm 即可。

③ 当内径百分表安装到量缸表的轴体上时，轴约有 1mm 的移动量，如图 4-39 所示。为了便于读数，调整百分表表盘方向，使之与接杆方向平行或垂直。

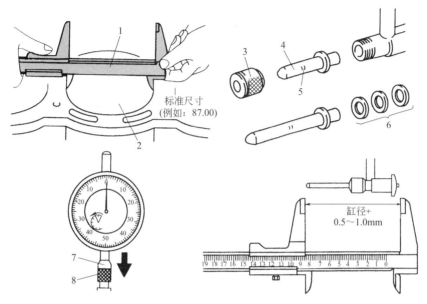

图 4-39 量缸表的设定
1—游标卡尺；2—气缸；3—更换杆锁紧螺母；4—更换杆；
5—杆尺寸；6—调整垫圈；7—轴；8—锁紧螺母

（2）量缸表的零校准 将千分尺调至所测缸径尺寸，并将千分尺固定在专用固定夹上，对量缸表进行校零。当大表针逆时针转动到最大值时，旋转百分表表盘，使表盘上的零刻度线与其对齐（这时度盘指示器指针在测头的收缩侧回转），如图 4-40 所示。

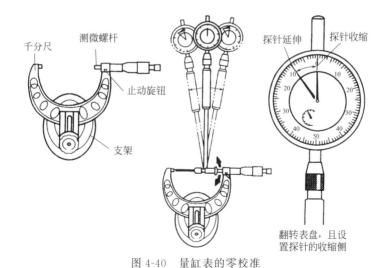

图 4-40 量缸表的零校准

（3）缸径测量（图 4-41）
① 慢慢地将量缸表的活动端（导向板端）倾斜，使其先进入气缸内，而后再使可换量

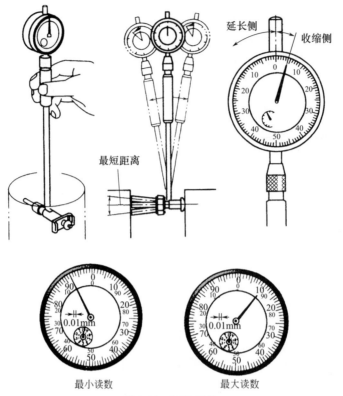

图 4-41 缸径测量

杆端进入。导向板的两个支脚要和气缸壁紧密配合。

② 在测定位置维持导向板不动，而使可换量杆的前端做上下移动并观测量缸表指针的移动量，当量缸表的读数最小即量缸表和气缸成真正直角时，再读取数据。读数最小即表针顺时针转至最大。测量位置的选取则需要参考维修手册。

注意：测量过程中，应前后摆动量缸表，指针指示的最小数字，即表示量杆与内孔轴线垂直，此读数为标准读数。在计算直径时，应根据所读取的是顺时针读数还是逆时针读数，确定在标准直径的基础上，是相加还是相减。

如果指针正对"0"位，则与被测缸径相等，若大指针顺时针方向离开"0"位时，表示气缸直径小于标准尺寸的缸径；若大指针逆时针方向离开"0"位时，表示气缸直径大于标准尺寸的缸径。

③ 在孔的轴向各位置至少重复测量 3 次，选取最小值，如图 4-42 所示。

④ 测量杆、测量头、百分表等应配套使用，不要与其他表混用。

3. 使用量缸表的注意事项

① 确认量缸表的性能完好。
② 使用干净的无纺布清洁内径百分表、表杆和测量头。
③ 确保量缸表安装完好、无松动现象。
④ 利用千分尺对量缸表调零后禁止转动百分表的表圈。
⑤ 测量时应握住量缸表的绝缘套部分。
⑥ 禁止拖动量缸表进行测量位置的变化。
⑦ 读数时眼睛应与表针处于水平位置。

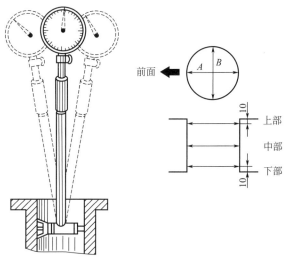

图 4-42 在孔的轴向各位置至少重复测量 3 次

⑧ 防止量缸表出现撞击。

⑨ 要轻拿轻放,不要过多地拨动测量头使它做无效运动,以防机件不必要的磨损。

⑩ 用完后要把量缸表擦净放回盒内,但不得在测量杆上涂凡士林或其他油类,否则会使测量杆和套筒黏结,造成移动不灵活。

使用量缸表后,需要检查测量面、表身和测量头是否损坏,并进行清洁维护。

⑪ 量缸表应远离液体,不要使冷却液、切削液、水或油与内径百分表接触,应放置在干燥、无磁性、无酸性的地方保存。

⑫ 在不使用时,要卸下百分表,使表解除所有负荷,让测量杆处于自由状态。内径百分表应成套保存于盒内,避免丢失与混用。

三、冰点密度计

1. 冰点密度计的作用与结构

冰点密度计也称为密度计,又称电解液比重计,是测量蓄电池溶液相对密度及防冻液冰点的专用检测仪器,如图 4-43 所示。冰点密度计是根据不同浓度的液体具有不同折射率的原理设计而成的,只要在冰点密度计的棱镜表面滴几滴液体,然后向着光观察,就可以快速读出溶液的测量值。通过测得的值就可以读出以丙二醇和乙二醇为基的冷却液的冰点及汽车挡风玻璃清洁液的冰点,还可用于检查蓄电池内电解液的相对密度。

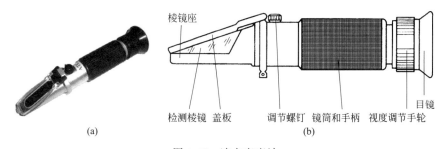

图 4-43 冰点密度计

冰点密度计主要由折射棱镜、盖板、调节螺钉（校准）、镜筒、光学系统管路和目镜（视度调节手轮）等组成。

2. 冰点密度计的使用

冰点密度计的使用应遵循以下操作步骤。

① 将折射棱镜对准光亮方向，调节目镜视度环，直到标线清晰为止。

② 基准调整。测定前首先使用标准液（纯净水）进行基准测定（仪器及待测液体基于同一温度）；掀开盖板，然后取 2～3 滴标准液滴于检测棱镜上，并用手轻轻按压平板，通过目镜会看到一条蓝白分界线。旋转调节螺钉使目镜视场中的蓝白分界线与基准重合（0％）（注：仪器通常在出厂时已调校好，可直接使用）。

③ 测量。用柔软绒布擦净棱镜表面及盖板，掀开盖板，取 2～3 滴被测溶液滴于检测棱镜上，盖上盖板轻轻按压平，里面不要有气泡，然后通过目镜读取蓝白分界线的相对刻度，即为被测液体的测量值。

观测者通过目镜可观察到视场图像，如图 4-44 所示。视场最底端的刻度（WATER-LINE/ANTIFREEZE）为纯净水的 0℃ 刻度线；中间左侧标尺用来标定丙二醇型（PROPYLENE）冷却液的冰点值；中间右侧标尺用来标定乙二醇型（ETHYLENE）冷却液的冰点值；左侧标尺用来标定蓄电池电解液的相对密度，其中 1.10～1.20 刻度区表示需充电（RECHAGE），1.20～1.25 刻度区表示电量够用（FAIR），1.25～1.30 刻度区表示电量充足（GOOD）。

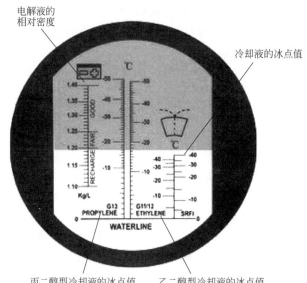

图 4-44　冰点密度计的视场图像

以图 4-44 中的分界线为例，如果测试的是乙二醇型冷却液，说明其冰点为 -22℃；如果测试的是铅酸蓄电池的电解液，则表明电解液的相对密度为 1.20。

④ 使用完毕后，直接用潮湿绒布擦干净棱镜表面及盖板上的附着物，待干燥后，必须保存于干净的容器内。

⑤ 在测量电解液时，注意不要洒在皮肤和溅入眼睛上，以防烧伤，测试后仔细擦净仪器。

3. 使用冰点密度计的注意事项

① 使用完毕后，严禁用水直接冲洗，避免光学系统管路进水。

② 在使用与维护中应轻拿轻放，不得任意松动仪器各连接部分，不得跌落、碰撞，严禁发生剧烈振动。

③ 在测量蓄电池电解液时，注意不要溅到皮肤和眼睛上，以防烧伤。

④ 使用完毕后，要用软湿布把仪器擦干净，以免造成腐蚀和弄脏光学元件，使测量结果不准确。

⑤ 光学元件表面不能碰伤和划伤。

⑥ 应在干燥、无尘、无腐蚀性气体的环境中保存仪器，以免光学元件表面发霉。

四、红外测温仪

1. 红外测温仪的作用

红外测温仪是一种非接触式温度测量装置，如图4-45所示。在汽车维修中，能够安全地读取难以接近的或不可接触的目标温度，如空调系统的制冷温度、高温的排气管、发动机缸体、散热器等，如图4-46所示。非接触式红外测温枪测量温度相对精确，误差一般在1℃以内。

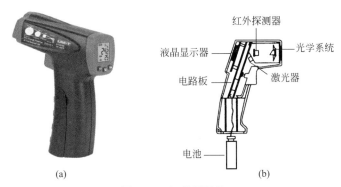

图4-45 红外测温仪

如图4-45所示，红外测温仪主要由激光器、红外探测器、光学系统等部分组成。红外测温仪测量物体表面温度，测温仪的光学元件将发射的、反射的以及透射的能量会聚到探测器上。红外测温仪的电子元件将此信息转换成温度读数，并显示在红外测温仪的显示面板上。红外测温仪的激光仅作为瞄准之用。

2. 红外测温仪的使用方法

使用时手持非接触式红外测温仪，只需要将测温仪靠近并且对准被测物体，按下测温键即可，此时目标物体发出的红外热辐射经过空气（或其他介质）传播到达测温仪的光学系统，经光学系统收集会聚到探测器上，探测器将辐射能量转化成电信号，经过电子线路、微机处理、计算后送显示器显示或输出，就得到目标物体的温度值或温度信号，达到测量目标温度的目的。

3. 使用红外测温仪的注意事项

① 红外测温仪不能透过玻璃测量温度，因为玻璃具有很特殊的反射和透过特性，会影响读数的精确性，但是可通过红外线窗口测温。

② 红外测温仪最好不用于光亮的或抛光的金属表面的测温（如不锈钢、铝等）。

③ 红外测温仪不能穿过透明表面进行测量（如玻璃和塑料），只能测量物体的表面温度，不能测量物体的内部温度。

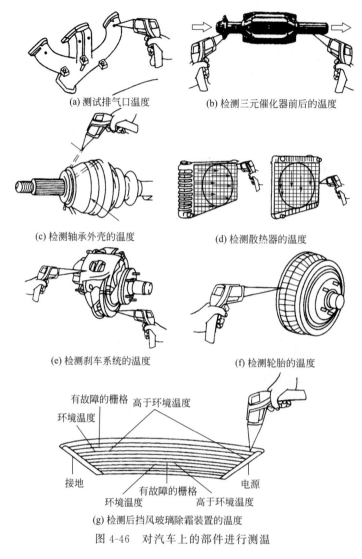

图 4-46 对汽车上的部件进行测温

④ 测量时，要仔细定位热点，发现热点，用红外线测温仪瞄准目标，然后在目标上做上下扫描运动，直至确定热点。

⑤ 不要将红外线测温仪靠近或放在高温物体上。

⑥ 不要将激光直接对准眼睛或指向反射性表面。

⑦ 注意环境条件。烟雾、蒸汽、尘土等，它们均会影响仪器的光学系统而降低测温精确性。

⑧ 注意热冲击。如果红外测温仪突然暴露在环境温差为 20℃ 或更高的情况下，仪器需要 20min 时间进行恒定，调节到新的环境温度。

第四节　压力测量量具的使用

一、机油压力表

1. 机油压力表的作用

机油压力表主要用于测量发动机润滑系统运行时机油的压力。机油压力测试是检验发动机润滑系统性能是否正常的重要项目。

汽车发动机机油压力的测试通常利用机油压力表来完成。常见的指针式机油压力表由表头、连接管路、接头组成，如图 4-47 所示。仪表的刻度单位通常用 bar、kPa、psi 来表示。

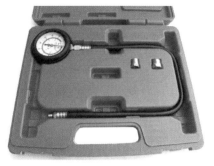

图 4-47　机油压力表的组成

2. 机油压力表的使用方法

（1）压力测试前的检查项目　在测试之前应对发动机润滑系统进行必要的检查，主要检查项目如下。

① 检查机油液位是否过低。
② 检查机油压力开关是否异常。
③ 检查机油黏度是否不当或被稀释或进水。
④ 观察机油是否有泄漏或堵塞。

在确认上述问题已经解决的前提下，进行机油压力测试。

（2）机油压力测试项目

① 急速时的机油压力值。
② 加速时的机油压力值：随转速提高，机油压力也随之提高。
③ 发动机转速稳定时的机油压力值：机油压力也应稳定在规定值范围内。
④ 当转速升高到一定值时，机油压力不再上升。

不同工况下的机油压力值是否符合要求，应以所测车型的维修手册标准为准。

（3）机油压力测试方法

① 将车辆停驻在水平表面上，等待足够长的时间（2～3min）使机油回流并测量机油油位是否过低。添加推荐等级的发动机机油，并向曲轴箱加油，直到机油油位达到机油尺上的"FULL（满）"刻度。

② 运转发动机，并确认仪表板上的机油压力告警灯未闪亮。查听是否有气门室噪声或爆震声。

③ 如果油位正常，即可拆卸机油压力开关，安装机油压力表，如图 4-48 所示。

④ 启动发动机并达到正常工作温度（85℃），查看机油压力表的测量值，如果机油压力表没有显示机油压力，应立即关闭发动机。

⑤ 将读数与规定值进行比较。查看机油压力表的测量值（以雅阁轿车为例），在急速状态下，机油压力应在 70kPa 以上；发动机转速达到 3000r/min 时，机油压力至少应为 300kPa。

⑥ 如果测量值不符合规范范围，应检查机油滤网是否堵塞，检查机油泵是否工作不良。

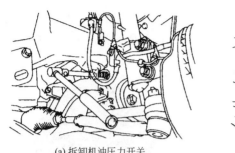 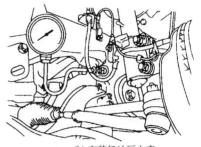

(a) 拆卸机油压力开关　　　　　　　　　(b) 安装机油压力表

图 4-48　安装机油压力表

二、真空表

1. 真空表的作用

真空表又称为真空压力表、真空压力测试仪或者真空度表，如图 4-49 所示。在汽车维修中，真空表用于检查汽车发动机（通常用于自然吸气发动机）节气门后方的真空度以判断发动机的运转是否正常、进排气是否顺畅、怠速时发动机节气门后方是否漏气等。

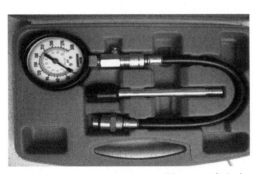 

图 4-49　真空表

真空表通常由表头、各种规格的连接接头和软管组成。真空表接头的一头固定在表头上，另一头连接在发动机节气门后方的进气管专用接头上。表头的仪表盘刻度单位常有 kPa、MPa、mmHg、inHg 或 psi。

常用压力单位换算：1atm（标准大气压）= 1.03kgf/cm^2 = 101.3kPa = 760mmHg = 29.9inHg = 14.7psi = 1bar = 10^{5}Pa。仪表盘的指针指向刻度"0"，表示此时的真空度为 0MPa，为标准大气压；仪表盘的指针指向刻度"-0.1"，表示此时的真空度为 0.1MPa（即 100kPa）。

2. 真空压力的测试方法

在不同的发动机转速下，可检测到不同数值的进气歧管真空度。就大多数自然吸气式汽油发动机而言，在正常怠速状态下运转时，如果各系统均工作正常，则真空表指针应稳定在 15～22inHg，如果在迅速开闭节气门时，真空表指针在 7～85kPa 之间灵敏摆动，则表明进气歧管真空度对节气门开度的随动性较好，同时也说明发动机各系统（特别是进气系统的密封性）工作良好。假如发动机存在故障（特别是机械故障中的密封性变差），就会出现与上述数值不同的进气歧管真空度。

真空压力测试不需要拆卸火花塞，检查气缸压力即可反映出是否漏气。通常测试发动机进气歧管真空度的项目包括启动测试、怠速测试、急加速测试和排气系统阻塞测试四项。

(1) 启动测试　测试时需保持发动机在热车状态。如发动机因故障无法着车，也可在冷车时测量，但精确度会降低。

测量时关闭节气门，切断点火系统，连接真空表于节气门后方的进气歧管上，启动发动机，观察真空表数值应为 11～21kPa，如果低于 10kPa，可能的原因有发动机转速过低、活塞环磨损、节气门卡滞、进气歧管漏气、过大的怠速旁通气路等。

(2) 怠速测试　性能良好的发动机在怠速运转时，真空表数值应稳定在 50～73.5kPa。

① 如果真空表读数低于正常数值且稳定，可能的原因有点火正时推迟、配气正时延迟（过松的正时带或正时链）、凸轮轴升程不足等。

② 如果发动机怠速过高，测试歧管真空度小于 40kPa，说明发动机的节气门之后的歧管或总管漏气，漏气部位多数是歧管垫以及与歧管相连接的许多管路，如真空助力器气管等。

③ 如果真空表数值从正常值下降后又返回，有节奏地来回变动，原因可能是个别气门发卡或某一凸轮轴严重磨损。

④ 如果真空表指针在 52～67kPa 之间摆动，并且随着发动机转速的升高摆动加剧，则说明气门弹簧弹力不足。

⑤ 如果真空表指针在 38～61kPa 之间摆动，原因通常为气门漏气、气缸垫损坏、活塞损坏、缸筒拉伤等。

⑥ 如果真空表指针在 18～65kPa 之间大幅度摆动，则基本是气缸垫漏气所引起的。

(3) 急加速测试　急加速时，真空表的读数应突然下降；急减速时，真空表指针将在原怠速时的位置向前大幅度跳越。即当迅速开启和关闭节气门时，真空表指针应随之在 7～8kPa 之间摆动。真空表指针摆幅度越宽，表明发动机技术状况越好；如果怠速时真空表指针低于正常值，急加速时指针回落到"0"附近，节气门突然关闭时指针也不能升高到 86kPa 左右，此现象主要是活塞环、进气管漏气造成的。

(4) 排气系统阻塞测试　启动发动机怠速运转，记录正常怠速下的真空度数值，提高发动机转速至 2500r/min，此时真空度数值应等于或接近怠速时真空度数值，让节气门快速关闭回到怠速状态，此时真空表读数应先快速增加然后又回落，即从起初高于怠速时约 17kPa 的读数，快速回落到原始的怠速读数。如果发动机转速在 2500r/min 时，真空度数值明显地逐渐下降，或从 2500r/min 猛然降到怠速时，真空表读数没有增加，则表明排气系统存在阻塞现象，可能是三元催化器堵塞、消声器堵塞等。

注意：进气歧管真空度随海拔的升高而降低。通常海拔每升高 500m，真空度将减小 5.5kPa，因此在测定进气歧管真空度时，要根据所在的海拔情况进行换算。

3. 使用真空表的注意事项

① 检查真空表是否良好。

② 选择合适的配套接口或者软管。

③ 连接后保证接口密封完好，确保接口完好，无漏气现象。

④ 检查时防止仪表掉落在地。

⑤ 测量完毕后将仪表归位放置。

三、燃油压力表

1. 燃油压力表的作用与结构

燃油压力表是用于测试发动机燃油系统供油压力的专用工具。通过读取发动机燃油压力,可以判断出燃油导轨、燃油滤芯、燃油喷射、燃油压力调节阀和燃油泵的工作状况。

燃油压力表如图 4-50 所示,由表头、连接管路和接头组成。在连接管路上设有回油控制阀,用以在压力测试完毕后将压力表内的压力燃油通过泄油管路泄放掉。燃油压力表的表头通常为指针式,仪表的刻度单位通常用 bar、psi 来表示。

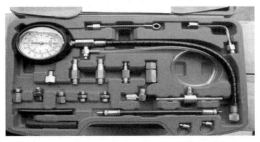

图 4-50 燃油压力表

2. 燃油压力表的使用方法

(1) 燃油压力测试前的准备

① 燃油系统泄压。先拔下燃油泵熔丝或继电器,再启动发动机,直至发动机自行熄火后,再次启动发动机 2～3 次,然后拆下蓄电池负极。

② 安装燃油压力表。如图 4-51 所示,将燃油压力表串接在进油管中(对于带测压口的车辆,将燃油压力表连接到测压口上),在拆卸进油管时要用一块毛巾或棉布垫在进油管接口下,防止燃油泄漏到发动机上引发火灾。

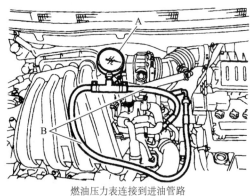

燃油压力表连接到进油管路

图 4-51 安装燃油压力表
A—燃油压力表;B—附件

(2) 燃油压力测试 燃油压力测试的项目主要包括静态油压、怠速油压、最大油压、残余油压等。

① 静态油压测试。重新安装燃油泵熔丝或继电器,不启动发动机,通过诊断仪对燃油泵进行作动测试或通过直接为燃油泵供电(如跨接燃油泵继电器两个触点端)使之运转,读取燃油压力表读数。一般来说,带回油管路的双管路(进、回油管路)燃油供给系统的静态油压在 300kPa 左右,无回油管路的单管路(只有进油管路)燃油供给系统的静态油压在 400kPa 左右,具体标准数值以车型的维修手册要求为准。

② 怠速油压测试。启动发动机,使燃油泵在怠速下运转,此时燃油压力表的读数为怠速工作油压,对于带回油管路的双管路燃油供给系统,其怠速油压一般约为 250kPa,无回油管路的单管路燃油供给系统的怠速油压约为 400kPa,具体标准数值以车型的维修手册要求为准。

③ 最大油压测试。该测试只适用于双管路燃油供给系统，用包有软布的钳子夹住回油管，此时油压表读数为油泵最大供油压力，一般为正常工作油压的 2~3 倍。

④ 残余油压测试。发动机熄火、燃油泵停止运转 10min 后，读取燃油压力值，油管保持压力应大于规定值（以具体车型的维修手册要求为准）。

（3）油管渗漏检查　先执行泄压程序，再拆去燃油压力表，将进油管重新连接好，启动发动机，检查油管是否渗漏。

（4）燃油压力分析　燃油压力表的读数主要有：油压为零、油压正常、油压过高和油压过低四种情况。

① 若油压为零，先检查油箱存油量及油道是否严重外泄，燃油滤清器是否完全堵塞。排除可能性后，若油压依然为零，则需检查燃油系统的控制电路，如熔丝是否烧断、继电器是否不工作、油泵电路线束有否开路、油泵是否损坏等。

② 若油压过高，主要的原因为油压调节器故障（无法回油或回油量过小）、回油管堵塞等。

③ 若燃油压力过低，或油泵停止工作 2~5min 内油压迅速下降，在排除油路向外泄漏的前提下，则可能的原因有：燃油泵中的止回阀卡滞常开、燃油压力调节器故障（回油量过大）、喷油器泄漏等。

注意：上述的燃油压力测试通常只用于汽油发动机的进气管燃油喷射系统，而对于缸内直喷汽油发动机和柴油发动机，由于其燃油压力过高，不能使用这种测试方法。

四、气缸压力表

当发动机存在运转不稳、缺火而又非外部点火、喷油等电控系统问题时，往往需要对发动机本体进行检测，其中重要的一项检测项目就是气缸压力测试。

1. 气缸压力表的作用

气缸压力表是用于测试发动机气缸压力的专用工具，如图 4-52 所示。它通常由表头、连接管路、接头等组成。

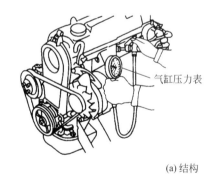 

(a) 结构　　　　　　　　　　　　　　　(b) 实物

图 4-52　气缸压力表

气缸压力表的接头有螺纹管接头或橡胶接头两种形式。柴油发动机的压缩比大，必须用螺纹管接头，将其拧紧在喷油器螺纹孔内；汽油发动机的压缩比较小，可用手握住压力表。在连接管路上设有排气阀，测量时单向阀处于关闭位置时，可保持压力表指针位置以便于读数，读数后按下单向阀，将压力表内的压力泄放掉，可使压力表指针回零。

气缸压力表的表头有指针式，也有数字式，仪表的刻度单位通常有 bar、kgf/cm^2、psi（1bar=100kPa、$1kgf/cm^2$=98kPa、1psi=6.9kPa）。

2. 气缸压力表的使用方法

无论是汽油发动机是柴油发动机，在拆卸火花塞或喷油器之前，均应使用压缩空气吹干净火花塞和喷油器周围的灰尘及脏物，避免异物经火花塞或喷油器座孔掉入气缸内部，损伤气缸。

下面以汽油发动机为例，介绍利用气缸压力表测试气缸压力的方法和注意事项。

用气缸压力表测量气缸压力的流程如下。

① 发动机运转至正常温度，冷却液的温度为85~95℃。
② 拆除全部火花塞或喷油器，以及高压线搭铁。
③ 踩下油门时节气门全开。
④ 把气缸压力表的锥形橡胶接头压紧在被测缸的火花塞孔内，或把螺纹管接头拧在火花塞孔上。
⑤ 启动起动机2~3s，指针稳定后读取数值，然后按下单向阀使指针回位。每个缸测量次数不少于2次。

注意：检测汽油发动机时需要拆卸火花塞，将气缸压力表安装在火花塞座孔上。而检测柴油发动机气缸压力时，应切断油路，拆掉全部喷油器（或各缸预热塞），用螺纹接头安装气缸压力表。如果该机要求在较高转速下测量，此种情况除受检气缸外，其余气缸均应工作。其他检测条件和检测方法同汽油发动机。

气缸压力测试包括静态气缸压力测试和动态气缸压力测试两种测试方法。

（1）静态气缸压力测试（图4-53）

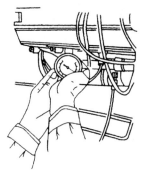 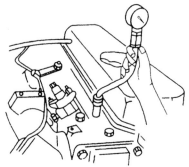

(a) 测量汽油发动机气缸压力　　(b) 测量柴油发动机气缸压力

图4-53　静态气缸压力测试

① 静态气缸压力测试方法。
a. 确保蓄电池电量充足。
b. 通过断开点火系统线路，使点火线圈不点火，拆下全部的火花塞。对于汽油发动机还应把点火系统次级高压线拔下并可靠搭铁，以防止电击或着火。
c. 通过断开燃油控制系统的熔丝、油泵继电器等，使燃油泵停止工作，停止燃油供给。
d. 将专用气缸压力表复至零位，把气缸压力表的锥形橡胶头插在被测量气缸的火花塞孔内压紧，完全开启节气门（踩下加速踏板），然后启动发动机带动曲轴转动3~5s（不少于4个压缩行程），待压力表表针指示并保持最大压力读数后停止转动。
e. 检测每一个气缸的压力，并记录读数。按下单向阀使压力表指针回零。
f. 如果某一气缸压力太低，通过火花塞孔向燃烧室倒入15mL的机油，再次检测压力，并记录读数。

g.检测完毕，按拆卸的反向顺序恢复。

② 静态气缸压力测试结果分析。

a.正常状态。对于每一个气缸，压力快速且平稳地增加到规定值；任何一个气缸的最小压力不应低于最大气缸压力的70%，任何气缸的压力读数不应低于690kPa（具体参见各车型的维修手册）。

b.若测得的结果超出原厂标准，说明是燃烧室内积炭过多，气缸垫过薄，或缸体和缸盖结合平面经多次维修，磨削过多造成的。

c.活塞环泄漏：第一冲程压力太低，然后压力在剩余冲程上升但达不到正常水平，当添加机油时压力大幅度提高。

d.气门泄漏：第一冲程压力太低，压力在剩余冲程不上升，当添加机油时压力也未明显提高。

e.气缸垫渗漏：相邻两缸的压力低于正常水平，并且添加机油时气缸压力也不增加。

（2）动态气缸压力测试

① 动态气缸压力测试方法。

a.拆卸某一个要检测气缸的火花塞，将该气缸的火花塞导线接地，以防止损坏点火模块，并断开该气缸的喷油器。

b.安装气缸压力表。

c.急速开启节气门（不使发动机转速提高），以获得"急加速的压力读数"，记录此时的压力读数。

② 动态气缸压力测试结果分析。

a.正常状态：急速时的气缸运行压力应当为50～70psi（等于启动时压缩力的一半），快速操作节气门的压缩力应当为启动时压力的80%。

b.异常状态：如果急加速的压力测量结果高于启动读数的80%，则应查看该气缸的尾气排放系统是否超标、凸轮轴是否磨损、挺杆是否脱落等。如果各项指标均高，则应查看三元催化器是否堵塞。

注意：汽油发动机与柴油发动机气缸压力的检测方法略有不同。

五、排气背压表

1.排气背压表的作用

排气背压表是用于测试发动机排气背压的一种工具。排气背压是指发动机排气管内部的阻力。排气背压对发动机的动力性、经济性和排放性能都有重要影响。通常，发动机的排气背压应保持在一定的合理范围之内（急速时，排气背压不高于8kPa；在发动机转速为2500r/min时，排气背压一般不大于13.8kPa）。

2.排气背压表的结构

排气背压表如图4-54所示。排气背压表通常由表头、连接管路、接头组成。表头多为指针式，仪表的刻度单位通常有kgf/cm^2、kPa、psi等。

3.排气背压表的使用方法

利用排气背压表对排气压力进行测试，是准确快速判断发动机排气堵塞故障的有效方式。

图 4-54 排气背压表

主要项目有以下几个方面。

(1) 排气背压表检测前的准备 在检测排气背压之前,应当首先确认点火正时正确、配气相位正确、气门间隙正确、进气系统无泄漏和堵塞现象。

(2) 排气背压表检测方法

① 拆下三元催化器前端的氧传感器,如图 4-55 所示。

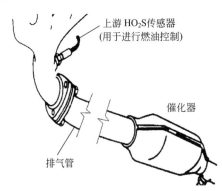

图 4-55 三元催化器前端的氧传感器

② 在氧传感器的安装座孔处接上排气背压表,连接时要注意拧紧的力矩不能过大(把螺钉拧坏),也不能过松(防止漏气)。对于装有二次空气喷射系统的车辆,也可以从二次空气喷射管路上脱开空气泵止回阀的接头,在二次空气喷射管路中接入排气背压表进行测量。

③ 启动发动机,并使发动机达到 85℃ 以上的正常工作温度。

④ 读取怠速时指示的背压值,如不超过 8kPa 时,可以将发动机转速提高到 2500r/min,检查压力应不超过 13.8kPa。如果超过了标准值,说明排气系统存在堵塞(多为三元催化器堵塞造成)。

注意:排气温度较高,测试时间应尽量缩短,避免与仪器连接的橡胶软管部件因长时间的高温而损坏。

⑤ 当排气背压表拆下后,应采用自然冷却降温的方式,不能强行降低温度,待接头温度和室外温度一致时,方可将仪器放入盒内。

4. 使用排气背压表的注意事项

① 使用前检查排气背压表是否良好。

② 选择合适的连接接口。

③ 连接后检查接口是否密封完好,无漏气现象。

④ 测量后,并待排气背压表自然冷却降温后放入盒内。

六、冷却系统压力测试仪

1. 冷却系统压力测试仪的作用

冷却系统压力测试仪又称作冷却系统泄漏测试仪、冷却系统压力表、散热器测漏仪、散热器压力表及打压表等。在汽车维修中,冷却系统压力测试仪主要用于发动机冷却系统的压力检查、冷却系统的泄漏检查和冷却系统散热器盖的性能检查。

冷却系统压力测试仪主要由带压力表的真空泵、固定夹和散热器盖适配器等组成,如图 4-56 所示。

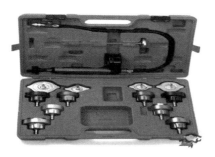

图 4-56 冷却系统压力测试仪

2. 冷却系统压力测试仪的使用方法

① 应当确保发动机处于冷车状态。
② 测试前,拆下散热器盖,检查冷却液液位,不满时应当将其注满。
③ 选择与测试车型一致的适配器,并安装到车辆上。
④ 连接打气泵到适配器上。
⑤ 一只手握住打气泵外壳,另一只手对冷却系统进行打气。同时观察压力表的指针,当压力达到 120~140kPa 时,停止打气,如图 4-57 所示。
⑥ 观察指示表的压力显示,根据压力变化情况判断冷却系统故障。如果指针维持稳定不变达到 5min,则表示冷却系统不存在泄漏现象;如果有压力值缓慢下降的情况,则表示发生少量泄漏或者渗漏;如果压力值快速下降,则表示发生严重泄漏。
⑦ 按下打气泵的泄压按钮,首先对打气泵进行泄压,然后脱开打气泵与适配器的快速接头,拆下适配器,安装散热器盖。
⑧ 冷却系统压力测试仪还可以检测散热器盖阀门的性能好坏,检测时需配合附件一起使用。

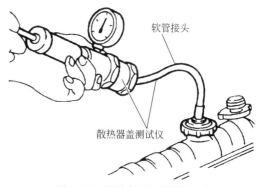

图 4-57 对冷却系统进行打气

3. 使用冷却系统压力测试仪的注意事项

① 选择与测试车型合适的适配器接头,否则会损坏部件或者适配器。
② 发动机处于热状态下严禁打开散热器盖,否则会发生烫伤的危险。
③ 测试时,应当确保各个接头部位密封良好,否则会影响测试结果。

④ 测试仪的打气压力不宜过大，否则会损坏冷却系统部件或者导致系统泄漏。

⑤ 测试结束后，应当将测试仪残留的冷却液清理干净，再将测试仪放入盒子内，保证测试仪的使用性能。

七、轮胎气压表

1. 轮胎气压表的作用与类型

轮胎气压表简称为胎压计，如图 4-58 所示，主要用于测量轮胎充气压力是否符合规范范围，还可对充气过量的轮胎进行放气操作。

图 4-58　轮胎气压表

轮胎气压表有很多种类，如图 4-59 所示，按照压力显示方式不同可分为指针式（机械式）和数显式两种。一般可有充气、测压、放气三种用途。

(a) 指针式　　　　　　　　　　(b) 数显式

图 4-59　轮胎气压表的类型

气压表上可能有多种单位，如 kgf/cm^2、bar、psi（英制单位）和 kPa，它们之间通常按如下换算：$1bar=1.02kgf/cm^2=10^2kPa=14.5psi$。

2. 轮胎气压表的使用方法

测量时应在轮胎处于冷态的状态下进行，即车辆停放 3h 以上或行驶距离不足 1.6km。

（1）检测气压的方法

① 拧下轮胎气门嘴的护帽。

② 使用时可以将轮胎气压表连接到车辆轮胎的气门嘴上上进行测量。若当气压表的气口没有正确地压在轮胎气门嘴上时，会听到漏气的声音，这样不能正确地测出轮胎气压。

③ 请将气门嘴护帽拧好。

④ 测完气压后，请务必按动气压表放气阀，放出表内气体，将表装入盒内保管好，表内的气体若长时间不放出，会给表带来负担，使气压表内部弹簧等发生变形，影响精度。

（2）气压调整（减压）方法

① 按检测顺序测定轮胎压力，确定轮胎内气压。

② 按压轮胎气压表放气阀，以降低轮胎气压，直至调整到要求的气压为止。

3. 使用轮胎气压表的注意事项

① 使用轮胎气压表前，应使汽车处于冷车状态，车辆应放于平台上。

② 当读数时，视线需与表面垂直且指针与表盘刻线重叠，防止产生读数误差，并且需要估读到小数一位。

③ 测量轮胎气压之前确认气压表的指针处于"零位"。

④ 当测量气压时，要保证轮胎气压表气嘴与轮胎气门嘴紧密接触，防止漏气。

⑤ 当给轮胎充气（放气）时，需边充（放）边观察轮胎气压表的读数，避免充气（放气）过多。

⑥ 长时间不使用轮胎气压表，应将其放置在干燥、空气流通、无腐蚀性气体和剧烈震动的地方。

第五章　发动机维修常用工具和仪器设备

第一节　活塞维修常用工具的使用

一、活塞环拆装钳

1. 活塞环拆装钳的作用与类型

活塞环拆装钳是一种用于将活塞环从活塞环槽中取出或将活塞环装入活塞环槽中的汽车修配专用工具，能很好地防止因手工拆装而导致活塞环的折断。常用的活塞环拆装工具（图 5-1）有活塞环拆装钳和活塞环压缩器。活塞环拆装钳如图 5-2 所示。

图 5-1　活塞环拆装工具

图 5-2　活塞环拆装钳

活塞环拆装钳有两种：一种是有钳口的；另一种是无钳口的。现阶段常用的是有钳口的活塞环拆装钳。根据活塞环拆装钳所能夹持的范围分为小号、中号、大号，分别对应的是 4in、6in、8in，此尺寸所对应的是活塞环拆装钳所能够拆卸或安装的活塞环的直径大小，因各个厂家生产的规格可能有所区别。

2. 活塞环拆装钳的使用方法（图 5-3 和图 5-4）

① 用手捏住活塞环，沿顺时针和逆时针两个方向转动活塞环，检查活塞环是否存在卡滞现象，确定活塞环能够在活塞环槽内自由转动。

② 确认活塞环的朝上标记。朝上标记通常有"O""T1""T2""R""TOP"等，此标记必须朝上安装。

③ 选择合适尺寸的活塞环拆装钳。

④ 用活塞环拆装钳卡住活塞环端口（开口处），使活塞环拆装钳钳面与活塞环贴紧，并

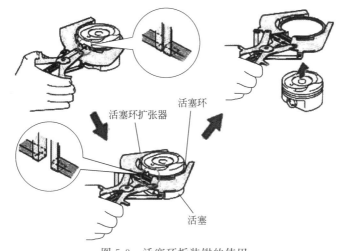

图 5-3 活塞环拆装钳的使用

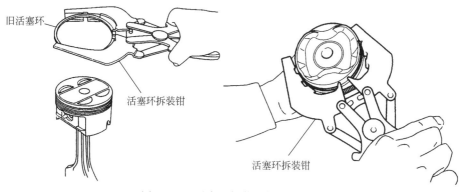

图 5-4 用活塞环拆装钳拆装活塞环

要轻握手柄。

⑤ 轻握手柄稍稍均匀地用力,并使手柄慢慢收缩,使活塞环张开。当其内径略大于活塞外径时,便可将活塞环从活塞环槽内取出或装入槽内。

注意:张开活塞环时,用力必须均匀,不可用力过猛,以防滑脱;同时,张开开口不宜过大,以防折断。

二、活塞环压缩器

1. 活塞环压缩器的作用与类型

活塞环压缩器是将活塞环压缩到活塞环槽内并将活塞顺利安装到气缸内的专用工具。

活塞环压缩器一般用带有刚性的铁皮制成,按照结构的不同,活塞环压缩器通常可分为棘轮缩紧式和钳夹式两种类型,如图 5-5 所示。不同型号的活塞环压缩器大小有所不同,选用时要根据活塞的直径选择合适的活塞环压缩器。

在有些 4S 店中,维修车型比较单一,在安装

(a) 棘轮缩紧式

(b) 钳夹式

图 5-5 活塞环压缩器的类型

活塞时经常使用压环器，其形状为锥形管状体，将装好活塞环的活塞及连杆放入压环器内，锥形结构将使活塞环自动压入活塞内，活塞连杆组就能很容易地进入气缸了。

2. 活塞环压缩器的使用

① 安装活塞环之前，应按原厂规定检查每个环的弹力、漏光度和各项间隙是否符合标准。安装时，要在活塞及活塞环四周涂好机油，按照要求进行装配，注意活塞环的正反方向等事项。

② 使用活塞环压缩器时，先将活塞环端口位置正确分布，再将活塞环压缩钳包在活塞外面，然后使用配套扳手收缩卡箍（或用配套钳子夹紧压缩器），将活塞环压入环槽内，再将活塞对正气缸口，便可将带压缩器的活塞下部放入气缸内，并要求压缩器的下平面要和气缸体的上平面结合好，如图5-6所示。

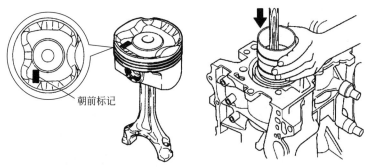

图 5-6　使用木棒和活塞环压缩器将带连杆的活塞压入气缸

③ 使用木棒等工具轻击活塞顶部，使活塞顺利进入气缸内，严禁使用金属棒锤击活塞顶部，防止对活塞造成损伤。

3. 使用活塞环压缩器的注意事项

① 有些活塞环压缩器不能全部包围活塞环，但无论使用哪种活塞环压缩器，都要防止活塞环环口随压缩器的旋转而改变位置。

② 使用活塞卡箍，将活塞环夹紧，再装配。

③ 将活塞装入缸套内，用橡胶锤轻轻地推入，不能用力，防止活塞环没有夹紧造成损坏。

④ 活塞环的安装位置相互错开120°。

第二节　气门维修常用工具的使用

一、气门弹簧钳

1. 气门弹簧钳的作用与类型

气门弹簧钳是专门用于拆卸或安装气门弹簧的专用工具，可以防止气门弹簧弹出伤人。气门弹簧钳的结构形式很多，常见类型如图5-7所示。

2. 气门弹簧钳的使用方法

如图5-8所示，使用气门弹簧钳拆卸气门弹簧时，将气门弹簧钳托架抵住气门头部，压头对正气门弹簧座，然后压下手柄，使得气门弹簧被压缩。这时可取下气门弹簧锁销或锁片，慢慢地松抬手柄，即可取出气门弹簧座、气门弹簧和气门等。

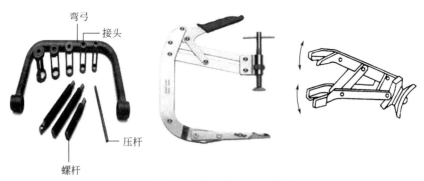

图 5-7 气门弹簧钳的常见类型

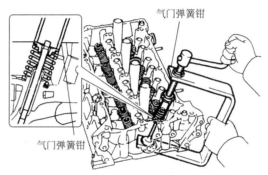

图 5-8 用气门弹簧钳拆卸气门弹簧

注意：各种类型气门弹簧钳的使用方法和注意事项都有所不同。

二、气门油封钳

1. 气门油封钳的作用

气门油封钳是专门用于拆卸气门油封的专用工具，如图 5-9 所示。气门油封钳的端部形状与气门油封外形吻合，啮合后其内径尺寸小于气门油封的外径尺寸；同时，在端部内侧还设有槽纹，能够增大夹持摩擦力，防止在拆卸过程中气门油封从钳中脱落。

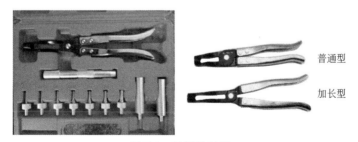

图 5-9 气门油封钳

根据生产厂家、发动机类型等的不同，气门油封的结构、规格也有所区别，有些气门油封钳的钳颈有普通型与加长型之分，如图 5-9 所示。有的汽车品牌有其专用的气门油封拆卸工具。

2. 气门油封钳的使用方法

在拆卸气门油封时，将气门油封钳的前端部伸入气门油封的外侧，用手握住钳子手柄使

第五章　发动机维修常用工具和仪器设备

钳子端部正好钳住气门油封,然后向外拉拔,必要时可以缓慢转动气门油封,使之从气门导管脱落,如图 5-10 所示。

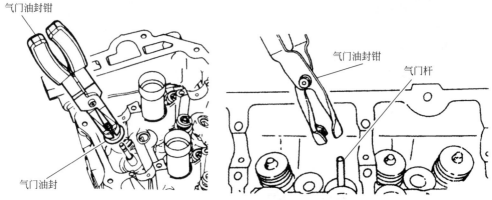

图 5-10 用气门油封钳拆装气门油封

安装气门油封时,需将塑料套装到气门杆上,以防损坏新的气门油封。在油封唇口轻涂一层机油。将油封装到工具上,然后慢慢推到气门导管上。

3. 使用气门油封钳的注意事项

① 选择合适钳颈长度的气门油封钳。

② 应注意控制好握力的大小,如果握力过大,气门油封就会变紧,卡在气门导管上;如果握力过小,钳子无法夹住气门油封,油封就会从钳中滑脱。

③ 气门油封更换工艺要求严格,需要拆下气门室和缸头,工作很复杂,安装时规皮带时一定要把凸轮轴放置在"0"刻线处,曲轴对准上止点。

三、气门铰刀

当发动机气门座密封锥面严重磨损、宽度显著增加或烧蚀严重时,就需要进行铰削和研磨,可用气门铰刀对气门座进行铰削来恢复气密性。如果导管磨损严重,铰削和研磨工艺应在导管修配后进行,从而使得发动机恢复到正常运行工况。

注意:有些车型的发动机,气门座是禁止进行铰削的,如宝马车系的气门机构,因其具有的特殊进气控制系统,这些车型发动机气门座的维修只能通过更换发动机气缸盖来解决相应的问题。

1. 气门铰刀的作用与类型

气门铰刀是套装组合工具,其中包括的组件有导杆(刀杆)、手柄、不同角度的铰刀头和研磨头(研磨具),如图 5-11 所示。

根据作用不同,铰刀可分为 15°、30°、45° 及 75° 等多种类型。根据铰削的倒角角度不同,可分为上倒角铰刀、下倒角铰刀和工作角铰刀。各个汽车维修工具生产厂家所制造的铰刀规格尺寸有所不同。

2. 气门铰刀的使用方法

① 根据气门的直径和气门导管内径选择铰刀导杆,再根据气门头部的直径选择合适尺寸规格的气门铰刀,并组装好导杆和铰刀,把导杆的下端置于气门导管内,

图 5-11 气门铰刀套装组合工具

使导杆与气门导管内孔表面相贴合。

② 如图 5-12 所示，铰削气门座时，导杆要竖直，两手转动时用力要均匀和平稳，不得倒退，直到将气门座烧蚀、斑点等缺陷铰去为止。

③ 铰削时，用 45°或 30°铰刀铰削气门座的工作面，用 75°铰刀铰削 15°上斜面，用 15°铰刀铰削 75°下斜面。15°铰刀和 75°铰刀主要用于修正工作面位置及接触面大小。接触面偏上时，用 75°铰刀铰上口，使接触面下移；接触面偏下时，用 15°铰刀铰下口，使接触面上移，如图 5-13 所示。

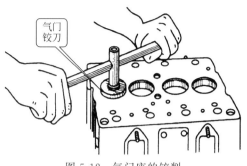

图 5-12 气门座的铰削

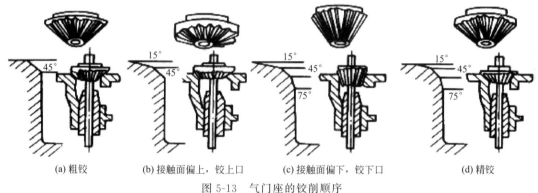

(a) 粗铰　　(b) 接触面偏上，铰上口　　(c) 接触面偏下，铰下口　　(d) 精铰

图 5-13 气门座的铰削顺序

但是，在发动机运行之后，气门座会存在砂磨硬化层，在铰削时，往往使铰刀打滑，当遇此情况时，可用铰刀状砂磨石砂磨气门座，或用粗砂布垫在铰刀下面先进行砂磨，然后再进行铰削。

④ 铰削结束后，检查气门与气门座的接触位置及其接触带宽度印痕，此印痕应位于气门头部锥面的中下部，接触面宽度：进气门为 1~2mm，排气门为 1.5~2.5mm。如果接触面位置和尺寸不符合要求，可使用 45°铰刀或 30°铰刀进行修铰。

3. 气门铰削时的注意事项

① 对气门座的铰削，应在保证气门下沉量满足要求的前提下进行。

② 保证气门杆与气门导管合理的配合间隙，更换气门座时一般都需要更换气门导管，并且用专用复合刀具同时铰削气门座锥面与气门导管孔。

③ 在确保能够消除凹陷、斑点以及能铰出完整密封锥面的前提下，对气门座铰削量越小越好。

④ 气门座铰削到气门装入气门座内后，密封锥面位于气门工作面的中下部且宽度在 1.2~2.5mm 为宜。

四、气门导管铰刀

气门导管铰刀是用于修整气门导管的工具，使用时将铰刀和气门导管上均涂抹切削油，在气门导管孔全长范围内顺时针旋转铰刀进行切削，使用后用清洗剂彻底清洗气门导管，将切屑清理干净，如图 5-14 所示。

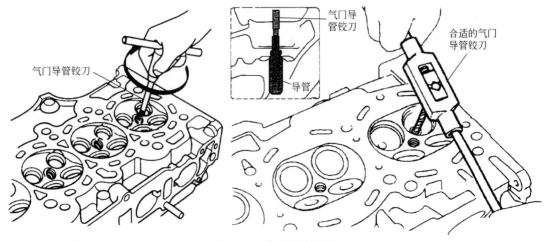

图 5-14 铰削气门导管

第三节 机油滤清器拆装常用工具的使用

汽车发动机机油滤清器扳手是更换机油时拆卸机油滤清器的专业工具。虽然各种机油滤清器扳手结构不同，但其作用相同，使用方法也基本相似。常见的发动机机油滤清器扳手有：帽式机油滤清器扳手、钳式机油滤清器扳手、铐式机油滤清器扳手、三爪式机油滤清器扳手、链式机油滤清器扳手和带式机油滤清器扳手六种类型。

一、帽式机油滤清器扳手

帽式机油滤清器扳手类似一个大型套筒，拆卸不同车型的机油滤清器需要不同尺寸的扳手，因此多为一套组合式工具，如图 5-15 所示。使用时，将帽式机油滤清器扳手套在机油滤清器顶部的多棱面上，确保扳手完全套入机油滤清器的棱面，否则在拆卸的过程中可能会因为扳手与机油滤清器的接触面积太小而导致机油滤清器出现棱面损坏。拆下机油滤清器如图 5-16 所示。

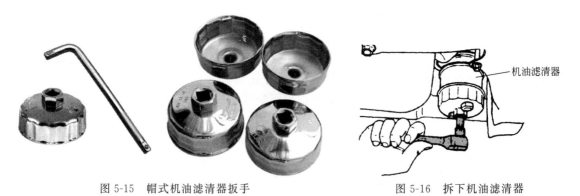

图 5-15 帽式机油滤清器扳手　　　　　　图 5-16 拆下机油滤清器

二、钳式机油滤清器扳手

钳式机油滤清器扳手是钳子的改型产品，如图 5-17 所示。使用方法类似鲤鱼钳，使用时调节钳口的尺寸，使之与滤清器尺寸相符，钳住滤清器的外壳进行拆卸。

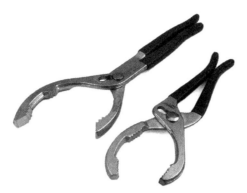

图 5-17　钳式机油滤清器扳手

三、铐式机油滤清器扳手

铐式机油滤清器扳手的结构为一个可调大小的环形，环形内侧设计为锯齿状，如图 5-18 所示。

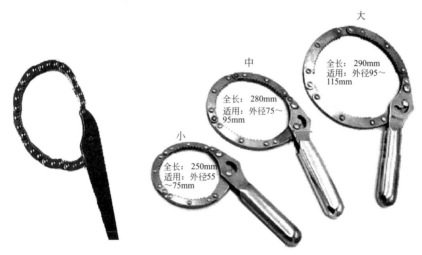

图 5-18　铐式机油滤清器扳手

使用时将铐式机油滤清器扳手套在机油滤清器顶部的棱面上，利用铆扣调节尺寸使得大小与机油滤清器相近，朝着环铐收缩方向转动手柄，进行拆卸或安装作业。

四、三爪式机油滤清器扳手

如图 5-19 所示，三爪式机油滤清器扳手分为两种：一种是扁三爪式机油滤清器扳手，它适用于小型汽车的机油滤清器拆卸或安装；另一种是圆三爪机油滤清器扳手，它适用于大型汽车的机油滤清器拆卸或安装。

三爪式机油滤清器扳手需配套套筒手柄或扳手使用，如棘轮扳手、滑动 T 形杆、弯头扳手、梅花扳手等，根据需要进行拆卸或安装作业。其内部设计有行星排传递机构，可根据机油滤清器大小自动调节三爪的大小。

第五章　发动机维修常用工具和仪器设备

(a) 扁三爪式机油滤清器扳手　　(b) 圆三爪机油滤清器扳手

图 5-19　三爪式机油滤清器扳手

当使用三爪式机油滤清器扳手时，将扳手的脚部套入机油滤清器，直至扳手底部与滤清器接触为止。拆卸或安装时用手扶住扳手，确保扳手完全与机油滤清器接合，如果夹紧力不够，扳手与机油滤清器之间容易打滑。

五、链式机油滤清器扳手

链式机油滤清器扳手如图 5-20 所示。在没有专用机油滤清器扳手的情况下，可使用这种扳手替代专用扳手，达到拆卸机油滤清器的目的。

图 5-20　链式机油滤清器扳手

当使用链式机油滤清器扳手时，将扳手套入机油滤清器上，调节链条长度并固定，向链条收缩方向转动手柄，此时链条夹紧机油滤清器，便可对机油滤清器进行拆卸或安装。

六、带式机油滤清器扳手

带式机油滤清器扳手图 5-21 所示，其结构与链式机油滤清器扳手类似，只是用于锁紧机油滤清器壳体的不是链条，而是皮带或布带，其使用方法与链式机油滤清器扳手相同。

带式机油滤清器扳手有两种类型：一种是套筒式，其类似于不可调整的链式机油滤清器扳手，其传动带部分主要是尼龙材料；另外一种是手柄带式，类似链式机油滤清器扳手，其传动带的主要材质是帆布、夹层橡胶、钢带加橡胶。

帽式机油滤清器扳手和带式机油滤清器扳手既可以用于拆卸机油滤清器，也可以用于拧紧机油滤清器。

通常机油滤清器的拧紧力矩为 15N·m。但钳式机油滤清器扳手、铐式机油滤清器扳手、三爪式机油滤清器扳手和链式机油滤清器扳手只能用于拆卸机油滤清器，而不能用于拧紧机油滤清器。

图 5-21　带式机油滤清器扳手

注意：在安装机油滤清器时，必须检查并清洁机油滤清器安装面；另外还应在密封圈的表面涂上一层机油，以保证密封可靠，并可防止损伤密封圈。

第四节　其他发动机维修常用工具的使用

一、氧传感器扳手

1. 氧传感器扳手的作用

氧传感器扳手是用于拆装氧传感器的一种特殊的套筒扳手。氧传感器扳手有多种规格，不同生产厂家或者汽车制造商所生产的规格有所区别。

氧传感器扳手一般都会在侧面进行开槽或者开孔，使得传感器的连接插头能够从槽口穿过，方便氧传感器的拆卸或安装。氧传感器扳手与氧传感器的棱面接合部分分为六角形和双六角形两种，尺寸规格基本上都是22mm，常用的是六角形的专用工具，如图 5-22 所示。

2. 氧传感器扳手的使用方法

① 松开并断开氧传感器插接器的连接。
② 将已脱开的插接器线束穿过氧传感器扳手的槽口，如图 5-23 所示。

图 5-22　氧传感器扳手

图 5-23　插接器线束穿过氧传感器扳手的槽口

③ 将氧传感器扳手完全套入氧传感器的六角棱面上。
④ 根据拆卸或安装的空间选择合适的扭转类工具，如棘轮扳手、滑动 T 形杆等扳手对氧传感器进行拆卸或安装作业。
⑤ 拧松时注意氧传感器上的线束，安装套好了再拧。同时拧的时候不要一次性转动到底，这样线束很容易变形甚至断裂。拧松后，要来回多次调整转动角度，以保护线束。

3. 使用氧传感器扳手的注意事项

① 选择合适尺寸、规格的氧传感器扳手。
② 选择合适的扭力类扳手对氧传感器进行拆卸或安装。
③ 要注意扳手对氧传感器线束的拉扯，避免氧传感器的损坏。
④ 氧传感器扳手必须安装到氧传感器根部才能用力拧松，否则容易造成滑牙，滑牙是非常麻烦的。

二、火花塞套筒扳手

1. 火花塞套筒扳手的作用

火花塞套筒扳手如图 5-24 所示，是一种用于手工拆卸或安装发动机火花塞的专用工具。

目前火花塞套筒有 14mm、16mm 和 21mm 三个规格,对于汽车基本上用的是规格为 16mm 的火花塞套筒,面包车用的是规格为 21mm 的火花塞套筒,只有日系车最特殊,用的是规格为 14mm 的火花塞套筒。

图 5-24　火花塞套筒扳手

2. 火花塞套筒扳手的使用方法

① 使用前应根据火花塞的装配位置和火花塞六角的尺寸,选用适合高度和径向尺寸的火花塞套筒扳手。

② 拆卸火花塞时,需先将火花塞套筒扳手缓慢伸入火花塞孔中套住火花塞,确保扳手已经完全套入火花塞的螺栓部分后再扳转,以免滑脱。

③ 一只手握住火花塞套筒扳手与接杆的连接位置,另一只手逆时针转动火花塞套筒扳手,初步松开火花塞。

④ 取下火花塞套筒扳手,用手完全松开火花塞,取下火花塞。拧下火花塞后要防止火花塞跌落至地面。

⑤ 安装火花塞时,如图 5-25 所示,把火花塞轻轻放进发动机的火花塞孔内,用手将火花塞旋入火花塞安装孔,注意火花塞不要歪斜,以免拧坏螺纹。按规定的扭矩用火花塞套筒扳手将火花塞拧紧。注意扭矩不要太大,不要拧碎火花塞头部。

(a) 用手将火花塞拧入气缸盖,防止乱扣　　(b) 用火花塞套筒扳手快速将火花塞拧入气缸盖:不能过度用力,密封面与气缸盖贴合即可　　(c) 按规定的扭矩用火花塞套筒扳手拧紧

图 5-25　安装火花塞

3. 使用火花塞套筒扳手的注意事项

① 做好准备工作。让发动机冷却,拆卸和安装火花塞前应先清洁安装部位,以免异物落入气缸。

② 选择合适型号、尺寸规格的火花塞套筒扳手。

③ 拆卸或安装时确认火花塞套筒扳手已完全套入火花塞的螺栓部分。

④ 火花塞套筒扳手是拆卸或安装火花塞的专用工具,禁止用于拆卸或安装同尺寸的其

他螺栓和螺母。

⑤ 注意火花塞打开期间不能让外物进入燃烧室。

⑥ 扳转火花塞套筒时，不准随意加长手柄，以免损坏套筒。

三、火花塞间隙规

1. 火花塞间隙规的作用

火花塞间隙规用于测量和调节火花塞间隙。火花塞间隙测量范围为 0.8～1.1mm，有不同厚度的间隙规可用于测量火花塞间隙。测量时把接地电极放在量规槽里进行弯曲，以便调整间隙。

2. 火花塞间隙规的使用方法（图 5-26）。

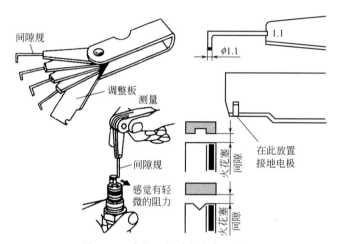

图 5-26　火花塞间隙规的使用方法

① 清洁火花塞。
② 测量间隙最小处的值。
③ 使用滑动时有轻微阻力但没有松动的间隙规，并读出其厚度。

如图 5-27 所示，调整火花塞电极间隙时，将调整板的缺口部分放在火花塞的接地电极上，然后弯曲电极以调整。注意不要碰触到绝缘体和中心电极。

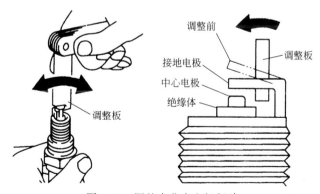

图 5-27　调整火花塞电极间隙

注意：铂金、铱金火花塞在定期检查期间无须进行间隙调整。如果发动机运转正常，除铂金、铱金以外的一般火花塞不必进行检查。

四、车用听诊器

车用听诊器能在发动机运转时探测到轴承、齿轮、活塞、气缸、变速器和车身等运转部位的缺陷及故障所产生的冲击振动。即使在非常恶劣的噪声环境中,也能使维修工人清晰地分辨出发动机杂音的部位和严重程度。

1. 车用听诊器的作用与类型

车用听诊器可分为机械听诊器和电子听诊器两种,如图 5-28 所示。

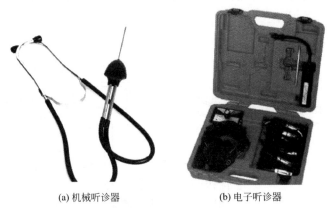

(a) 机械听诊器　　　　(b) 电子听诊器

图 5-28　车用听诊器

使用车用听诊器可以快速准确地判断出发动机发生异响的部位和部件,以便准确进行诊断维修。车用听诊器的主要听诊部位,如图 5-29 所示。

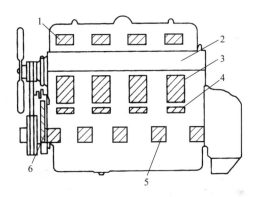

图 5-29　车用听诊器的主要听诊部位

1—气门区,可听诊气门、气门弹簧、气门座圈脱离导致的异响;2—气缸盖区,可听诊活塞顶撞气缸盖、气缸上部凸肩(因磨损导致)的异响;3—气缸区,可听诊敲缸等异响;4—气门挺杆区,可听诊气门挺杆、凸轮轴等部件异响;5—曲轴区,可听诊曲轴主轴承、连杆轴承等异响;6—正时齿轮区,可听诊正时系统发出的异响

2. 车用听诊器的使用方法

① 根据噪声位置的深浅,选择是否连接探针。

② 在把耳管戴上之前,请将车用听诊器的耳管向外拉;金属耳管应向前倾斜,将耳管戴入外耳道,使耳管与耳道紧密闭合。

③ 用手轻轻抚摸探针,从耳管里可以听到抚摸的"呼呼"声,以检查佩戴和安装是否正确。

④ 将探针接触到运转中的机械的某一部位，即可从耳管中清晰地听到机械转动中的各种振动。

⑤ 正确判断方法。当耳管里传出清脆尖细的声音时，说明振动频率较高，一般是相对较小的构件有较小的裂纹，强度相对较高的金属部件产生了局部缺陷。

当耳管里传出较低沉、浑浊的噪声时，说明振动频率较低，一般是相对较大、较长的构件有较大的裂纹或缺陷，强度相对较低的材料有局部缺陷。当耳管里传出的噪声比平时大时，说明机器故障正在扩展，声音越大，故障越严重。

如果耳管里传出的噪声不再是规律的间歇出现，而是随机的杂乱出现，这说明某个部件已松动，随时会出现意外事故。

3. 使用车用听诊器的注意事项

① 诊断发动机异响时，应先分清是主机异响还是附件异响。若发动机全部附件卸掉后，异响会消失，可认为异响与卸掉的附件有关；若异响仍存在，可认为是主机异响。

② 将车用听诊器的探头接触缸体，倾听响声的变化。确定异响听诊部位和振动区域。常见异响在发动机上引起振动的区域为气缸盖部位、气缸体中上侧部位、气缸体下侧部位、油底壳与曲轴箱分界面部位、正时齿轮室部位和加机油口部位（或曲轴箱通风管口部位）。

③ 倾听异响的声调特征，改变转速、负荷、温度，逐缸断火倾听异响变化的特点。

④ 观察发动机异响是否伴随其他故障现象，如机油压力降低、排气管排烟颜色异常、功率下降、运转无力、燃油消耗过大、个别缸不工作或工作不良、振抖、运转不稳定、回火、放炮、机油变质、排气管有"突突"声、加机油口脉动冒烟等。

五、汽车内窥镜

1. 汽车内窥镜的作用与结构

汽车内窥镜如图 5-30 所示，是一种用于检查和诊断汽车发动机、气缸、燃油管、差速器、水箱、油箱、齿轮箱的磨损、积炭、堵塞等情况的工具。

汽车内窥镜在汽车维修中主要可以检查以下几个方面。

① 装配检查。当有要求和需要时，使用汽车内窥镜对装配质量进行检查；装配或某一工序完成后，检查各零部件装配位置是否符合样图或技术要求；是否存在装配缺陷。

② 内腔检查。检查表面裂纹、起皮、拉线、划痕、凹坑、凸起、斑点、腐蚀等缺陷。

③ 焊缝表面缺陷检查。检查焊缝表面裂纹、未焊透及焊漏等焊接问题。

图 5-30 汽车内窥镜

④ 多余物检查。检查产品内腔残余内屑、外来物等多余物。

⑤ 状态检查。当某些部件（如涡轮泵、发动机等）工作时，按技术要求规定的项目进行内窥镜检测。

汽车内窥镜配有数字式彩色 CCD 成像器件、可弯曲的插入管、LED 照明灯、显示屏等，操作简单、灵活、小巧、便于携带；柔软、细小、可弯曲的插入管可以到达需要检查的任何隐蔽部位；使用这种汽车内窥镜能直观准确地发现内部部件的损伤，有利于将安全隐患排除在萌芽阶段；可避免对机件多次拆卸或安装而造成的损害，从而能提高工作效率，降低修理费用。

2. 汽车内窥镜的使用方法

气缸内窥镜的结构如图 5-31 所示。

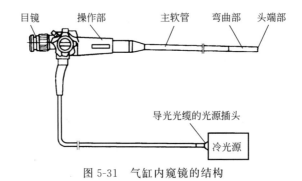

图 5-31　气缸内窥镜的结构

使用气缸内窥镜，可以通过火花塞孔或喷油器孔直接观察气缸内部的各种故障，如积炭、异物等，同时还可用于水箱、油箱、变速器的检测和诊断。

下面以国产气缸内窥镜为例来介绍其使用方法。

（1）握持内窥镜　用左手握持内窥镜操作部，拇指操作上下转角调节钮，右手握持插入软管。

（2）插入与观察

① 调节视度环，直至视场网纹图案清楚地聚焦。

② 将内窥镜轻轻插入被检总成或机构的孔中，如发动机燃烧室的火花塞孔或喷油器孔，发动机曲轴箱的加机油孔或机油尺孔，变速器、分动器、驱动桥和转向器等总成的加油孔，都可以成为内窥镜的插入孔。

③ 调节光源的亮度，以获得最合适的照度。

④ 用左手操作上下转角调节钮和锁紧钮，用右手操作左右转角调节钮和锁紧钮。调定后，用锁紧钮锁定内窥镜弯曲部转角。

⑤ 观察总成或结构内部的技术状况。例如：检查燃烧室内部的技术状况时，可观察活塞顶是否有积炭、烧蚀、开裂等情况，气缸壁是否有拉缸、开裂和严重磨损等情况，进排气门是否有积炭、结胶、烧损和工作面有麻点等情况，燃烧室壁是否有积炭和开裂等情况。必要时可进行照相、摄像或转接电视显示器显示。

（3）退出内窥镜

① 确认锁紧钮处于放松位置。

② 确认内窥镜大致处于平直状态（转角调节钮置于中间位置）。

③ 慢慢地从总成或机构的孔中退出。

六、发动机尾气分析仪

1. 发动机尾气分析仪的作用与类型

（1）发动机尾气分析仪的作用　发动机尾气分析仪是检测汽车尾气排放的专用检测仪器，可以通过对汽车所排放的尾气中的 5 种成分［即 O_2（氧气）、CO（一氧化碳）、CO_2（二氧化碳）、HC（烃类化合物）和 NO_x（氮氧化合物）］的测试进而分析发动机内部燃烧状况，最终达到判断发动机故障的目的。它除了具有对机动车的排放情况进行检测，监测其污染物的排放水平，判断排放污染物是否合格或超标的作用外，还具有以下功能。

① 通过对装有三元催化器电喷汽车的检测诊断，可以监测其电控系统、燃烧系统、催化转化系统工作是否正常，达到发现问题并解决相应问题的目的。

② 检测汽车排放系统是否存在泄漏、破损。

③ 可以检查包括燃烧情况、点火能量、进气效果、供油情况、机械情况等诸多发动机故障。

④ 其他涉及的诊断用途，如采用 OBD 接口技术，进行系统故障码的诊断，判断其空燃比、氧传感器等是否正常等。

(2) 发动机尾气分析仪的类型　发动机尾气分析仪如图 5-32 所示，有两气、四气和五气等多种类型。两气尾气分析仪只能检测汽车尾气排放中 CO 和 HC 的体积分数；四气尾气分析仪能够检测汽车尾气排放中的 CO、HC、CO_2 和 O_2 四种成分；目前普遍使用的是五气尾气分析仪，它除了具备四气尾气分析仪的所有功能外，还能够监测汽车尾气排放中 NO_x 的浓度。

图 5-32　发动机尾气分析仪

2. 发动机尾气分析仪的使用方法

(1) 发动机尾气分析仪的操作

① 将仪器电源打开对机器进预热，并把附件、抽气探头、三根透明排放软管等，按要求与仪器连接好。

② 测量时，仪器放在专用小车上安放牢固。

③ 测量时，发动机冷却液温度达到 90℃ 左右。

④ 按下开始按钮，开始测量，仪器显示 HC 残余值。

⑤ 将抽气探头插入汽车排气管尾部。

⑥ 启动发动机，按要求的项目进行测试。

(2) 发动机尾气测试方法　主要包括怠速法、双怠速法、工况法三种方法。

① 怠速法。怠速法是指车辆发动机处于怠速状态下对汽车尾气进行测试的方法。怠速是指发动机在无负荷状态下所能维持的最低的稳定转速（即离合器处于结合状态，变速器处于空挡位置）。

② 双怠速法。双怠速法是指在怠速和高怠速两种状态下分别对汽车尾气进行测试的方法。高怠速是指将发动机转速稳定控制在 50% 额定转速。一般轻型汽车的高怠速转速规定为 (2500±1000)r/min，重型汽车的高怠速转速规定为 (1800±100)r/min。

③ 工况法。工况法是指模拟汽车在路面行驶时的状况，利用测功机根据要求加载对汽车尾气进行测试的方法。工况法包括稳态工况法和瞬态工况法两种检测方法。

a. 稳态工况法。稳态工况法是 ASM5025 和 ASM2540 两种工况法的结合（ASM5025 表示车速 25km/h、负荷的 50% 对该工况进行加载，故称 ASM5025 工况；ASM2540 表示车速 40km/h、负荷的 25% 对该工况进行加载，故称 ASM2540 工况）。稳态工况法主要检查汽油车在实际行驶时 CO、HC、NO_x 和 CO_2 的排放状况，如果每种污染物的排放浓度都在标准规定的限值内，则可认为该车辆的简易工况法排放检测结果合格。

b. 瞬态工况法。瞬态工况法中常用的是简易瞬态工况法。瞬态工况法在分析仪下不仅要测试稳态工况法所测试的几种气体，还需要使用气体流量计与其一起完成测试，如都满足相应标准限值的要求，则检测结果合格。

七、传动带张力测试器

1. 传动带张力测试器的作用

如图 5-33 所示,传动带张力测试器又称为传动带张力计,是用于检查汽车发动机风扇传动带、液压动力转向泵传动带、空调压缩机传动带张力的测试工具。

图 5-33　传动带张力测试器

目前市场上传动带张力测试器多种多样,但总体来说,从测量方式上包含接触式和非接触式;从数据获取上包含机械式、电子式和数显式;从传动带状态上包含动态和静态测量;从准确性上包含高精度和低精度等。

2. 传动带张力测试器的使用

测试发动机传动带张力的方法如下。

① 完全按下球形手柄,如图 5-34 所示,让传动带张力测试器的挂钩咬合到需测试的传动带上。

② 传动带张力测试器必须与传动带呈垂直状态,挂钩压到传动带边上,然后释放球形手柄,如图 5-35 所示。

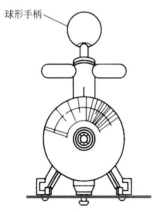

图 5-34　完全按下球形手柄

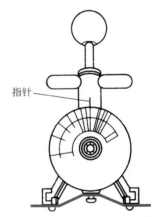

图 5-35　释放球形手柄

③ 读取传动带张力测试器刻度盘上的张力数值,确认传动带张力是否正常。

注意:指针刻度盘说明,新传动带为绿色;旧传动带为白色;正常使用为黑色;过松为红色，不正常；过紧为红色，不正常。

3. 使用传动带张力测试器的注意事项

传动带张力测试器属于计测器，不用时应装在专用袋子中妥善保管。

① 不要摔打和撞击仪器，不要扭曲挂钩。如果发生扭曲变形不能正常滑动，则无法正确测试。

② 张力明显低弱的传动带请不要测试，因为有可能导致指针的扭曲和内部齿轮的损坏。

③ 树脂材质的外壳不要粘上矿物系和石油系的油，如果粘上，应马上擦干净，避免测试结果不正常。

④ 禁止随意拆分调整仪器。

⑤ 定期使用检测规（选件）进行精度检测。

八、手动真空泵

1. 手动真空泵的作用

手动真空泵如图 5-36 所示，可以用于检查发动机各种真空系统或尾气控制系统的负压泄漏，以及真空阀动作检查等。

手动真空泵由气泵、过滤器、单向阀等组成，如图 5-37 所示。使用时捏握手柄拉动活塞，被测工件内的空气经过单向阀 B 被吸入气缸内，松开手柄时单向阀 B 关闭，被压缩的空气经过打开的单向阀 C 排出。这样重复操作，即可使工件内形成负压。前后扳动放气扳手即可使真空表指针回零。

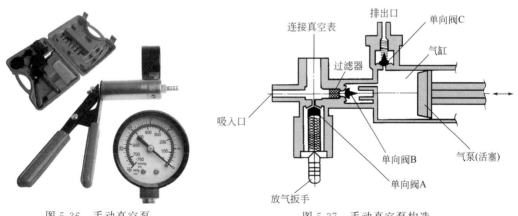

图 5-36　手动真空泵　　　　图 5-37　手动真空泵构造

2. 手动真空泵的使用方法

手动真空泵在汽车维修中用途很多，可以用作真空表，用于测量进气歧管入口的负压；也可以用于产生压力，用于检测燃油蒸发排放活性炭罐净化阀是否正常。

① 如图 5-38 所示，将真空软管从燃油蒸发排放活性炭罐净化阀上断开，然后将手动真空泵连接到真空软管上。

② 启动发动机，使发动机怠速运行。

③ 当发动机冷却液温度低于 60℃ 时进行测量。

④ 检查手动真空泵的真空表是否有真空。

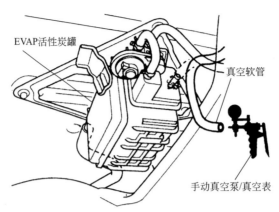

图 5-38　使用手动真空泵检测燃油蒸发排放（EVAP）活性炭罐系统

⑤ 如果有真空，可检查真空软管，如果真空软管正常，则说明燃油蒸发排放活性炭罐净化阀损坏，应予以更换。

九、散热器盖测试器

1. 散热器盖测试器的作用与结构

散热器盖测试器是一种可以对散热器盖执行加压测试，检查散热器盖压力是否正常的测试工具，也可以直接装在散热器上检查发动机冷却系统是否发生泄漏。

散热器盖测试器由手动泵和压力表等组成，如图 5-39 所示。

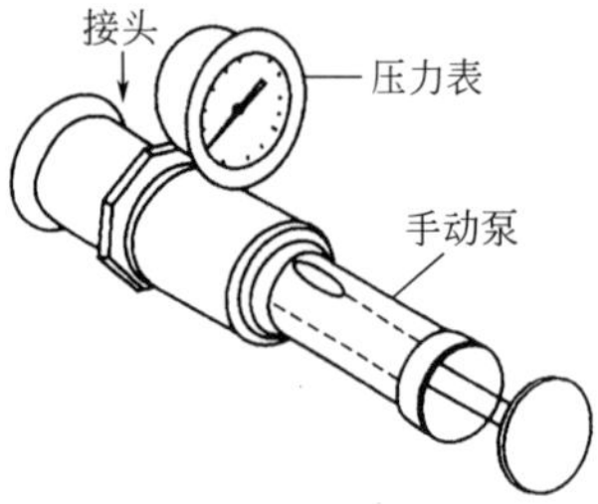

图 5-39　散热器盖测试器的结构

2. 散热器盖测试器的使用方法

检查冷却系统各管接口是否有冷却液外漏的迹象。由于防冻液往往加有染料着色，外部渗漏部位较为明显，应着重检查各管接口、节温器处、储液罐、水泵结合处、散热器及散热器盖等部位是否有渗漏防冻液的迹象。

检查冷却系统是否有冷却液泄漏，除了通过用眼观察外，还可以用压力法进行更有效的测试。测试方法如下。

（1）检测发动机冷却系统是否发生泄漏的方法 [图 5-40(a)]。

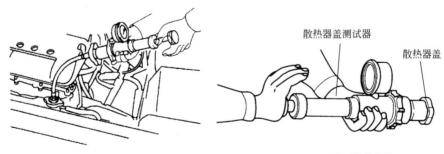

(a) 检测发动机冷却系统　　　　(b) 检测散热器盖

图 5-40　用散热器盖测试器检测散热器盖

① 将冷却液加注到散热器中，并连接散热器盖检测仪。
② 使发动机暖机。

③ 对冷却系统进行打气,将其泵压至 137kPa,检查并确认压力是否下降。
④ 如果压力下降,则检查水管、散热器和水泵是否泄漏。
(2) 检测散热器盖是否发生泄漏的方法 [图 5-40(b)]。
① 从发动机散热器水箱上把散热器盖拆下。
② 把发动机冷却液涂抹到散热器盖密封处。
③ 把散热器盖安装到测试器上。
④ 用手动泵施加 93~123kPa 的压力。
⑤ 仔细观察散热器盖测试器上的压力表,查看有无压力下降的情况。
⑥ 如果有压力下降的情况,说明散热器盖密封不良,应予以更换。

注意:如果外部无液体泄漏的现象,则检查加热器芯、气缸体和气缸盖。一般内部渗漏时会伴随有发动机加速无力、排气管冒白烟、散热器有气泡、机油液面升高、机油呈乳白色等现象。

第六章 底盘与车身系统维修常用工具及设备

第一节 底盘系统维修常用工具与仪器设备的使用

一、球头分离器

1. 球头分离器的作用

球头分离器是使球头分离的一种专用工具。球头会因为磨损、生锈等导致车辆出现异响等故障,在进行拆卸时必须用到专用的拆卸工具——球头分离器。在空间受到限制时,利用球头分离器可直接轻易地拆除横拉杆球头。

球头分离器有多种类型,根据球头的位置不同,球头分离器的结构也不同,主要有双叉式球头分离器和鸭嘴式球头分离器,如图 6-1 所示。

(a) 双叉式球头分离器　　(b) 鸭嘴式球头分离器

图 6-1　球头分离器类型

2. 球头分离器的使用方法

(1) 双叉式球头分离器的使用　将双叉式球头分离器插入转向节与下摆臂之间,利用圆头锤敲击分离器,使得球头与摆臂分离。

(2) 鸭嘴式球头分离器的使用　如图 6-2 所示,当使用鸭嘴式球头分离器时,将其开口插入转向节与下悬臂之间,使用扳手旋动球头分离器后端的螺栓顶动压臂,使压臂将球头压下。

3. 使用球头分离器的注意事项

① 确认分离器完好,无损坏、变形。
② 球头分离器安装时必须到位。

③ 在拆卸过程中,如有必要可用手扶着球头分离器。

④ 当使用双叉式球头分离器时必须小心进行敲击,防止手部受伤,敲击时防止损坏其他部件。

⑤ 鸭嘴式球头分离器在插入球头与摆臂之间时必须要小心,防止损坏球头的防尘套。

⑥ 在维修中,球头与摆臂等部件会瞬间分离,要防止手部受伤。

⑦ 使用完毕后应将球头分离器进行清洁、润滑,然后归位放置。

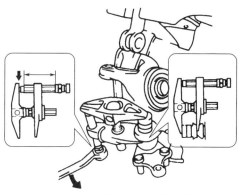

图 6-2 鸭嘴式球头分离器的使用

二、减振器弹簧压缩器

1. 减振器弹簧压缩器的作用

对车辆悬架系统的减振器进行拆卸分解检测时,要使用减振器弹簧压缩器将减振器弹簧压缩,然后再用六角扳手松开减振器轴上的自锁螺母,才能将减振器拆下。

常用的减振器弹簧压缩器主要有:简易式减振器弹簧压缩器、立式减振器弹簧压缩器和免拆式减振器弹簧压缩器三种,如图 6-3 所示。

(a) 简易式减振器弹簧压缩器

(b) 立式减振器弹簧压缩器

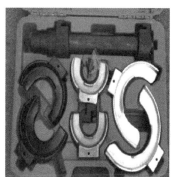
(c) 免拆式减振器弹簧压缩器

图 6-3 减振器弹簧压缩器的类型

2. 减振器弹簧压缩器的使用

(1) 简易式减振器弹簧压缩器的使用 在使用简易式减振器弹簧压缩器时,先将减振器弹簧压缩器对置于螺旋弹簧的两端,使爪形钩固定于弹簧上,保证两螺纹杆间隔180°对置。爪形钩固定好后,使用扳手转动螺纹杆,使两爪形钩之间的距离变短,这样就可以将螺旋弹簧进行压缩。

在压缩螺旋弹簧时,一定要保证两根螺旋杆的压缩程度相同,防止滑脱造成意外事故。当压缩减振器弹簧时,一定要保证爪形钩牢牢地固定住弹簧,如果弹簧在操作中弹开,将会造成严重后果,甚至危及人身安全。

(2) 立式减振器弹簧压缩器的使用 在使用立式减振器弹簧压缩器时,先将减振器的弹簧托盘下端放稳在压缩器的下端支架上,将紧固螺栓带上几扣,防止减振器掉落,但同时应

第六章 底盘与车身系统维修常用工具及设备 **143**

保证减振器可以沿竖直轴线自由转动。调整齿条轴高度和减振器角度,使齿条轴顶端的两个减振器弹簧固定支架能够合适地抓紧弹簧。再将减振器弹簧压缩器下端支架的紧固螺栓锁紧,转动手柄压缩弹簧。

3. 使用减振器弹簧压缩器的注意事项

① 安装时确认减振器弹簧压缩器完全安装到位。
② 在进行减振器弹簧拆装的过程中,无论是压缩弹簧还是释放弹簧都要缓慢进行。
③ 双手要始终施力在手柄上,直到拆装完成,切不可中途松开手柄,以免发生弹簧飞脱的事故。

三、拉拔器

1. 拉拔器的作用与类型

拉拔器也称为拉卸器,俗称拉马或扒马,在汽车维修中是用于拆卸静配合副和轴承部位的专用工具。拉拔器的类型如图 6-4 所示,常见的拉拔器有两爪和三爪两种类型。这种类型的拉拔器属于手动拉拔器,也作为外轴承拉拔器,有些拉拔器是以套装组合使用的。

(a) 三爪拉拔器

(b) 两爪拉拔器

(c) 组合套装拉拔器

图 6-4 拉拔器的类型

注意:现阶段汽车维修使用的三爪拉拔器可进行两爪和三爪变换,称为两用拉拔器。

拉拔器一般由拉脚(爪片)、螺栓、螺母、丝杠(螺杆)座、金属夹片和丝杠(螺杆)等组成,螺杆前端加工成锥形,后端有供扳手拧动的六角头螺栓,如图 6-5 所示。

两爪拉拔器有多种规格,如 3in、4in、6in、8in 和 10in 等;三爪拉拔器同样也有多种规格,如 3in、4in、6in、8in、10in 和 12in 等。

2. 拉拔器的使用方法

如图 6-6 所示,安装拉拔器时,将中间螺栓的前端锥形部位顶在固定部件的导向凹槽或孔中,一定要定位好,不得歪斜。

将拉拔器的爪脚固定在需要拆卸部件的边缘,旋拧中心螺杆使拉拔器的爪脚抓紧需要拆卸部件的边缘,使中心螺杆与部件轴线保持一致,各爪脚受力均匀。然后利用扳手拧动中心螺杆,使需要拆卸的部件在爪脚的拉拔下被拆卸下来,如图 6-7 所示。

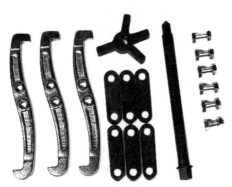
图 6-5 拉拔器的组成

注意:拆卸前要给拉拔器中间螺栓的螺纹加润滑脂。在拆卸时,如果拉拔器的螺栓变

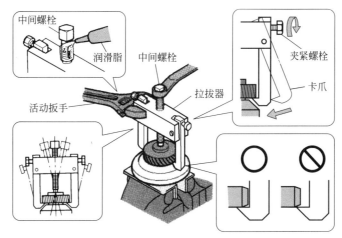

图 6-6　安装拉拔器

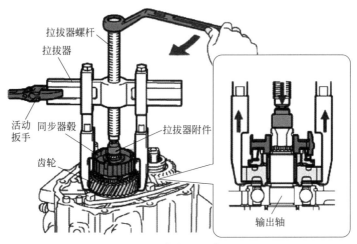

图 6-7　拉拔器的使用

硬,应停止操作,检查原因。如果继续操作,会损伤拉拔器或部件。

利用拉拔器拆卸部件,不会破坏工件配合性质和工作表面,如拆卸曲轴带轮、齿轮等工件应选用三爪拉拔器,若拆卸轴承等工件最好使用两爪拉拔器。

3. 使用拉拔器的注意事项

① 使用前要测量被拆物外径、厚度和所需要拉拔的长度,以选择合适的拉拔器。

② 尽量使用短拉拔器,在空间允许时尽量选择使用三爪拉拔器,以获得更可靠的夹持力以及更均匀的拉力。

③ 使用前确认拉拔器的状况,如拉拔器是否有裂纹、锐缘、断裂、碎片或变形。

④ 在拉拔过程中时刻观察拉拔状况。禁止快速旋转螺杆,防止拉拔器滑动,以防止钩子滑脱,造成拉拔器或部件损坏。

⑤ 逐渐地施加拉力,不要在拉拔器加压杆上延长加力杆来加速拉拔。

⑥ 从轴上拆卸轴承时,将拉具的拉钩钩住轴承的内圈,而不应钩在外圈上,以免轴承松动过度或损坏。

⑦ 只允许用塑料锤打击拉拔器丝杆。

⑧ 使用完毕后应对拉拔器进行清洁、归位。

四、四轮定位仪

1. 四轮定位仪的作用与类型

① 四轮定位仪是用于检测汽车车轮定位参数，指导使用者对车轮定位参数进行相应调整，使其符合原设计要求，以达到理想的汽车行驶性能的精密测量仪器。四轮定位仪主要由测量探头和主机两大部分，如图6-8所示。

图 6-8　四轮定位仪

② 四轮定位仪的类型主要包括：有前束尺和光学水准定位仪、拉线定位仪、CCD定位仪、激光定位仪和3D影像定位仪等几种。其中3D影像定位仪、CCD定位仪和激光定位仪是目前市场上的三大主流产品，如图6-9所示。3D影像定位仪是目前市场上最先进的四轮定位仪，测量方式先进，测量时间仅为传统定位仪的1/5。

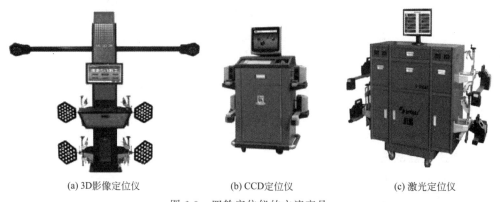

(a) 3D影像定位仪　　　　(b) CCD定位仪　　　　(c) 激光定位仪

图 6-9　四轮定位仪的主流产品

用于四轮定位的举升机有剪式，也有四柱式，但无论是哪种形式，都要具备二次举升功能，并且举升机上应装有转角盘和后滑板，或者预留出安装转角盘和后滑板的位置。

③ 四轮定位的检测项目包括转向轮前束值（角）及前张角、转向轮外倾角、主销后倾角、主销内倾角、后轮前束值（角）、前张角、后轮外倾角和轮距、轴距、推进角、左右轴距差等。不同车型的四轮定位值不同。汽车的四轮定位合格与否，需要把检测结果与标准值进行比较才能确定。

各厂家生产的定位仪的操作步骤不尽相同，但基本操作流程大致一样，以下主要介绍CCD四轮定位仪和3D四轮定位仪的操作方法。

2. CCD 四轮定位仪的操作方法

（1）检测前的准备工作

① 在被测车辆开上举升机之前，需要检查四个车轮的胎压是否符合标准、轮胎花纹是否严重磨损。

② 根据汽车的轴距和轮距确定转角盘及后滑板（四轮定位仪附件或选配件）的位置，保证转角盘和后滑板在同一水平面，避免倾角测量产生误差。

③ 将举升机降至最低点，插好转角盘和后滑板上的插销，再将被测车辆驶上举升机。车辆在举升机上应处于正前方向，不要使车身歪斜，车辆的两前轮要落在两转角盘的中心。车辆熄火后，拉紧驻车制动器。

④ 调节夹具卡爪位置并安装夹具，然后挂上安全钩；拔掉转角盘和后滑板上的插销；将四个传感器按照对应车轮的位置安装到夹具上。举升机升至合适位置，转动测量机头使水平气泡处在中央位置，拧紧传感器固定螺栓。

注意：4个测量机头上面标有在车轮上的安装位置，各自不能互换。测量机头是精密器件，使用时要轻拿轻放，切勿撞击或滑落。

（2）开机及车型选择　启动电脑主机，运行四轮定位软件，显示器屏幕出现系统主界面和主菜单。输入客户信息，车型选择按品牌、车辆型号、年份款式的层次进行操作，选定后可显示该车型的标准数据。

（3）轮辋偏摆补偿　通过主机键盘进入偏摆补偿程序，通过举升机的二次举升台使车轮悬空，松开驻车制动器，松开测量机头与夹具的紧固螺栓。根据界面上的提示进行操作，首先在车轮初始位置取点，按测量机头上的补偿键确认，将夹具随车轮一起绕车轮轴线转动180°，按测量机头上的补偿键确认，直到最后回到初始位置。然后按照同样的操作对其他的传感器进行补偿。

注意：在偏摆补偿过程中，各传感器需保持水平状态，保持光路良好。

如果车辆轮辋良好，可以跳过偏摆补偿程序直接进入检测程序。

（4）调整前检测

① 拉紧驻车制动器，用制动踏板固定杆抵住制动踏板，进入定位检测程序。

② 按照屏幕上出现的方向盘对中提示，使方向盘对中，并用方向盘固定器锁紧，此时进行前束角和车轮外倾角的测量。

③ 拆掉方向盘固定器，按照提示转动方向盘使前轮向右转10°（有的定位仪转角设定为20°），用按键确认，回正，再向左转动方向盘使前轮向左转10°并确认，最后回到对中位置，即初始位置，用按键确认。此时系统通过测量转向时左右两个10°转角位置的目标值，测出主销内倾角、主销后倾角。测量结束后，屏幕显示所有的测量数据。

注意：在以上过程中，各传感器水平泡应保持在中心位置。

（5）定位调整

① 将方向盘对正并用固定器锁紧，升起举升机到适合调整的高度，将举升机锁止在水平安全位置，将四个传感器调整为水平状态。

② 进入定位调整程序，对各参数按要求的顺序进行调整，调整过程中，屏幕上检测数据会实时变化，调至符合规定值后，结束定位调整过程。

（6）调整后检测　将举升机降回到调整前测量时的高度，将举升机锁止在水平安全位置，进行调整后复检。

3. 3D 四轮定位仪的操作方法

（1）检测前的准备工作

① 转角盘插好插销，驶入车辆并停放在四柱举升机中间位置，临近转角盘时，打正方

向盘，并用方向盘固定器锁紧，向前推动车辆使前轮停在转角盘中心，用三角垫块抵住后轮。

② 然后操作人员将夹具及目标盘安装在对应的车轮上，并使夹具上的水平气泡大致处在中央位置，将夹具锁紧，挂上安全钩。

（2）开机及车型选择　启动电脑主机，运行四轮定位软件。调整举升机与立柱高度，使四个目标盘都清晰地出现在显示画面内。输入客户信息，选择车辆型号、年份款式。

（3）检测

① 进入推车检测程序，移去后轮的垫块，按显示器屏幕或语音提示，将汽车向后推动一定距离（15~20cm），直到屏幕及语音提示停止推车，再将汽车向前推回，使转角盘回到原来位置，用三角垫块抵住后轮，系统测量出前束角和外倾角。

② 进入主销倾角测量程序，拔掉转角盘插销，拉起驻车制动器，用制动踏板固定杆抵住制动踏板。拿掉方向盘固定器，按显示器屏幕或语音提示，向左转动方向盘10°，再回正，再向右转动方向盘10°，然后再回正，系统测出主销后倾角和主销内倾角。

检测结束后，将方向盘对正并用方向盘固定器锁紧，插好转角盘插销。对照分析所有测量数据，决定是否需要调整。

（4）定位参数的调整

① 四轮定位参数的调整顺序。由于所有四轮定位角度都通过底盘的机械结构相关联，改变其中一个角度，其他角度也会相应地改变，举例如下。

a. 改变后轮前束角会引起前轮单轮前束角变化。因为改变后轮前束角时，推进线发生变动，根据前轮前束角的新定义，前轮总前束角虽不会因此而改变，但两个单轮前束角会发生变动。

b. 改变车轮外倾角会引起主销内倾角变化。

c. 改变前束角会引起车轮外倾角变化。因为改变前束角时车轮绕主销转动，由于主销后倾角的影响，车轮外倾角会随之变动。

因此，为了减少车轮定位参数之间的关联性影响，车辆四轮定位调整的顺序为：先调后轮，再调前轮；先调主销倾角，再调车轮外倾角，最后调前束角。即一般顺序为：后轮外倾角→后轮前束角→前轮主销内倾角→前轮主销后倾角→前轮外倾角→前轮前束角。

② 四轮定位的调整方法。汽车前轮前束值均能调整，其调整方法也基本相同。对于非独立悬架的前轮，前轮前束值可通过改变转向横拉杆的长度来调整。调整时，拧松两端接头的夹紧螺栓，转动转向横拉杆（横拉杆两端的螺纹一端为右旋，一端为左旋）调出所需前束值。调好后再夹紧锁紧螺栓；对于独立悬架的前轮，转向横拉杆分为左右两段，并与转向器的齿条相连。调整时，松开接头处的锁紧螺母，转动左、右横拉杆，通过改变左、右横拉杆的长度调整左、右轮前束值。

对于除了前轮前束值外的其他定位参数，有的车型能够调整某些参数，有的车型不能调整。如不能调整，其定位角度出现偏差是由于相关工件变形造成的，只能通过更换工件的方法进行纠正。如能够调整，由于各车型的定位调整机构不同，其调整方法也不同。有的采用凸轮式调整机构，调整时，先松开偏心螺栓锁紧螺母，然后转动偏心凸轮进行调整，调好后再拧紧锁紧螺母；有的为垫片式调整机构，通过增减垫片，或改变垫片厚度的方法进行调整；有的为位移式调整机构，通过松开固定螺栓，沿长孔方向推拉的方法进行调整；有的采用撑杆式调整机构，其调整方法类似于前轮前束的调整，先拧松锁紧螺母，然后旋转撑杆调节螺母使撑杆伸长或缩短，再拧紧锁紧螺母，主要用于调整后轮前束。

4. 使用四轮定位仪的注意事项

① 保持四轮定位仪周围环境清洁、干燥。

② 当车辆落定在定位支架上后用轮挡块将前后轮卡死。

③ 传感器连线在使用和用完后要小心插接，并盘绕好，严禁猛力拔插扯拽，避免连线损坏。

④ 操作时必须将侧滑盘、转角盘与支架良好接触，最好在已完成补偿后再放置转角盘、侧滑盘，然后再将车放置在上面，并拉紧驻车制动，以防止损坏转角。

⑤ 系统柜要保持清洁，用完后及时套上防尘套。

⑥ 举升架要定期进行校准，每月进行润滑保养，每日进行检查、清洁。

⑦ 使用四轮定位仪时，应懂得如何最大限度地减小测量误差，以充分保证测试精度。四轮定位仪在测试中可能引起误差的地方有：违反操作规程或未妥善保管设备引起的误差、检测平台引起的误差和操作引起的误差三个方面，使用中必须注意。

五、十字扳手

十字扳手常用于拆卸车轮螺栓，如图 6-10 所示，各个端头配有规格不同的套筒，便于拆卸各种不同规格的车轮螺栓。十字扳手采用优质铬钒钢整体锻造，非常坚固，由于采用十字形结构，因此使用这种扳手拆卸轮胎螺栓时，操作者可双手同时用力操作，比较省力，工效较高。

图 6-10　十字扳手

六、撬棍

1. 撬棍的作用

如图 6-11 所示为撬棍，其一端有一个套筒，用于拆卸或安装车轮螺母；另一端是一根撬杆，用于撬动旋转件或撬开结合面，也可用于工件的整形，它是汽车维修中的普通工具。

使用撬棍时，将撬棍稳定地支撑于某一位置，加力使之转动或撬起。

2. 使用撬棍的注意事项

① 撬棍不能代替铜棒使用。

② 撬棍不可用于软材质界面结合处。

图 6-11　撬棍

七、轮胎拆装机

1. 轮胎拆装机的作用与类型

轮胎拆装机又称轮胎折装机、拆胎机等，是一种实现将汽车轮胎从轮毂上拆下、安装和充气功能的设备，主要用于轮胎的修补、更换、安装等。

目前拆胎机种类众多，有气动式、液压式和电动式三种。一直以来电动轮胎拆装机在市场处于主导地位，最近气动轮胎拆装机在国外越来越普及。

市面上常见的轮胎拆装机主要有小型立式轮胎拆装机和大型卧式轮胎拆装机两大类，如图 6-12 所示。小型立式轮胎拆装机用于拆装轿车轮胎；大型卧式轮胎拆装机用于拆装大型卡车轮胎。

(a) 小型立式轮胎拆装机

(b) 大型卧式轮胎拆装机

图 6-12　轮胎拆装机的类型

轮胎拆装机主要由开关、转动卡盘、上臂、气动辅助臂、侧铲和撬杆等组成，如图 6-13 所示。

图 6-13　轮胎拆装机的结构

2. 轮胎拆装机的使用方法

（1）准备工作

① 接通机器的电源和气源。

② 进行调试操作。踏下左踏板，卡盘向顺时针方向旋转；踏下右踏板，拆卸铲动作，松开后拆卸铲返回原位；踏下中间踏板，卡盘上的卡爪打开，再踏一下卡爪合上。

③ 使用轮胎气门芯工具给轮胎放气，取下所有平衡块。

（2）拆卸轮胎

① 拆开胎唇。将轮胎装在拆装机的右侧，轮胎靠在橡胶支撑板上，将拆卸铲压在胎唇上，距离轮辋边缘大约 1cm 以上。踩下右踏板，拆卸铲动作。在轮胎两侧重复以上动作，直到胎唇全部脱离。

注意：受压位置应尽可能避开气门嘴。

② 把轮胎放到拆装机的卡盘上。在胎唇上涂抹润滑脂

或同类润滑油（防止造成轮胎磨损）。

③ 踏下中间踏板，卡住轮辋。根据规定尺寸按以下方法锁定轮胎。

a. 轮辋外锁定方法。将中间踏板踏至中间位置，按照卡盘上的参照标尺给卡爪定位。把轮胎放在卡爪上，并按住轮辋，踏下中间踏板，直至卡紧为止。

b. 轮辋内锁定方法。给卡爪定位，让它们全部合上，把轮胎放在卡爪上，踏下中间踏板，打开卡爪，直到卡住轮辋。

④ 确认轮辋被牢固卡住后，放下压杆，使胎唇拆装头靠到轮辋的上边缘，转动锁紧手柄，锁住水平及垂直臂，并使拆装头自动离轮辋大约 2mm。将撬杠插到胎唇拆装头前端，用撬杠剥开外胎胎唇。

⑤ 使撬杠保持位置不变，踏下左踏板，使卡盘按顺时针方向旋转，直到轮胎完全与轮辋分离，向上抬起轮胎。用同样方法使另一侧胎唇与轮辋完全分离，取出轮胎。

⑥ 取出内胎，将轮胎向上抬，使另一侧与外轮辋分离。

（3）装轮胎

① 安装轮胎前应仔细检查轮胎和轮辋直径是否相符。

② 把轮胎放到拆装机平台上，并检查其状态。

③ 把轮胎放到拆装机卡盘上，踏下中间踏板卡住轮辋。锁定轮辋时，不要将手放在轮辋与卡爪之间，否则会对手造成伤害。如果轮辋尺寸相同，则不需要经常松开或锁定悬臂，只需来回转动横臂即可。

④ 为避免损坏轮缘，可用特殊润滑油涂抹胎唇，以便操作顺利进行。

⑤ 将外胎放到轮辋上，胎唇移到拆装头边缘，压下拆装头，将轮缘压入轮辋并用双手向下按外胎。踏下左踏板，使卡盘和轮辋顺时针转动，将轮胎装复。

⑥ 将轮胎向下按，装入内胎，重复上一步骤，将轮胎另一侧胎唇装入轮辋。

⑦ 给轮胎充气，取下轮胎。

注意：充气时要特别小心。一是要认真检查轮辋与轮胎是否相符，并检查轮胎的磨损情况，确认轮胎没有损坏。二是应使用带有气压表的充气枪充气，充气时应经常检查压力，严禁超过轮胎的额定压力。三是手和身体应尽量远离轮胎。

⑧ 关闭机器的电源和气源。

注意：若使用轮胎拆装机进行拆卸或装配轮胎不当，往往会使轮胎的胎圈部位变形或损伤，轻则影响轮胎的气密性或导致轮胎胎侧出现鼓包，重则使轮胎胎体帘线断裂而报废。

另外，应将轮胎胎侧标记的黄色圆点对准气门嘴安装，因为黄色圆点是轮胎圆周上最轻的部位，这样在车轮做动平衡时可以减少平衡点的铅块重量。

（4）安装轮胎的注意事项

① 安装轮胎时要先判断轮胎的内外侧与滚动方向，如果没有内外侧与滚动方向标志，则生产日期标志应朝向外侧。

② 安装前要对轮胎内侧进行润滑。

③ 将轮胎放在轮胎拆装机上。

④ 借助轮胎拆装机压下胎壁，然后慢慢旋转轮胎拆装机，将轮胎下部装入轮辋。

⑤ 使用轮胎拆装机辅助支臂和撬杆压下上部胎壁，慢慢地旋转轮胎拆装机，使轮胎上部装入轮辋。

3. 使用轮胎拆装机的注意事项

① 在拆卸轮胎前，必须把轮胎气门嘴打开，并放尽轮胎内的气体。

② 轮胎的工作气压应保持在 6～8kPa。
③ 拆卸或安装时应注意使定位爪不紧贴钢圈，以免磨掉钢圈上的油漆。
④ 安装轮胎时应在轮边涂少量润滑油脂或滑石粉，以免损坏轮边。
⑤ 在使用轮胎拆装机时要小心，擦干手后再工作，以减少受伤的概率。
⑥ 装轮胎的时候，小心手指，不要放在轮毂和轮胎之间，以免夹伤手指。

八、轮胎充氮机

1. 轮胎充氮机的作用

轮胎充氮机是一种专门为汽车轮胎充氮气而设计的制氮设备，汽车轮胎充氮气后能延长使用寿命，可以减少燃料费用，降低爆胎的概率，增加车辆行驶的安全性。全自动轮胎充氮机如图 6-14 所示。

图 6-14 全自动轮胎充氮机

2. 轮胎充氮机的使用方法

轮胎充氮机的使用方法有三种。

（1）首次充氮气的轮胎
① 首次充氮气的轮胎，需要将胎内空气进行置换。
② 取下气门芯，尽可能放尽胎内空气，充氮气至 0.2MPa 后，停止充氮气，放掉胎内氮气。装上气门芯，最终充至设定的胎压为止。

（2）抽真空后充氮气
① 将无油空压机出气管与真空枪连接，把枪嘴螺母旋松，扳动枪扣就可将轮胎里的空气抽出。
② 如加氮气，则须把枪嘴螺母拧紧。拔下气枪上的空压机快速接头，重新接上氮气机出气管接头。装上气门芯，最终充至设定的胎压为止。
③ 对于有内胎的轮胎或需补充氮气的轮胎，无须进行抽真空而可直接充氮气。
④ 确保轮胎内的氮气纯度达到要求，再重复一次抽真空（手动放气）和充氮气的操作步骤。

（3）补充氮气　原来已充氮气的轮胎，直接进行补充氮气至规定胎压即可。

九、轮胎动平衡机

1. 轮胎动平衡机的作用

轮胎的不平衡状态会造成车轮发生抖动、方向盘发生振动的现象，影响驾驶舒适度和行驶安全。为了避免这种情况的发生，就要使车轮在动态情况下通过增加配重的方法，校正车轮各个边缘部分的平衡，校正的过程就称为动平衡。

轮胎动平衡机如图 6-15 所示，主要由驱动装置、转轴与支撑装置、机箱、制动装置、防护罩和附属装置（测量尺具、定位锥体组件、平衡块拆卸或安装钳等）等组成，其中在机箱上装有显示屏和控制面板。

车轮不平衡处需要安装平衡块，轮胎动平衡机的平

图 6-15 轮胎动平衡机

衡块也称为配重，平衡块都是用铅合金制成的。常用的平衡块有卡夹式和粘贴式两种，其中卡夹式平衡块安装在轮辋的卷边上，如图6-16所示。平衡块上有一个钢钩，可将平衡块卡夹在轮辋边缘上；粘贴式平衡块用于铝镁合金轮辋。

标准的平衡块有两种系列：一种系列以盎司（oz）为基础单位，分9档，最小为0.5oz（14.2g），最大为6oz（170.1g）；另一种以克（g）为基础单位，分14档，最小为5g，最大为80g，60g以上以10g为一档。为安全起见，这些平衡块都不可重复使用。

注意：平衡块拆装钳如图6-17所示，是汽车轮胎动平衡操作中常用的维修工具，用于拆装汽车轮毂的平衡块、剪切平衡块或敲击、安装平衡块以及去除轮胎表面的杂质等。

图6-16 平衡块结构　　　　　　　　图6-17 平衡块拆装钳

2. 轮胎动平衡机的使用方法

轮胎动平衡的检测可分为离车式检测与就车式检测。现在应用广泛的是离车式轮胎动平衡机。在离车式轮胎动平衡机中，目前应用最多的是硬式两面测定轮胎动平衡机。

离车式轮胎动平衡机的检测方法如下。

① 清除被测车轮上的泥土、石子和旧平衡块。

② 检查轮胎气压，根据需要充至规定值。

③ 根据轮辋中心孔的大小选择锥体，仔细装上车轮，用大螺距螺母紧固。

④ 打开电源开关，检查指示与控制装置的面板是否显示正确。

⑤ 用卡尺测量轮辋宽度 b、轮辋直径 d（也可由轮胎侧面读出），用轮胎动平衡机上的标尺测量轮辋边缘至机箱的距离 a，再用输入的方法或用选择器旋钮对准测量值的方法，将 a、b、d 值输入指示与控制装置中，如图6-18所示。为了适应不同计量制方式，轮胎动平衡机上的所有标尺一般都同时标有英制和米制刻度。

⑥ 放下车轮的防护罩，按下启动键，车轮旋转，动平衡测试开始，微机自动采集数据。

⑦ 车轮自动停转或听到"嘀"声按下停止键并操作制动装置使车轮停转后，从指示装置读取车轮内、外两侧不平衡量和不平衡位置。

⑧ 抬起车轮防护罩，用手慢慢转动车轮。当指示装置发出指示（音响发出声音、指示灯亮、产生制动、显示点阵或显示检测数据等）时停止转动。在轮辋的内侧或外侧的上部（时钟12点位置）加装指示装置显示该侧平衡块的质量。内、外侧要分别进行，平衡块装卡

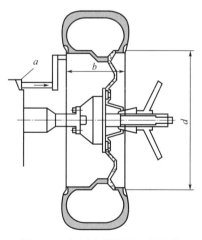

图6-18 车辆在平衡机上的安装

要牢固。

⑨ 安装平衡块后有可能产生新的不平衡，应重新进行平衡试验，直至不平衡量小于5g，指示装置显示"00"或"OK"时才符合要求。当不平衡量相差10g左右时，如能沿轮辋边缘左右移动平衡块一定角度，将可获得满意的效果。

注意：对于许多车轮动平衡检测设备，当校准至不平衡量<5g时，指示装置会显示"00"或"OK"，虽然这种平衡结果最为理想，但完全做到较难。根据实际测试使用情况并参照国外有关标准及资料，一般的检测评定方法是：小型车不平衡质量≤10g、中型车不平衡质量≤20g为合格，且车轮每侧轮辋边缘所加平衡块评定以不超过3块为宜。这样评定，既能达到车轮平衡性的要求，又能满足经济性的要求。

⑩ 测试结束，关闭电源开关。

3. 使用轮胎动平衡机的注意事项

① 当把车轮抬上轮胎动平衡机测试台的时候，要小心手指背部。
② 在平衡测试前要夹紧车轮，以防止测试的时候车轮飞出。
③ 当车轮旋转的时候，手不要接触车轮，防止受伤。
④ 当不平衡量超过最大配重时，可用两个以上配重并列使用。但这时要注意因多个配重占用较大的扇面会使其有效质量低于实际质量。
⑤ 使用粘接式平衡块时，粘接处应保持干燥和无油脂，且粘接平衡块只能粘在离心力会增强其压紧力的面上，不能粘在轮胎侧面。
⑥ 严禁冲击和敲打主轴或传感器支架。在检修轮胎动平衡机时，传感器的固定螺栓不得松动。因为这个螺栓不是一般的紧固件，需要由它向传感器晶体提供必要的预紧力。当这个预紧力发生变化时，电算过程将完全失准。
⑦ 因交通事故而严重变形的轮辋或胎面大面积剥离的车轮是不能上机进行平衡检测的。一方面不平衡量过大的车轮旋转时的离心力可能损伤轮胎动平衡机的传感系统；另一方面超值的不平衡力可能溢出电算范围而使仪器自动拒绝工作。

十、滑脂枪

1. 滑脂枪的作用

滑脂枪又称为黄油枪，是用于向汽车安装有黄油嘴的部位加注润滑脂（俗称黄油）的工具，有活塞式和手柄式，如图6-19所示。

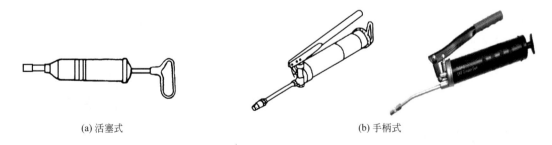

(a) 活塞式　　　　　　　　　　　(b) 手柄式

图 6-19　滑脂枪的类型

活塞式黄油枪的枪体内装有活塞，靠弹簧推动枪体内的黄油。手柄式黄油枪则利用手柄上下动作推动枪内的活塞，使黄油从喷嘴挤出。手柄式比活塞式的注入压力大。

2. 滑脂枪的使用方法

① 拉出拉杆使柱塞后移，拧下滑脂枪缸筒前盖。将干净的黄油分成团状，徐徐装入缸筒内，且使黄油团之间尽量相互贴紧，要尽量填实，填充后要拧开放气螺栓，以便于缸筒内的空气排出。

② 装回前盖，推回拉杆，柱塞在弹簧作用下前移，使黄油处于压缩状态。

③ 在使用滑脂枪向润滑部位加注润滑脂时，滑脂枪的喷嘴要与黄油嘴对正，直进直出，不能偏斜，以免影响黄油加注，减少润滑脂的浪费。

④ 如果加注困难，应当立即停止，检查滑脂枪的喷嘴和油嘴是否阻塞、变形，排除后再进行注油。必要时可以更换滑脂枪喷嘴或油嘴。

注意：加注润滑脂时不进油的主要原因如下。

① 滑脂枪缸筒内无黄油或压力缸筒内的黄油间有空气。

② 滑脂枪压油阀堵塞或注油接头堵塞。

③ 滑脂枪弹簧疲劳过软而造成弹力不足或弹簧折断而失效。

④ 柱塞磨损过甚而导致漏油。

⑤ 油脂嘴被泥污堵塞而不能注入黄油。

第二节　汽车钣金常用工具与仪器设备的使用

一、钣金锤

当车辆的车身发生凹陷、变形或破损而进行维修时，需要使用钣金锤对变形的部件进行修复，使之恢复原始形状。钣金锤种类繁多，主要有球头锤、橡胶锤、轻铁锤等几种。

1. 球头锤

球头锤是一种对所有钣金作业都适用的多用途工具，如图 6-20 所示。它的一端为平头，另一端为圆头，平头用于锤击冲子和錾子等工具，而圆头用于铆接和锤击垫片。球头锤既可用于校正弯曲的基础构件，也可用于修平变形部件和钣金件粗成形工作。

球头锤质量一般为 290～450g。

2. 橡胶锤

橡胶锤如图 6-21 所示，主要用于修复表面微小的凹陷。用橡胶锤轻轻地锤击时不会损坏喷漆表面，也不会在敲击表面留下敲击痕迹。它一端是硬面的（钢制），另一端是软面的，可更换橡胶头，适于修理铬钢件或其他精密部件。

图 6-20　球头锤

图 6-21　橡胶锤

3. 轻铁锤

轻铁锤是一种用于修整钣金件，使其大致恢复原形的钣金锤，如图 6-22 所示。它的手柄较短，适合在操作空间比较狭窄的地方使用。

二、车身锤

车身锤是连续敲击钣金件，恢复其形状的基本工具。主要有镐锤、冲击锤和精修锤等，每种类型均有其特定的用途。

1. 镐锤

镐锤是专门用于维修小凹陷的工具，如图 6-23 所示。镐锤的尖顶可以将凹陷敲出，其平端头与衬铁配合使用可以去除微小的凸点和波纹。使用镐锤时要小心，若用力过猛，其尖顶端可能戳穿车身的钢板。镐锤不能用于修复大的凹陷表面。

图 6-22　轻铁锤　　　　　　　　图 6-23　镐锤

2. 冲击锤

冲击锤（图 6-24）用于矫正凹陷板面的初始作业或加工非裸露在外面的钣金件。冲击锤的锤头形状一端是圆形，锤顶表面近乎是平的；另一端锤头为凸起的顶面，可用于敲击下凹的金属下表面，使之逐渐恢复平整。这种锤顶面大，敲击时打击力散布在较大的面积上，变形大而不要求光洁的表面可用冲击锤敲击。

3. 精修锤

精修锤如图 6-25 所示。当使用冲击锤将凹陷去除之后，就可以使用精修锤精修外形。精修锤的锤面较冲击锤小，锤头隆起的锤面，适合修平表面微小凸点和波纹的顶端。带有锯齿面或交错缝槽面的精修锤，可用于表面收缩作业，以便修整被过度锤打而产生的延伸变形。

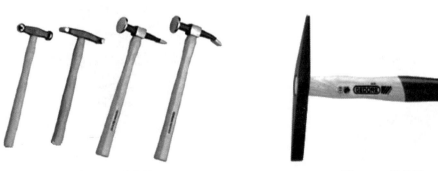

图 6-24　冲击锤　　　　　　　　图 6-25　精修锤

三、衬铁

1. 衬铁的作用与类型

衬铁也叫抵座或顶铁，如图 6-26 所示，是一种手持的铁砧。衬铁由高强度钢制成，像铁砧一样，用在粗加工和锤击加工中。

在汽车钣金维修中，衬铁一般和锤子一起配合使用，可以根据车身表面不同形状的凹陷采用形状不同的衬铁，使衬铁形状与面板外形形成良好的配合，从而得到良好的钣金整形效果。

由于钣金件的结构和形状不同，需要采用多种形状的衬铁，如图 6-27 所示。每一种形状的衬铁只适用于某些特定形状的工件。常见的衬铁有高隆起、中隆起、低隆起、平凸起以及几种隆起组合在一起的组合衬铁，它们的作用如下。

（1）通用衬铁　该衬铁有多种隆起，一般用于粗加工挡泥板的隆起部分和车身的不同曲面；校正挡泥板凸缘、装饰条和轮缘；收缩平的金属面和隆起的金属面；修正焊接区等。

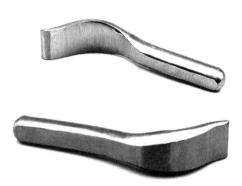

图 6-26　衬铁

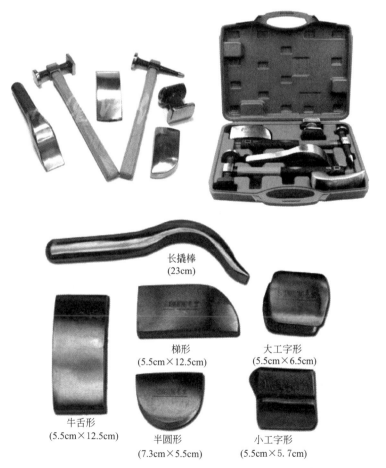

图 6-27　各种不同形状的衬铁

（2）低隆起衬铁　用于使金属板减薄和使薄的金属板收缩。一般用于对车门内侧、发动机罩、挡泥板的平面和隆起面以及柱杆顶部进行钣金加工。

（3）足跟形衬铁　它用于在板件上形成较大形状的凸起，校直高隆起或低隆起的金属板、长形结构件和平面板件。

（4）足尖形衬铁　该衬铁是一种组合平面衬铁，用于收缩车门板、挡泥板裙板、柱杆顶部和汽车各种盖板，也可以用于在挡泥板的底部形成卷边和凸缘。特别适合于加工还没有精加工过的金属板件，因为它的一个面非常平而另外一面微微隆起。但是，使用该衬铁时，不应过度锤击。

（5）卷边衬铁　用于形成各种大小的卷边。衬铁较大的一端用于形成大而宽的卷边，而小的一端用于形成较窄的卷边。有时也可以用它在薄金属板上形成小的凹痕。

（6）楔形衬铁　用于在柱杆顶部和宽的挡泥板凸缘上形成隆起，与支架或其他车身内部构件形成一个封闭结构的板件；在柱杆顶部粗加工出顶盖梁和横杆的后部皱褶，以及在车身其他地方形成皱褶等。

2. 衬铁的使用方法

① 衬铁的工作面应保持光滑、干净，不要存在油污、涂料以及毛刺，否则会降低修复质量。所选用衬铁隆起的直径应比加工件的隆起直径略小，在确保工作质量的情况下，应尽量选用较轻的衬铁。

② 使用时可以用手握持撞击金属板的背面。从板件正面用锤敲击时，衬铁会产生一个反弹力。每次敲击后定位。这样，通过锤和衬铁的配合工作使凸起的部位下降，使低凹的部位隆起。用锤子和衬铁修复凹陷如图 6-28 所示。

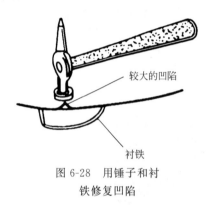

图 6-28　用锤子和衬铁修复凹陷

四、修平刀

修平刀是车身修理的特殊工具，主要用于抛光表面。操作修平刀时与锤子配合使用。修平刀可以把敲打力分布到一个较大的区域上，从而迅速把隆起敲平，并且不损坏板件的其他部位。修平刀也可以用于敲平操作空间有限部位的小凹痕，对于某些衬铁无法放入操作的弧形凹陷位置，在不能选用普通衬铁的情况下，也可以使用修平刀充当衬铁使用。修平刀的种类如图 6-29 所示。

使用时修平刀的工作面应保持光滑和清洁。为防止在油漆面上留下痕迹，可以在修平刀和加工板件表面贴上胶带或明胶，然后进行操作。局部修复方法如图 6-30 所示。

如图 6-31 所示，将修平刀直接放在隆起表面处，用锤子敲打修平刀，把敲打力分布在宽的表面上，可使被光整表面的皱褶和凸起修平，对修复某些微小隆起或使划伤部位恢复原状非常有效。

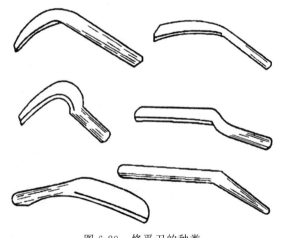

图 6-29　修平刀的种类

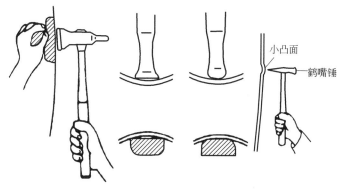

图 6-30 局部修复方法

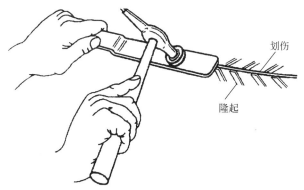

图 6-31 用钣金锤和修平刀修复微小的隆起和划伤

五、撬镐

撬镐如图 6-32 所示，利用撬镐可以穿过车身固有的洞口对车门侧板的凹陷处进行敲击，消除凹陷。

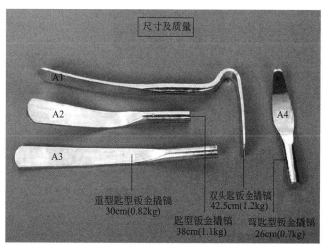

图 6-32 撬镐

撬镐的类型和使用方法如图 6-33 所示。

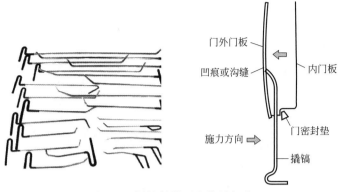

图 6-33　撬镐的类型和使用方法

六、凹坑拉出器和拉杆

对于某些配备密封型车身面板的车型，无法利用现成的孔洞使用撬镐撬起凹陷时，可以采用凹坑拉出器或拉杆将凹陷拉平，如图 6-34 所示。凹坑拉出器的顶端呈螺纹尖端形，螺纹尖端可以旋紧在孔中，然后利用套在杆中部的冲击锤向外冲击手柄端面，同时向外拉手柄，即可将凹点慢慢拉起。

组合变形

图 6-34　凹坑拉出器

拉杆也可以用于修复凹坑，先在凹坑处钻孔，然后把拉杆的弯钩插入钻孔中，勾住凹坑两侧向外拉起，如图 6-35 所示，将凹坑拉起，整平后用气焊将钻孔修补后再喷漆复原即可。

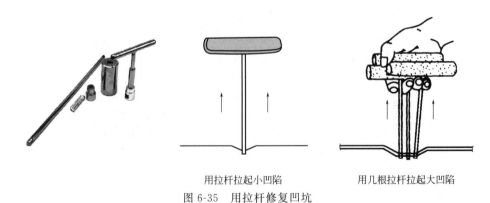

用拉杆拉起小凹陷　　用几根拉杆拉起大凹陷

图 6-35　用拉杆修复凹坑

七、凹坑吸盘

凹坑吸盘如图 6-36 所示，是一种汽车钣金作业中使用的真空吸盘。对于车身面板凹陷，可以使用真空吸盘将凹陷处拉平，如图 6-37 所示。使用真空吸盘进行凹陷修平时不会损伤车身漆面，特别适用于对车身蒙皮部位产生的凹陷的维修。

图 6-36　凹坑吸盘

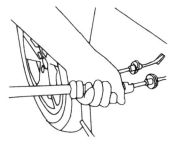

图 6-37　修平作业

八、金属剪

金属剪（图 6-38）是一种金属切割工具，汽车钣金维修中常用的金属剪主要有铁皮剪、金属切割剪和面板切割剪三种。

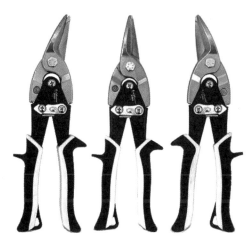

图 6-38　不同类型的金属剪

（1）铁皮剪　主要用于切割金属板材或其他的薄料，可以把薄钢板剪切成各种形状。

（2）金属切割剪　用于切割硬度较高的不锈钢等硬金属。

（3）面板切割剪　面板切割剪是一种特殊的铁皮剪，常用于切断车身钣金件中被损坏的部分，便于实施焊接作业。

九、铆枪

铆枪是汽车钣金维修中经常使用的维修工具，铆接时使用铆枪将铆钉组件插入被连接件的通孔中，用铆钉器将外伸的铆钉杆拉断，即可完成铆接作业，将板材铆接在一起。常见的铆枪如图 6-39 所示，铆接示意图如图 6-40 所示。

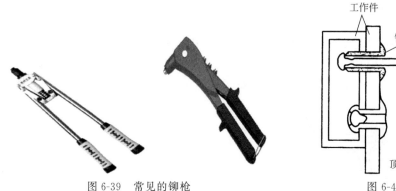

图 6-39　常见的铆枪

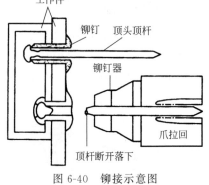

图 6-40　铆接示意图

十、车身锉刀

车身锉刀是在汽车钣金维修中用于修整由于使用锤子、衬铁或修平刀等钣金工具造成的凹凸不平的加工痕迹的工具，如图 6-41 所示。车身锉刀的锉齿由固体金属铣削而成，与普通的切割工艺截然不同。车身锉刀具有凸形的锉面，锉面中部高于锉面边缘，高度差约为 0.4mm，锉刀边缘不与工件接触，从而保证加工表面没有划痕。

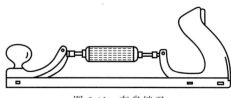

图 6-41　车身锉刀

车身锉刀的使用方法如图 6-42 所示。用车身锉刀可以找出金属板上所有的低点，然后拉高各个高点，再用车身锉刀寻找。反复进行这一操作后，直到消除所有的低点和高点。使用车身锉刀锉削的表面不会留下任何划痕，无须对其进行任何抛光处理，即可马上喷漆。

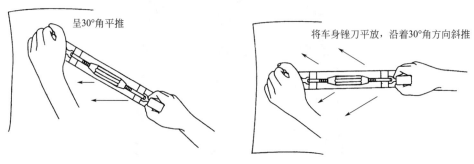

(a) 在平坦部位使用车身锉刀

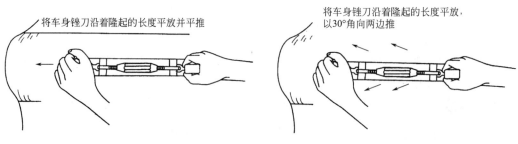

(b) 在不平坦部位使用车身锉刀

图 6-42　车身锉刀的使用方法

十一、饰板撬棒

车辆饰板的安装除了常用的螺栓固定外，还利用塑料胶扣、塑料胶钉进行固定，而这些部件属于橡胶部件、皮革部件等，在拆卸饰板时需要用饰板撬棒将饰板与车门尺架分离，在拆卸的同时保护饰板。

1. 饰板撬棒的作用

饰板撬棒也称撬板如图 6-43 所示。饰板撬棒是一种专门用于拆卸饰板组件、仪表和音响中控区的工具，根据形状和功能不同，有些饰板撬棒具备胶扣起子的作用。

图 6-43　饰板撬棒

2. 使用饰板撬棒的注意事项

① 根据所要拆卸的饰板选择合适的撬棒，否则会损坏饰板。
② 在拆卸某些类型的饰板时，必须要利用胶布缠绕饰板撬棒，否则会损坏饰板。
③ 在拆卸时应注意不能用力过大、过猛，否则会损坏饰板撬棒或者饰板。

十二、胶扣起子

1. 胶扣起子的作用

汽车的车身外观、发动机舱等安装饰板时，使用大量塑料胶扣或者塑料胶钉进行固定，在维修中需用专用的胶扣起子（图 6-44）进行拆卸，否则就可能损坏胶钉或者饰板。

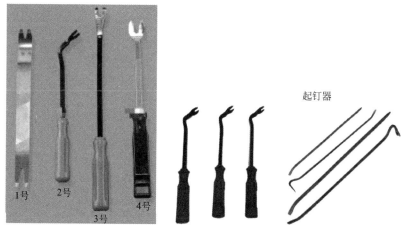

图 6-44　胶扣起子

2. 胶扣起子的使用方法

① 根据所要拆卸的胶扣选择合适的起子。
② 将胶扣起子缓慢插入胶扣下方，如图 6-45 所示。
③ 下压起子手柄，这时便可将胶扣拆下，如图 6-46 所示。
④ 禁止将胶扣起子当作撬棒使用。

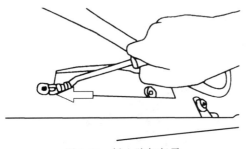

图 6-45　插入胶扣起子

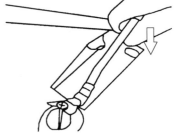

图 6-46　将胶扣拆下

第三节　汽车涂装美容常用工具及仪器设备的使用

一、打磨机

1. 打磨机的作用与种类

打磨机广泛地应用于汽车涂装工艺和钣金修复工艺中。打磨机可以分为气动和电动两种，如图 6-47 所示。气动打磨机是利用贴附在衬板上的砂纸对表面进行打磨的设备。气动打磨机比较安全，但打磨力比不上电动打磨机，也需要气源；电动打磨机容易解决电源问题，但一定要注意用电安全。

(a) 电动打磨机　　　　　　　　　　(b) 气动打磨机

图 6-47　打磨机的类型

根据打磨机上衬板形状的不同，气动打磨机主要有：单作用打磨机、往复直线式打磨机、双作用打磨机和轨道式打磨机四种类型。

(1) 单作用打磨机　打磨机衬板绕固定点转动，砂纸只做单一圆周运动，称为单一运动圆盘打磨机或单作用打磨机（图 6-48）。主要用于刮去旧涂层，其打磨痕为大圆弧形，且较深，通常使用的钣金工具就属于这类打磨机；速度快的，用于漆面的抛光，也就是抛光机。

（2）往复直线式打磨机 衬板做往复直线运动的，称为往复直线式打磨机（图6-49），主要用于车身上的特征线和凸筋部位的打磨。

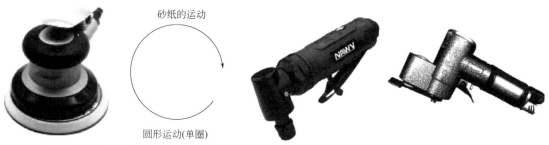

图6-48 单作用打磨机　　　　图6-49 往复直线式打磨机

（3）双作用打磨机（偏心振动式）（图6-50） 打磨机衬板本身以小圆圈振动，同时又绕其自己的中心转动，因而兼有单运动及轨道式打磨机的运动特点，切削力比轨道式打磨机强，打磨痕为大小交错的圆弧形，较浅。在确定打磨机用于表面平整或初步打磨时，要考虑轨道的直径，轨道直径大的打磨较粗糙；反之较细。

图6-50 双作用打磨机

（4）轨道式打磨机（图6-51） 轨道式打磨机的衬板呈矩形，便于在工件表面上沿直线轨迹移动，轨道式打磨机可用于干/湿打磨，湿打磨时须有大量的供水和良好的地下排水通道，或用往复式水砂机。干打磨腻子时可采用吸尘打磨机，该类打磨机主要用于腻子的打磨，打磨痕为小圆弧形，较浅。

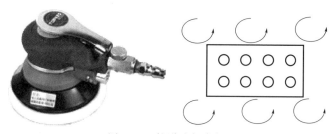

图6-51 轨道式打磨机

2. 打磨机的选择

（1）气动打磨机的选择 转速要稳定，使用时易于保持平衡，振动小，空气消耗量要适当。

（2）电动打磨机的选择 电动打磨机的主要优点是转速快，打磨力量大，使用方便，可以通过更换打磨头，实现多用途。

① 根据操作者的体格和体力，选择大小适宜的打磨机，否则，太大则使人很快疲劳，

不能持续作业；太小则效率低。

② 选择转速稳定、输出力量大、振动小的打磨机。

③ 打磨头的选择。打磨头的形状有两种，如图6-52所示。其中有倒角的一种使用起来比较方便，对于板件的边角均能进行很好的打磨。

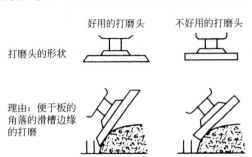

图6-52 两种形状打磨头的比较

（3）打磨头尺寸大小的选择 打磨头尺寸大小的选择应视打磨面积来决定。例如，对车顶和发动机舱盖等大面积区域进行打磨时，可使用直径为18cm的打磨头，以加快作业速度；小面积剥离时，可以使用直径为10～12cm的打磨头，操作起来比较方便。

3. 气动打磨机的使用方法

① 在使用前要根据汽车漆面的氧化和受损程度选择相应粗细的汽车蜡，打磨机在使用前必须要开机试转，看打磨片运行是否平稳正常。

② 在操作时，磨切方向严禁对着周围的工作人员及一切易燃易爆危险物品，以免造成不必要的伤害。

③ 保持工作场地干净、整洁。正确使用，确保人身及财产安全。

④ 使用气动打磨机时要切记不可用力过猛，要徐徐均匀用力。

⑤ 抛光的方法。抛光可以分成两个阶段进行。首先为粗抛，即去除磨光时产生的损伤层，然后为精抛，即去除粗抛时产生的表层损伤，可以将抛光的损伤相对减少，另外在抛光的时候最好注意周围环境。

4. 使用打磨机的注意事项

① 由于打磨机转速非常高，使用时一定要牢牢握持住打磨机，以避免脱手。

② 气动打磨机在使用方法上与电动打磨机有一定差异。由于其转速高，打磨力量不及电动打磨机，对旧涂膜的打磨，主要是靠旋转力削除，与旧涂膜的接触方式如图6-53所示，应保持与涂膜表面15°～20°的夹角；除此之外，压力不能过重。

③ 操作气动打磨机时，气压调到450～490kPa，右手握住打磨机手柄，左手施加较小的压力，并控制打磨机的均匀移动。

④ 使用圆盘式打磨机时，一定要让圆盘稍有倾斜，并使圆盘只在边缘2～3cm范围内与被打磨表面接触，以防全面接触而失控。

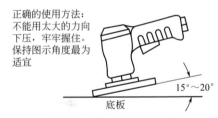

图6-53 气动打磨机的使用

⑤ 轨道式打磨机应压平在被打磨表面上，不可倾斜，否则会出现磨痕。

⑥ 带式打磨机在打磨水平面时，无须施加压力，因机重已足够磨光或抛光了。

⑦ 打磨时，应保持运动的连续性，切勿时断时续，以免造成划痕、磨痕或烧伤。

⑧ 打磨过程中，若发现砂纸被堵塞，应及时更换砂纸。

二、常用洗车设备

常用洗车设备主要有高压清洗机、泡沫清洗机、蒸汽洗车机、无接触洗车机、全自动电脑洗车机、空气压缩机、水枪和气枪、洗车发泡枪等。

1. 高压清洗机

高压清洗机主要用于清洗汽车外表、发动机、底盘和车轮等。它是以普通的自来水为水源，通过其内部的电动泵再加压，输出的水流压力可以按需要进行调节。

高压清洗机分为高压冷水清洗机和高压冷/热水两用清洗机，如图 6-54 和图 6-55 所示。高压冷/热水两用清洗机一般由水泵、加热装置和传动机构等组成。配套的部件主要有进水软管和出水软管、各种规格喷枪、刷洗用的毛刷等。

图 6-54 高压冷水清洗机

图 6-55 高压冷/热水两用清洗机

2. 泡沫清洗机

① 泡沫清洗机图 6-56 所示，通过压缩空气（由空气压缩机提供），使清洗剂泡沫化，然后从泡沫喷枪喷出，喷枪能将泡沫状的清洗液均匀喷射到需要清洗的汽车或者是物件上。泡沫清洗机有气动和电动两类。它与高压清洗机的不同之处在于其输出的水不但可以增压，而且能加入专用的清洗剂。

② 泡沫清洗机的使用方法。

a. 打开加水阀和排气阀，加入清水，以水柱标高为准，然后按比例加入清洗剂。

b. 关好加水阀和排气阀，然后用快速接头接上空气压缩机，再将工作气压调至 245kPa（压力开关顺时针旋转为增加压力，逆时针旋转为减小压力）。

c. 然后开动空气压缩机，当压力表压力升至 245kPa 时，打开喷枪阀开关，即可喷射出泡沫。喷射距离为 5～7m，喷射距离可用压力来调节。

图 6-56 泡沫清洗机

3. 蒸汽洗车机

蒸汽洗车机是一种能够产生足够压力和气量的蒸汽以用于清洗汽车的设备，如图 6-57 所示。

蒸汽清洗为柔性清洗，用柔和的蒸汽将附着在汽车表面的污垢软化、膨胀、分离，再用干净抹布将剩余的污垢和少许的水渍去除。

4. 无接触洗车机

无接触洗车机是指依靠高压水喷射、多种洗车液配合来完成洗车全过程的一种洗车方式，如图 6-58 所示。现在国内的大部分无接触洗车机一般都只是重点清洗车的两侧。对于车头和车尾，基本上都是高压水冲洗的时候，顺带湿润一下，并不能去掉全部灰尘。当然有些洗车机也能够解决这个问题,但还是需要人工擦拭一下。

图 6-57　蒸汽洗车机

图 6-58　无接触洗车机

5. 全自动电脑洗车机

全自动电脑洗车机(简称自动洗车机)是一种通过电脑设置相关程序实现自动清洗、打蜡、风干等工作的机器,主要由控制系统、电路、气路、水路和机械结构构成。全自动电脑洗车机技术先进,造型美观,有多种全自动洗车程序可供选择。它通过光电系统检测,经电脑分析计算出各种动作的最佳位置和力度,达到最佳的洗车效果。

全自动电脑洗车机分为往复式洗车机和隧道式洗车机两大类。

① 龙门往复式洗车机惯称为往复式洗车机,如图 6-59 所示。往复式洗车机洗车时,汽车停在固定的位置不动,洗车设备根据车型来回往复运动。能实现自动冲洗底盘、自动喷电脑洗车机专用洗车液和水蜡、自动仿形刷洗、自动仿形风干。往复式洗车机比较适合小型洗车厂或者是洗车量较小的地区使用。

② 隧道式洗车机如图 6-60 所示。隧道式洗车机的洗车方式是当车驶入输送机定位时,由输送机推杆推动车辆的前轮前进,进行冲水、洗车、打蜡、风干等流程。当前一辆车推进离开输送机定位后,第二辆车即可驶入定位,做同上动作。这样连续流水线的洗车方式,能够快速完成冲洗、洗车、打蜡、风干等作业。

图 6-59　往复式洗车机

图 6-60　隧道式洗车机

6. 空气压缩机

空气压缩机如图 6-61 所示,主要用于提供充足的达到预定压力值的高压清洁压缩空气。可用于高压泡沫机、喷枪、气动打磨机、气动抛光机、钣金件的干燥除尘设备等各种气动工具以及轮胎充气等。

(a) 无油静音空气压缩机

(b) 活塞式空气压缩机

图 6-61　空气压缩机

7. 水枪和气枪

水枪作为高压清洗机的附件与高压清洗机配套使用，种类较多：有的带快速接头，可做快速切换；有的带长短接杆，令使用更为方便。高级水枪带喷水压力和喷水形状调节。

在汽车清洗中应用的高压水枪，如图 6-62 所示。不但可以提高清洗作业的质量，极大地保护漆面，同时也提高了清洗作业的效率。

气枪与空气压缩机配套使用，是重要的清洗、除尘设备，有的气枪带有快速接头，可做快速切换。气枪通常为外购件，不随空气压缩机附送。如图 6-63 所示为常见的气枪。

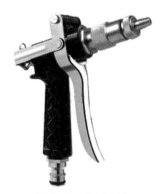

图 6-62　高压水枪

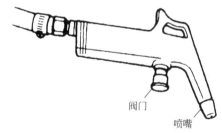

图 6-63　常见的气枪

8. 洗车发泡枪

洗车发泡枪是专业的低压泡沫洗车工具，通过灵活的组合方式，实现喷洒洗车水蜡和低压软水冲洗车辆，如图 6-64 所示。

三、美容工具

1. 打蜡机及打蜡盘套

（1）打蜡机　打蜡机也称轨道抛光机，是把车蜡打在漆面上，并将其抛出光泽的设备。打蜡机及打蜡盘套如图 6-65 所示。打蜡机工作时以椭圆形的轨迹旋转，它的托盘直径比抛光机的抛光盘直径大，

图 6-64　洗车发泡枪

机体却比抛光机轻很多,而且其双手扶把紧贴机体的中心立轴。打蜡机不能用于进行研磨抛光作业。但此机用来打蜡效果很好,而且打蜡时不易产生漆面划痕。

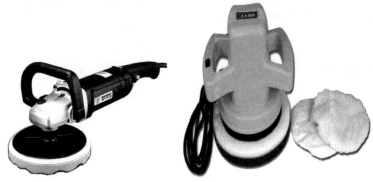

图 6-65　打蜡机及打蜡盘套

(2) 打蜡盘套　打蜡盘套安装在打蜡机的固定打蜡托盘上。其作用是把蜡均匀地涂覆到车身上。打蜡盘套的材料有全棉(毛巾)的、全毛(或混纺)的和海绵的三种。目前使用最广泛的是全棉盘套,选择时应选择针织密集、线绒较多、具有柔软感的产品。

注意:全棉盘套不能反复使用,最好每完成一辆车更换一个新的。即使不更换新的,旧的也一定要洗干净。清洗时要使用柔顺剂,以免晒干后盘套发硬。

2. 抛光机与抛光盘

抛光机也称为研磨机,如图 6-66 所示。常用于机械式研磨、抛光及打蜡。

图 6-66　抛光机

(1) 抛光机　抛光机分为气动式和电动式两种。气动式比较安全,但需要气源;电动式容易解决电源问题,但要注意用电安全。

(2) 抛光盘　抛光盘安装在抛光机上,与研磨剂或抛光剂共同作用完成研磨/抛光作业。吸盘式抛光盘应用最广泛,与之配合使用的抛光机的机头上用螺钉固定有托盘,托盘的工作面可粘住带有尼龙、易粘平面的物体,这样就可以根据需要选择各种吸盘式的抛光盘,工作时只需将此种抛光盘贴在托盘上,便可实现抛光盘的快速转换。抛光盘按材料分为羊毛抛光盘、海绵抛光盘和兔毛抛光盘三种。

3. 机械除锈、除漆工具

机械除锈、除漆是利用机械产生的冲击、摩擦作用对工件表面进行除锈、除漆,机械除锈、除漆速度快,质量好,工作效率高,是目前应用比较广泛的一种除锈、除漆方法。机械除漆在去除旧涂膜的同时也能彻底清除锈蚀,能一步达到除膜、除锈的目的。常用的工具有电动除漆/除锈机、气动除漆/除锈机、电动或气动砂轮机(图 6-67)等。

手提式电动砂轮机是利用砂轮的高速运转除去铁锈,效果较好,尤其适用于较深的锈斑。它可以在手中随意移动,其工作效率高,施工质量也较好,使用方便,是一种较理想的也是比较普遍采用的除锈工具。其结构主要由电动机和打磨盘组成,打磨盘上有打磨砂轮片。砂轮片是易耗品,根据砂轮片的砂粒及直径大小分为不同规格,以便进行粗磨、中粗磨和细磨。

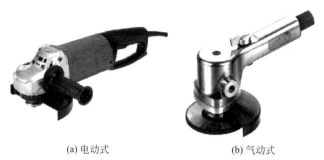

(a) 电动式　　　　(b) 气动式

图 6-67　砂轮机

电动（气动）钣金除锈/除漆机的工作原理和电动砂轮机是一样的，它适用于清除钣金铁锈和旧漆，不伤钣金表面。

气动小型除锈/除漆机用于小面积边角部位除锈、除漆。

四、喷枪

喷枪是利用液体或压缩空气迅速释放作为动力的一种设备。它是汽车涂装工艺中不可缺少的设备。喷枪是利用空气压缩气流从喷枪的喷嘴中间喷出，利用文丘里原理，在喷嘴前端形成负压区，将涂料从容器中吸出来，同时用几股对称气流将涂料急骤打散，涂料被微粒化，成均匀雾状飞向被喷物体，在被喷物体表面形成连续、均匀的漆膜，达到防腐及增加美观性的目的。

1. 喷枪的结构与类型

（1）喷枪的结构　喷枪主要由枪体和喷枪嘴组成。吸力进给式空气喷枪的结构如图 6-68 所示。枪体主要由扇面调节螺钉、涂料调节螺钉、空气调节螺钉、进漆口、压缩空气进气口、扳机、手柄组成；喷枪嘴由气帽、涂料喷嘴、枪针组成。

（2）喷枪的类型　按涂料的供给方式分类，可分为重力式、吸力式和压力式三种类型（图 6-69）。

① 如图 6-69(a) 所示，重力式喷枪（上壶枪）的涂料罐安装在喷嘴上方，利用涂料重力及喷嘴处的吸力供应涂料，不适合喷涂较大面积。

② 如图 6-69(b) 所示，吸力式喷枪（下壶枪）的涂料罐安装在喷嘴下方，压缩空气经过喷嘴时形成低压区，杯中涂料通过大气压的作用向上进入喷嘴，与喷枪前的压缩空气混合后，被吹散雾化喷出，适合一般喷涂工作。

图 6-68　吸力进给式空气喷枪的结构

③ 如图 6-69（c）所示，压力式喷枪（分离式）的涂料罐与枪体分离，涂料罐容积大，靠软管连接，通过向涂料罐加压让涂料流入枪体，与喷枪前端的压缩空气混合后，被吹散雾化喷出。喷涂大型表面时不必停下来向涂料罐中添加涂料；也可使用高黏度涂料。适合于大面积或连续作业，不适合小面积喷涂。

2. 喷枪的使用方法

① 使用时将要喷涂的涂料充分搅拌摇匀，然后将涂料倒入喷枪上的漆杯里，一定要将

(a) 重力式　　　　　　(b) 吸力式　　　　　　(c) 压力式

图 6-69　喷枪的类型

涂料全部倒入漆杯里然后封装，防止涂料后期挥发。

② 在喷涂过程中，喷枪与被喷工件间应始终保持保持 20cm 的距离。若喷涂距离小，则容易产生流挂、起皱和喷涂不均匀等弊病；喷涂距离大，涂料的利用率低，同时涂料微粒在空中的时间也长，这对涂料来说，可能漆雾到达工件表面时因黏度过大而影响它的流平，产生橘皮与微粒。

③ 在走枪的过程中，始终保持喷枪与被喷涂平面呈直角，并确保手臂沿被喷工件的表面做平行运动。喷枪一般应保持 30～50cm/s 的速度进行均匀移动。

④ 喷涂路线应按从高到低、从左到右、从上到下、先里后外顺序进行，应按计划好的行程稳定地移动喷枪。

⑤ 在每次的喷漆完成后，都要将漆杯清洗干净，必须将整个喷枪拆卸下来清洗。

3. 使用喷枪的注意事项

① 气压的大小要符合使用说明书的规定，使用气动喷枪前，要检查气压，绝对不可超过规定的气压，否则后果不堪设想。

② 气源必须使用干燥无尘的普通压缩空气，严禁使用氧气和任何易燃气体，以免造成意外伤害。

③ 每次工作完毕，一定要将气压管与工具分开。

④ 当多支喷枪共用一个压缩机时，压缩机的容量一定要与之匹配，否则将造成气压不足，影响喷涂效果。

五、烤漆房

烤漆设备是用于固化、烘干涂膜或加快自干漆涂膜的固化设备。在汽车喷漆工作中，许多高质量的涂料在喷涂后都需要进行烘烤才能固化，为了提高生产效率和保证喷涂质量，很多维修厂都配备烤漆设备或建有烤漆房。

烤漆房将喷漆和烤漆合二为一，如图 6-70 所示。根据涂膜的成膜机理，无论是自然挥发成膜还是化学反应交联成膜，在温度高一些的时候、温度适宜的情况下，都会加快速度，提高涂膜的质量和工期，使生产效率提高。因此设立烤漆房，使涂膜加快干燥、固化，保持工作环境更干净，

图 6-70　烤漆房

提高工作效率和工作质量。

1. 烤漆房的作用

因在维修涂装中的汽车整车经不起高温烘烤，所以汽车修补涂装中一般使用的是自干型或双组分型涂料。为了提高涂装效率和涂层质量，可选用低温烘烤型涂料和低温烘烤设备。在修补涂装产量大的场合，一般都独立设置一套低温烘烤房。在局部修补时，还可使用移动式烘烤设备。

烤漆房可以单独设置，也可以与喷漆房连成一体。如果喷漆房带有无尘的干燥室，可以加速漆膜的干燥。如图 6-71 所示，在普通维修企业通常使用喷-烤两用房（俗称烤漆房），即可以在其中进行喷涂作业，等涂膜经过充分晾干后，再实施烘烤工序。可满足修补涂装中的喷涂施工和低温烘烤两方面的要求，但工效低且漆雾粒子的除净率低。

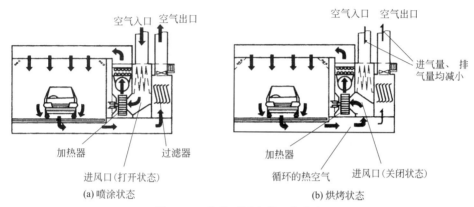

图 6-71 喷-烤两用房的工作状态

2. 烤漆房的类型

根据烤漆房对漆膜的干燥方式不同，有热空气对流式烤漆房和辐射式烤漆房。

（1）热空气对流式烤漆房 如图 6-72 所示，热空气对流式烤漆房采用热风对流加热方式，被烘干件的金属底材温度在烘烤过程中不超过 80℃。热源一般为煤油、柴油、废油、

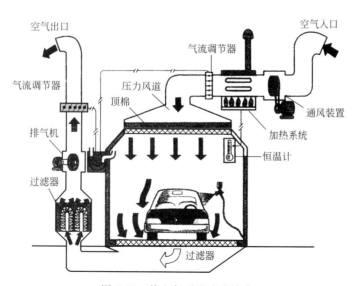

图 6-72 热空气对流式烤漆房

天然气、电力或蒸汽。

（2）辐射式烤漆房　烘烤干燥方式除热空气对流式外，也可采用辐射式（图 6-73）。可将辐射式干燥器根据烘烤室的结构合理布置在内，也可用于局部烘烤。

3. 喷漆和烤漆的操作

烤漆房配备空气过滤装置，喷漆时，外部空气经过初级过滤网过滤后由风机送到房顶，再经过顶部过滤网二次过滤净化后进入房内。房内空气采用全降式，以 0.2～0.3m/s 的速度向下流动，使喷漆后的漆雾微粒不能在空气中停留，而直接通过底部出风口被排出房外。这样不断地循环转换，使喷漆时房内空气清洁度达 98% 以上，使得

图 6-73　辐射式烤漆房

喷漆时漆膜纯净，不会混入空气中的灰尘，且送入的空气具有一定的压力，可在车的四周形成一个恒定的气流以去除过量的油漆，从而最大限度地保证喷漆的质量。

烤漆时，将风门调至烤漆位置，热风循环，烤房内温度迅速升高到预定干燥温度（55～60℃）。风机将外部新鲜空气进行初过滤，与热能转换器发生热交换后送至烤漆房顶部的气室，再经过第二次过滤净化，热风经过风门的内循环作用，除吸进少量新鲜空气外，绝大部分热空气又被继续加热利用，使得烤漆房内温度逐步升高。当温度达到设定的温度时，燃烧器自动停止；当温度下降到设置温度时，风机和燃烧器又自动开启，使烤漆房内的温度保持相对恒定。最后当烤漆时间达到设定的时间时，烤漆房自动关机，烤漆结束。

第四节　汽车支撑与举升设备的使用

一、千斤顶

1. 千斤顶的作用与类型

（1）千斤顶的作用　千斤顶是用于支撑、举升车辆或其他重物，如举升汽车、支撑汽车总成等，便于维修人员在车下维修操作的工具。一般轿车配备的千斤顶承重在 1.5t 以内，而越野车的千斤顶通常可以承重 2.5t 左右。

（2）千斤顶的类型　千斤顶根据其动力来源的不同可分为手动千斤顶（包括机械千斤顶、液压千斤顶）、气压千斤顶和电动千斤顶。一般常用的是液压千斤顶和机械千斤顶。

根据其形状的不同又可分为立式千斤顶、卧式千斤顶、剪式千斤顶和分离式千斤顶等。

① 气动千斤顶。气动千斤顶全称为气囊式气动千斤顶，一般由三层、两层或单层气囊组成，其原理是利用 5～8kg 的压力空压机充气，将车辆顶起。

气动千斤顶有气缸式和空气弹簧式两种，空气弹簧式千斤顶如图 6-74 所示，该千斤顶是把一系列橡胶圈连接起来通过空气压力举升负荷。

气动千斤顶与车轮定位设备和斜面式举升机联合使用，也可用于普通车辆的举升。

② 电动千斤顶。电动千斤顶如图 6-75 所示，它是利用电动机，依托汽车蓄电池作为动力来源，通过控制开关，自由、均匀、平稳地升降千斤顶的机械部分。

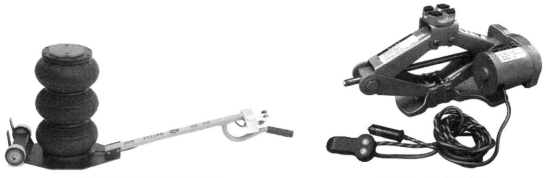

图 6-74　空气弹簧式千斤顶　　　　　　　图 6-75　电动千斤顶

③ 液压千斤顶。液压千斤顶又称油压千斤顶，它是一种采用柱塞或液压缸作为刚性顶举件的千斤顶。常用的有立式千斤顶和卧式千斤顶两种，分别如图 6-76 和图 6-77 所示。千斤顶由外壳、大活塞、小活塞、扳手和油箱等部件组成。

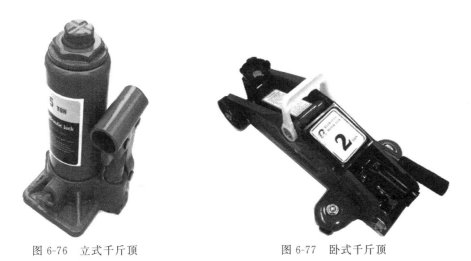

图 6-76　立式千斤顶　　　　　　　图 6-77　卧式千斤顶

④ 机械千斤顶。机械千斤顶又称剪式千斤顶，如图 6-78 所示。它是国内各大汽车工厂的随车产品，操作原理各有不同。

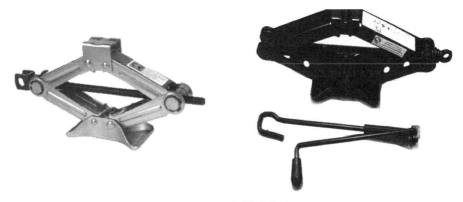

图 6-78　机械千斤顶

第六章　底盘与车身系统维修常用工具及设备

2. 千斤顶的使用方法

（1）齿条式千斤顶的使用方法　随车千斤顶中较为常见的是齿条式千斤顶，适用于特定型号的车辆，主要支撑在托架、车身、保险杠的支撑点上。这种千斤顶一般为手摇式或者摇杆式，仅限于用于紧急状况下轮胎的更换。更换车轮时一次只能举起一个车轮，依靠千斤顶和其他三个车轮的支撑作用保证车辆稳定。

① 将车辆停放在坚硬平整的水平地面上，拉住驻车制动器。

② 手动挡车挂入 1 挡或者倒挡，而自动挡车需挂入 P 位。

③ 将千斤顶放置到车身底部的专用支撑点下方，如图 6-79 所示。

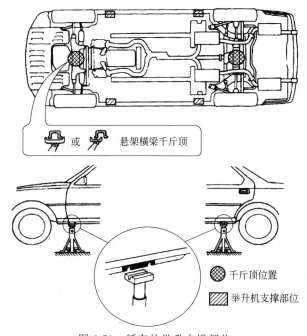

图 6-79　轿车的举升支撑部位

④ 将摇杆安装到千斤顶上，一只手握住摇杆，另一只手顺时针缓慢地摇动摇杆，摇起千斤顶。

⑤ 操作过程中适当调整千斤顶与支撑点的位置，直到千斤顶的上支座支撑到车辆的专用支撑点上。

⑥ 确认千斤顶的稳固性后，继续操作千斤顶，顶起车辆，为进一步确保作业安全，可在底盘相应位置放置千斤顶三角支架。

⑦ 当放低车辆时，逆时针缓慢地转动摇杆，维修完毕后将千斤顶归位放置。

（2）液压式千斤顶的使用方法

① 将车辆停放在坚硬平整的水平地面上，拉住驻车制动器。

② 手动挡车挂入 1 挡或者倒挡，而自动挡车需挂入 P 位。

③ 将千斤顶放置到车身底部的专用支撑点下方。

④ 顺时针拧紧回油阀。

⑤ 插入摇杆，然后顺时针转动，以锁止摇杆。

⑥ 上下缓慢摇动摇杆，使千斤顶缓慢上升。

⑦ 当轮胎离开地面时，停止操作千斤顶。然后放置千斤顶三角支架，确保作业安全。

⑧ 下降前，先将把手推至卡扣处，再解锁保险杆。
⑨ 确保齿轮完全离开保险杆，即可操作千斤顶下降。
⑩ 将摇杆插入回油阀上，逆时针拧动回油阀，操作千斤顶缓慢下降。

3. 使用千斤顶的注意事项

① 使用前应选择合适的千斤顶。大型车切不可使用小型车的千斤顶，以免在维修车辆时发生意外。

② 应将车辆完全固定后再支起车辆。如果在支起车辆之前没有将车辆完全固定，在支撑的过程中很可能因为车辆滑动造成滑落的现象。会造成工具的损坏或车下维修人员受伤。

③ 千斤顶一定要在坚硬平整的路面上使用，如果是比较松软的地面，例如泥路或者沙土路面，应当在千斤顶底座下加垫一块有较大面积且承受压力的材料（如木板等），防止千斤顶由于汽车重压而下沉。

④ 千斤顶必须垂直放置，以免因油液渗漏而失效。

⑤ 千斤顶一定要支在底盘的支撑点上。家用车的支撑点通常在侧面裙边的内侧，一般在前轮的后面 20cm 左右，后轮的前面 20cm 左右。

⑥ 禁止将千斤顶支撑在如悬挂的下摆臂或钢板上，如果千斤顶打滑，车辆掉落下来，底盘和千斤顶都会受损害。

⑦ 在举升千斤顶的过程中，用力要均匀，切忌过快或者用力过猛。当放下汽车时，也应徐徐拧松液压开关，使汽车缓慢下降，汽车下降速度不能过快，否则易发生危险。

⑧ 汽车在起顶或下降过程中，禁止在汽车下面进行作业。

⑨ 用千斤顶把汽车顶起，当液压开关处于拧紧状态时，如果发生自动下降故障，则应立即查找原因，及时排除故障后方可继续使用。

⑩ 随车千斤顶仅用于支撑常规更换轮胎或者检查悬架，不能代替举升机进行大幅度的维修工作，严禁将身体或手臂探到车身下面，以免发生危险。

⑪ 千斤顶一般要与三角支架配合使用，才能保证作业安全，除受条件限制外，不与三角支架配合使用。

二、安全支撑

1. 安全支撑的作用

安全支撑也称千斤顶支架或马凳，主要用于支撑车辆，保持一定高度，使维修人员能够在汽车下面工作，拆下车轮和汽车零部件等。当用千斤顶将车辆顶起后，可在车辆的支撑部位放置安全支撑，以防千斤顶突然失灵导致液压压力卸放造成安全事故。安全支撑带有定位孔和销子，能灵活调节支撑高度。安全支撑的结构如图 6-80 所示。

2. 安全支撑的使用方法

（1）安全支撑的检查　安全支撑在使用前，应当认真检查，主要检查项目包括以下几方面。

① 检查鞍座是否有裂纹和变形，鞍座是否清洁、干净，不能有油脂。

② 检查安全支撑在地板上是否稳定，机座和支腿应当没有变形。

③ 安全支撑上的螺纹、齿条或销子应当运转良好、锁定可靠，支撑重量不要超过最大安全工作载荷。

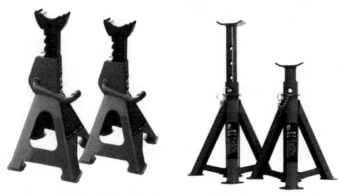

图 6-80 安全支撑的结构

(2) 安全支撑的使用方法

① 首先应当将安全支撑调整到期望高度,两边安全支撑高度应相等,车辆在安全支撑上应当处于水平状态。

② 举升车辆到略高于要求的高度。

③ 把安全支撑放在加强梁下面,确保安全支撑不能损伤任何部件,例如地板、车身零部件、管线和电缆等。

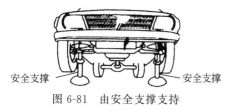

图 6-81 由安全支撑支持

④ 轻轻地降下车辆,落实安全支撑,检查车辆是否正确支撑在安全支撑的鞍座上,如图 6-81 所示。

⑤ 移走千斤顶前,应确保车辆妥善地支撑在安全支撑上,进而保证在车下工作是安全的。

注意:安全支撑的鞍座应当接触车辆的水平面,而不是锥面和斜边,否则易造成车辆的滑移。

三、汽车举升机

1. 汽车举升机的作用与类型

汽车举升机是指汽车维修行业用于汽车举升的汽保设备,无论整车大修,还是小修保养,都离不开它。它的作用是举升车辆到地面上一定高度,便于维护、修理及检测汽车,如果使用不当,会产生危险。

在汽车维修中有许多种类的举升机,根据其动力装置的不同分为液压举升机、气动举升机和电动举升机等。

根据外观形状不同可分为单柱、双柱、四柱和剪式四种,如图 6-82 所示。

① 单柱式举升机是将停放在地面上的轿车等交通工具举升到一定的高度进行维修的专用设备,是一种典型的用于汽车及工程车辆的局部举升,以便更换车轮轮胎或对车辆底盘进行各种维修作业的机具。单柱移动式举升机适用于室内外场地,单柱固定式举升机适用于室内面积较为紧凑的场所。

② 双柱式举升机是电动液压式或电动链条牵引式,其立柱为固定式,多用于在车辆大修、小修和保养时举升车辆。适合对 3t 以下的汽车、轻型车的专业维修之用。

③ 四柱式举升机是电动液压式或电动链条牵引式,开关操作,升降方便。多用于车辆四轮定位和车辆底部检修。提升质量可达 8t,稳定性好,适合综合性汽车修理厂的使用。

(a) 单柱式举升机　　(b) 双柱式举升机
(c) 四柱式举升机　　(d) 剪式举升机

图 6-82　汽车举升机的类型

④ 剪式举升机主要用于大型车辆维修，还常用于四轮定位仪的平台。

2. 汽车举升机的使用方法

下面介绍最常见的双柱摇臂式举升机的使用方法。

（1）启动前准备　举升机启动时打开举升机电源开关（控制面板上电源指示灯亮）。此时应观察活动架是否完全降落，并将支撑臂偏转至最大行程止端，同时观察并清理支架盘上油污。

（2）车辆举升过程

① 车辆驶入。将车辆行驶至合适位置，调整车辆以使得车辆重心（许多车辆的重心大约位于前车门铰链的位置）尽可能靠近举升机的中心。然后拉驻车制动器，停好车辆。

② 将支撑臂回转到车辆的底部，将四个支架盘定位到车辆厂家规定的支撑点上，如图 6-83 所示。旋转支撑盘高度调节螺纹，确保支架盘平面紧靠车辆支撑点。

注意：车辆驶入时，举升机操作单元一般位于举升机右侧立柱上，支架盘旋转不要超出极限位置，否则剩余的螺纹长度保证不了支撑车辆的安全。

③ 提升车辆。举升机移动前应确认没有人员停留在危险区，没有物品靠着车辆或举升机，在车辆或举升机上没有任何物品。上升过程中，注意观测支撑臂、支撑点和车辆的状态，尽量远离支撑臂和车辆。

④ 车辆举升前检查支撑臂的锁定机构，如果有必要，轻微移动摇臂使其被卡入。按住电气控制盒的止升按钮，活动架上升。当车辆轮胎离开地面后，停止进行检查。如发现前、后轮提升不均匀，此时应降下支撑臂，重新定位车辆，重复提升过程。

⑤ 举升过程中如发现车辆不稳定，应拉动主、副立柱内侧的拉绳确认锁齿解锁后，按住液压单元的下降手柄，降下支撑臂，重新定位车辆后，再进行举升。

⑥ 经过重新调整确认车辆稳定后，可继续举升至所需高度上终端位置，然后松开电气

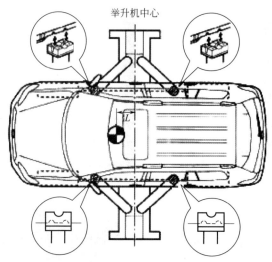

图 6-83 轿车的举升支撑部位

控制盒的上升按钮。此时应检查活动架锁止机构是否在锁止位置上，如果不在锁止位置上，将活动架下降一点确保锁止机构在锁止位置上。

⑦ 当举升机存在功能异常或者部件损伤时，不得再继续使用举升机。

⑧ 如果举升机出现故障，应立即停机，并采取适合措施防止无关人员擅自使用机器。

（3）下降车辆

① 车辆维修结束需要下降时，应检查支架盘和支撑点的安全接触情况。注意不要有人停留在车辆内或举升机活动区域内。检查确认在举升机区域内没有其他物体。

② 举升机下降车辆前，拉动主、副活动架上的拉绳确认锁齿解锁，然后按住液压单元的下降手柄，活动架下降。

③ 如果举升机活动架下降到某个特定位置，而不是直接下降到地面，活动架锁止机构不会自动锁止，此时可以稍微上升一点活动架，以确保锁止机构锁止。

注意：

① 当主、副活动架位于锁止状态时，举升机不能下降。这时应先按住电气控制盒中的上升按钮使得举升机上升一小段，拉动绳解锁后才能下降。

② 当使举升机下降时，有些品牌的举升机要先使举升机上升，将举升机解锁后才能进行下降操作；有些品牌的举升机进行下降操作时，直接按压下降的功能按钮，举升机会自动上升一段距离后就下降。

（4）车辆驶出和停机

① 当举升机完全降低至地面后，此时可将支架盘完全向下旋转，将支撑臂偏转至最大行程止端，驶出车辆。

② 举升机空置不用时，可以利用电源开关来实现设备停机。此时可旋转总开关到位置OFF（0），并采取相应措施防止合闸。

3. 使用举升机的注意事项

① 只有经过专业培训的人才可以操作和使用举升机。

② 举升车辆前，检查所有管道接头和端口是否有油泄漏，若存在泄漏，则不要使用举升机，拆下有泄漏的接头并重新密封。

③ 汽车的总重量不能大于举升机的起升能力，禁止举升机超载运行。

④ 举升机的举升托垫一定要放在车辆厂家建议的位置，然后慢慢举起车辆，确定平稳，不会发生倾斜、倾翻、脱落时才能举到需要的高度。

⑤ 对于双柱举升机，应转动、调整举升臂至汽车底盘指定可承受力的部位并接触牢靠，以适应不同长度的车辆，并使得车辆举升后的重心位于举升机的中心位置。

⑥ 进行举升或者下降操作前，操作人员必须确保举升机下方无工作人员或者其他物品，必要时可发出声音进行提醒。

⑦ 举升或者下降过程中，必须时刻注意举升机的动态，确保安全举升，发现异常状况，停止操作举升机。

⑧ 车辆离开地面后必须确认车辆的稳定性。

⑨ 当进行举升机锁止操作后，应确保锁止机构锁止到位。

⑩ 在车下作业时，一定要确保举升机的机械安全锁处于咬合状态。

⑪ 举升设备发生故障时，必须立即停止使用，关闭电源，及时向设备管理人员汇报。

⑫ 操作结束后应将机器降至最低并关闭电源。

⑬ 如果机器长期不使用，使用者要切断电源、放空液压油，移动部件用液压油润滑。

四、吊具及吊索

1. 吊具及吊索的作用

在汽车维修车间里，有时需要起吊大型零部件，例如汽车发动机、变速器、前后桥等，这时就要用到举升吊具及吊索等设备。常见的举升吊具如图 6-84 所示，主要有发动机吊机、链式（电动）葫芦、平衡架等。

(a) 发动机吊机　　　　　(b) 链式(电动)葫芦　　　　　(c) 平衡架

图 6-84　常见的举升吊具

2. 举升吊具的使用方法

（1）发动机吊机

① 发动机吊机需要定期进行维修和检查，以确保其安全操作。

② 当有人或装备在吊机下面时，千万不要操作吊机。

③ 使用吊机起吊发动机时，需检查吊机的承载能力，不能超载，确保吊钩与起吊部件连接牢固。

④ 不要将吊机起重臂伸得太长，如果超出规定范围值，则吊机在起吊重物时会失去平衡，如图 6-85 所示。

⑤ 如图 6-86 所示，不要让重物一直处于悬空状态，且应当尽量使重物刚好离开地面或车辆，悬空物体越高，起重机就越不平稳，越容易翻覆。

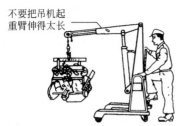

图 6-85 不要将吊机起重臂伸得太长

图 6-86 确定起吊点或连接点可靠

⑥ 当移动起吊物时,应当尽量避免起吊物摇晃,起吊物离地应很近,因而起吊物重心低,起吊过程可以保持平稳。

图 6-87 举升吊具的检查

(2) 举升吊具的检查 在使用举升吊具前,应认真检查吊具,如图 6-87 所示。举升吊具链环不能磨损、张开及开裂,铰链处不能过度磨损,应当运动自由。紧固件不能拉伸变形,螺纹状态良好。使用标准的扣环,不能使用螺栓和销代替。

(3) 举升吊具的连接 按照要求连接举升吊具。吊具螺母必须全部拧上,不能有螺母、螺纹暴露在外面。当吊具与被举升部件连接时,螺栓、螺钉等必须旋进至少 1.5 倍直径的深度,并且使吊具与被举升部件紧密连接。

3. 举升吊索的使用方法

当拆下发动机或变速器时,如果没有专用的吊具,就有必要利用链条、钢丝绳或吊索作为吊具,如图 6-88 所示。

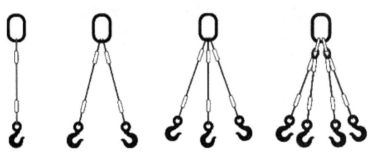

图 6-88 吊索

(1) 吊索的检查 在使用吊索前,应当做细致检查。

① 钢丝绳和吊索上是否有磨损、绞缠和缺陷。

② 是否有张开和断裂的链环,确保吊索能承受负荷,其安全工作负荷大于起吊部件重量。

③ 如有必要,可查看厂家说明书。

(2) 吊索的使用

① 使用吊索时,应当将吊索安全地连接到起吊部件上。

② 用物体包住起吊部件的所有尖锐边缘,防止损坏吊索。

③ 吊索应远离燃油管、机油管、电缆、分电器、燃油泵及机油滤清器等零部件。

④ 确保吊索不会从吊钩上滑脱。

⑤ 将吊钩挂住吊索起吊部件,以保持角度和平衡。

⑥ 保持吊索夹角小于60°,因为在这个角度,每根吊索上承受的力量稍大于起吊重量的1/4。这个力量会随着夹角的增加而增加,当夹角为120°时,每根吊索上的力量超过起吊部件重量,这就很危险,吊索随时可能被拉断。

⑦ 逐渐将部件重量加到吊索上,检查吊索是否正确定位。

第七章 汽车电气维修常用工具和仪器设备

第一节 电气维修常用工具与仪器设备的使用

一、数字式万用表

1. 数字式万用表的作用与类型

万用表又称为复用表、多用表和三用表等，数字式万用表是指高阻抗数字型万用表，它是在数字型万用表原有功能的基础上，添加了模拟转换模块（简称转换模块），具备了传感器信号模拟和驱动执行器的功能。

数字式万用表除了经常用于检测直流电流强度、直流电压、交流电压及导线的电阻等参数外，还可用于检测转速、闭合角、占空比（频宽比）、频率、压力、时间、电容、电感、半导体元件及温度等。

数字式万用表的型号较多，外观的设计和布置也各不相同。它主要由数字及模拟量显示屏、功能按钮、测试项目选择开关、温度测量插孔、公用插孔（用于测量电压、电阻、频率、闭合角、频宽比和转速等）、搭铁插孔、电流测量插孔等构成。数字式万用表如图7-1所示。面板上装有液晶显示屏、电源开关、转换开关、输入插孔、温度插孔、晶体管插孔和数据保持键等操作装置。

图7-1 数字式万用表

（1）电源开关和显示屏

① 数字式万用表设有电源开关，有ON和OFF两种状态。使用时将开关置于ON状态，以接通电源；使用结束后将开关置OFF状态，关闭电源。

② 接通电源后，显示屏应有数字显示。如果没有数字显示或有数字显示同时显示"⊡"符号，均说明表内电池电压已不足，应予以更换。测量时，对四位半数字表，显示屏最大显示值为9999或－19999；对三位半数字表，最大显示值为1999或－1999。若被测量超过最大显示值，则显示屏显示数字"1"，表示过量程或溢出，此时应换用更高量程进行测量。过量程符号"1"还会现在其他场合，如在测电阻时，若表笔开路，则显示屏也会显示"1"；又如，测二极管反向状态时也会显示过量程符号，表示反向电阻很高。因此，测量时应注意区分，不能混淆。有时显示值中带负号"－"，这表示表笔的极性与被测点的极性相反。有时显示值中带有小数点，读数时必须注意。另外读数时，要等

到显示值稳定后才能读取。如果显示值一直不能稳定，则读取平均值或者最大值。

（2）转换开关　测量前，将转换开关拨到合适的挡位和量程上。因数字式万用表有测量保护装置，因此数字式万用表测量时可转动开关转换量程。

（3）插孔

① 数字式万用表在面板的最下方布置了四个输入插孔。其中 COM 是公共插孔，作为各种测量的公共端使用；VΩ 孔用于电压和电阻的测量。测量时，COM 孔插入黑表笔，其他孔插入红表笔，不能用错。

② 面板上设有 NPN 和 PNP 插孔，用于测出晶体管 β 值。测量时，转换开关转到 hFE 挡，将晶体管三个电极分别插入对应的 E、B、C 插孔中，显示屏的读数即为 β 值。这个 β 是近似值，不是精确值，故该值在判断晶体管性能时，只供参考用。

（4）数据保持（DATA HOLD）键　在测量过程中，若看不清屏幕，无法读数时，可以锁定显示。这时只要按数据保持（DATA HOLD）键即可。

2. 数字式万用表的测量

（1）各种参数的测量　测量电压时必须并联万用表，测量电流时必须串联万用表，测量电阻时必须断电。量程应该选择最接近的那一挡。万用表测量电压、电流和电阻都有不同的量程范围可供选择，所选择的量程越接近实际，测量出来的数值越精确。

① 直流电压（DCV）和交流电压（ACV）的测量。电源开关置于 ON 位置，测量直流电压时，应将量程开关拨至直流电压（DCV）范围内的合适量程，测量交流电压时，将量程开关拨至交流电压（ACV）范围内的合适量程，红表笔插入 VΩ 孔，黑表笔插入 COM 孔，并将测试笔连接到测试电源或负载上，读数即显示测量值。若被测电压超过所选挡位量程，则显示器显示过量程"1"，此时应将挡位改为高一挡量程，直至显示正常的数值。在测量直流电压时，数字式万用表能自动显示极性。在测量仪器仪表的交流电压时，应当用黑表笔去接触被测电压的低电位端（如信号发生器的公共端或机壳），以消除仪表对地分布电容的影响，减小测量误差。

② 直流电流（DCA）和交流电流（ACA）的测量。将量程开关拨至直流电流（DCA）或交流电流（ACA）范围内的合适量程，红表笔插入 mA 孔（≤200mA 时）或 20A 孔（>200mA 时），黑表笔插入 COM 孔，并通过表笔将万用表串联在被测电路中即可。在测量直流电流时，数字式万用表能自动显示极性。

③ 电阻的测量。将量程开关拨至 Ω（OHM，欧姆）范围内的合适量程，红表笔插入 VΩ 孔，黑表笔插入 COM 孔。如果被测电阻超出所选择量程的最大值，万用表将显示过量程"1"，这时应选择更高的量程。对于大于 1MΩ 的电阻，要几秒后读数才能稳定，这是正常的。当检查电路中的电阻时，应先切断被测线路的电源，并将所有电容放电。

④ 二极管的测量。将量程开关拨至"⊥"挡，将黑表笔插入 COM 插孔，红表笔插入 VΩ 插孔（注意红表笔极性为正）。测量时，万用表将显示二极管的正向压降。通常好的硅二极管正向压降显示值为 0.4~0.7V，好的锗二极管正向压降显示值为 0.15~0.30V，若被测二极管是坏的，将显示"000"（短路）或"1"（开路）。进行反向检查时，如果被测二极管是好的，将显示过量程"1"；若损坏，就显示"000"或其他值。

注意：数字式万用表电阻挡所能提供的测试电流很小。因此，对二极管、晶体管等非线性元件，通常不测正向电阻而测正向电压降。

测量二极管，既可以使用指针式万用表，也可以使用数字式万用表。需要注意的是，数字式万用表红表笔是内部电池的正极，当使用二极管挡位测量时，显示的数值表示的是二极管的正向压降值，单位是 V。

(2) 使用数字式万用表的注意事项

① 如果无法预先估计被测电压或电流的大小，则应先拨至最高量程挡测量一次，再视情况逐渐把量程减小到合适挡位。测量完毕，应将量程开关拨到最高电压挡，并关闭电源。

② 当满量程时，仪表仅在最高位显示数字"1"，其他位的数字均消失，这时应选择更高的量程。

③ 当测量电压时，应将数字式万用表与被测电路并联。测量电流时，应将数字式万用表与被测电路串联，测直流量时不必考虑正、负极性。

④ 当误用交流电压挡测量直流电压，或者误用直流电压挡测量交流电压时，显示屏将显示"000"，或低位上的数字出现跳动。

⑤ 禁止在测量高电压（220V以上）或大电流（0.5A以上）时换量程，以防止产生电弧，烧毁开关触点。

⑥ 当数字式万用表的电池电量即将耗尽时，液晶显示器左上角会有符号"⌷"显示，此时电量不足，若仍进行测量，测量值会比实际值偏高。

⑦ 数字式万用表本身具有自动调零功能，在使用时不需手工调零。

⑧ 如果液晶显示模糊或者字体残缺不全（例如"8"字显示成"3"），可能是环境温度过低的缘故，只要将万用表移到暖和的地方就会恢复正常显示。

⑨ 数字式万用表使用完毕，应该将量程开关转至最高交流电压挡，然后关闭电源，防止下次误操作而损坏数字式万用表。

二、汽车专用万用表

1. 汽车专用万用表的作用

汽车专用万用表是现代电控汽车维修人员在维修工作中不可或缺的检测仪器，数字式汽车专用万用表与指针式万用表相比，具有测试读数精确、功能多的特点，更重要的是数字式汽车专用万用表的阻抗很高，一般均在 10MΩ 以上，在对现代电控汽车进行检测时不易对汽车的控制电脑和传感器造成危害。

汽车专用万用表也是一种数字多用仪表，其外形和工作原理与数字式万用表相似，只是增加了几个汽车专用功能而已。在发动机电控系统故障的检测与诊断中，除经常需要检测电压、电阻和电流等参数外，还需要检测转速、闭合角、频宽比（占空比）、频率、压力、时间、电容、电感、温度、半导体元件等。但是这些参数用一般数字式万用表无法检测，需用专用仪表即汽车专用万用表。

如图 7-2 所示，汽车专用万用表主要由数字及模拟量显示屏、功能按钮、测试项目选择开关、温度测量座孔、公用插孔（用于测量电压、电阻、频率、闭合角、频宽比和转速等）、公共接地插孔、电流检测插孔等构成。另外，为了实现某些功能，例如测量温度、转速等，汽车专用万用表还配有一些配套件，如热电偶适配器、热电偶探头、电感式拾取器以及 AC/DC 感应式电流夹钳（5~2000A 等）。

2. 汽车专用万用表的使用

(1) 汽车专用万用表使用方法

① 温度检测。测试项目时应将功能选择开关置于温度（Temp）挡，按下功能按钮（℃/℉），将黑线搭铁，探针线插头端插入汽车专用万用表温度测量座孔，探针端接触被测

物体，显示屏即显示被测温度。

② 信号频率检测。首先将测试项目选择开关置于频率（Freq）挡，黑线（自汽车专用万用表搭铁插孔引出）搭铁，红线（自汽车专用万用表公用插孔引出）接被测信号线，显示屏即显示被测信号的频率。

③ 点火线圈初级电路闭合角测量。将测试项目选择开关置于闭合角（Dwell）挡，黑线搭铁，红线接点火线圈负接线柱，发动机运转，显示屏即显示点火线圈初步电路的闭合角。

④ 频宽比测量。将测试项目选择开关置于频宽比（Duty Cycle）挡，红线接电路信号，黑线搭铁，发动机运转，显示屏即显示脉冲信号的频宽比。

⑤ 起动机的启动电流测量。首先将测试项目选择开关置于 400mV 挡（即用测量电流传感器电压的方法来测量起动机的启动电流），把霍尔式电流传感夹夹到蓄电池线上，其引线插头插入电流检测插孔，按下最小/最大功能按钮，然后拆下点火高压线，用起动机转动曲轴 2～3s，显示屏即显示起动机的启动电流值。

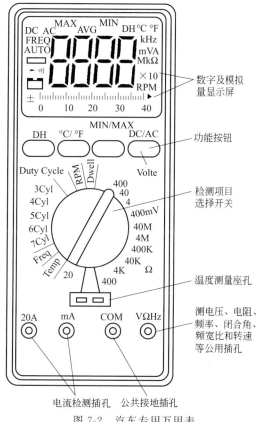

图 7-2　汽车专用万用表

⑥ 发动机转速检测。将测试项目选择开关置于转速（RPM）挡，转速测量专用插头插入搭铁插孔与公用插孔中，感应式转速传感器（汽车万用表附件）夹在某一缸高压点火线上，在发动机工作时，显示屏即显示发动机的转速。

⑦ 氧传感器测试。拆下氧传感器线束插接器，将测试项目选择开关置于 4V 挡，按下 DC 功能按钮，使显示屏显示"DC"，再按下最小/最大功能按钮，将黑线搭铁，红线与氧传感器相连；然后以快怠速（2000r/min）运转发动机，使氧传感器工作温度达 360℃ 以上。此时，如可燃混合气浓，氧传感器输出电压约为 0.8V；如可燃混合气稀，氧传感器输出电压为 0.1～0.2V。当氧传感器工作温度低于 360℃ 时（发动机处于开环工作状态），氧传感器无电压输出。

（2）汽车专用万用表的其他功能　万用表的主要作用是检测电压、电阻和电流，除此之外，还有一些辅助功能，如蜂鸣器通断检测、二极管正向压降检测、晶体管放大倍数检测等。一些汽车专用万用表还具备检测点火系统闭合角、发动机转速甚至喷油脉宽的功能。

① 蜂鸣器通断检测。万用表设计蜂鸣器通断检测功能，一般是为了方便电子线路系统的检测。当被测量电路的电阻小于 75Ω 时，蜂鸣器鸣响，表明电路是一个通路状态。

② 二极管正向压降检测。二极管的 PN 结有一个物理效应叫势垒效应，即当电压高于此电压时，二极管才能导通。势垒效应是二极管由截止到导通的一个转折电压，不同的材料此电压值有所不同。锗型半导体做成的二极管正向导通时的压降为 0.3V 左右，硅型二极管正向导通时的压为 0.7V 左右。在一些汽车专用万用表中，将蜂鸣器通断检测功能与二极管正向压降检测功能设计到了一起。

③ 晶体管的放大倍数检测。晶体管的主要作用是对小信号进行放大，不同质量的晶体管的放大倍数不一样，为了方便电子维修人员使用，一些万用表设计有晶体管放大倍数检测功能。具体操作方法是将万用表的选挡开关打到 HFE 挡位，把待测量的晶体管的三个引脚按功能插入对应的专用插孔，放大倍数就直接显示在液晶显示器上。

④ 喷油脉宽检测。将万用表拨到此挡位，喷油脉宽可以直接显示出来，使用此功能时是将万用表的正表笔接到喷油器的负极，万用表的负表笔接蓄电池负极即可。喷油脉宽是发动机运行的一个重要数据，如果能用万用表检测，对维修电控发动机有一定的帮助，不过平时检测喷油脉宽时，用示波器更为方便直观并且更到位。

⑤ 直流 20A 挡。使用万用表检测较大电流时，可将万用表挡位开关拨到此挡位，同时将红表笔由原来的插孔拔出后插到 20A 电流专用插孔上，此时的万用表内部等效于一根导线，将万用表串联入电路中检测电流，用完此挡位后记得马上将表笔插回原位，以防止下次检测时出现使被测量电路短路的问题。

3. 使用汽车专用万用表检查电控系统的注意事项

① 除在测试过程中特殊指明者外，不能用指针式万用表测试 ECU 和传感器，应使用高阻抗数字式万用表，万用表内阻应不低于 $10M\Omega$。

② 首先检查熔丝、易熔线和接线端子的状况，在排除这些地方的故障后再用万用表进行检查。

③ 在测量电压时，点火开关应接通（ON），蓄电池电压应不低于 11V。

④ 测量电阻时要在垂直和水平方向轻轻摇动导线，以提高准确性。

⑤ 检查线路断路故障时，应先脱开 ECU 和相应传感器的插接器，然后测量插接器相应端子间的电阻，以确定是否有断路或接触不良故障。

⑥ 检查线路搭铁短路故障时，应拆开线路两端的插接器，然后测量插接器被测端子与车身（搭铁）之间的电阻值。电阻值大于 $1M\Omega$ 为无故障。

⑦ 在拆卸发动机电子控制系统线路之前，应首先切断电源，即将点火开关断开（OFF），拆下蓄电池极柱上的接线。

⑧ 测量电子控制器各个端子的电阻时，不要直接用普通万用表的电阻挡测量，尤其要注意不要将较高电压引入电子控制器内部，以免损坏电子控制器内部的元件。

⑨ 所有传感器、继电器等装置都是和 ECU 连接的，而 ECU 又通过导线和执行部件连接，因此在检查故障时，可以在 ECU 插接器的相应端子上进行测试。

三、钳形电流表

1. 钳形电流表的作用

钳形电流表是一种可以在不切断电路的情况下对带电导体进行电流测量的测试仪器，如图 7-3 所示。钳形电流表由可开闭式钳头、钳头扳机、显示器等组成，如图 7-4 所示。

为了使用方便，表内还有不同量程的转换开关供检测不同等级电流以及测量电压时使用。钳形电流表可以通过转换开关的拨挡，改换不同的量程。但不能在测量时进行转换开关的拨挡，改换不同的量程。

2. 钳形电流表的使用方法

① 测量前应估计被测电流的大小，选择合适的量程，在不知道电流大小时，应选择最大量程，再根据指针适当减小量程。

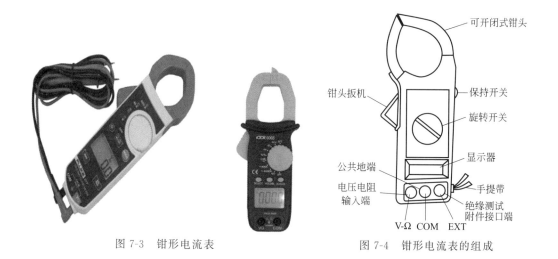

图 7-3　钳形电流表　　　　　　　　图 7-4　钳形电流表的组成

② 在测试直流电流时，只需简单地用钳头夹住被测物的一根导线（电线），不可同时夹住两根导线测量，如图 7-5 所示。

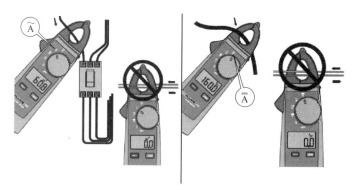

图 7-5　不可同时夹住两根导线

③ 用直流钳形电流表检测直流电流（DCA）时，当钳形电流表的电流从上至下流动时，读数显示为正（＋），如果电流的流向相反，则显示出负数。因此，也可使用该功能检测汽车的蓄电池是充电状态还是放电状态。

3. 使用钳形电流表的注意事项

① 测量时电流钳应该保持钳口闭合，否则将测量出不正确的电流。

② 由于钳形电流表要接触被测线路，所以钳形电流表不能测量裸导线电流，以防触电和短路。

③ 为了使读数准确，应保持钳口干净无损，如有污垢时，应用汽油擦洗干净再进行测量。

④ 新能源车维修用高压钳形表测量时，应由两人操作，测量时应戴绝缘手套，站在绝缘垫上，不得触及其他设备，以防止短路或搭铁。

⑤ 使用钳形电流表时应注意身体与带电体保持安全距离。当测量高压电缆各相电流时，电缆头线间距离应在 300mm 以上，且绝缘良好。

⑥ 观测读数时，要特别注意保持头部与带电部分的安全距离，人体任何部分与带电体的距离不得小于钳形电流表的整个长度。

⑦ 测量完后一定要将量程分挡旋钮放到最大量程位置上。

四、汽车专用示波器

1. 汽车专用示波器的作用

汽车专用示波器是用于测量交流电或脉冲电流波的形状的仪器，除观测电流的波形外，还可以测定频率和电压强度等。在汽车维修中常用于检测汽车传感器、点火波形、执行器及 ECU 输入/输出控制信号波形和进行电路分析。汽车专用示波器如图 7-6 所示。

图 7-6　汽车专用示波器

目前汽车维修中常用的是数字示波器。汽车专用示波器能够快速准确地诊断发动机电控系统故障、车身电气系统故障等，可以把所检测到电压的变化在显示屏上显示出来，用于分析、判断和储存。

2. 汽车专用示波器的使用方法

下面以 KT600 示波器测试歧管绝对压力传感器（MAP）信号为例介绍汽车专用示波器的使用。

（1）连接 KT600 示波器和电源延长线　根据被测试车型的蓄电池位置选择蓄电池供电或者点烟器供电，将测试探头接入通道 1（CH1 端口），然后将测试探头上的小鳄鱼夹接蓄电池负极或搭铁，用测试探针刺入歧管绝对压力传感器的触发信号线，测试时的连接方法如图 7-7 所示。

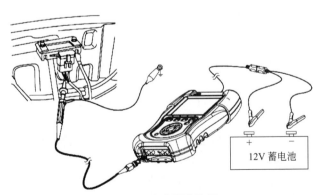

图 7-7　示波器连接图

（2）测试条件　打开汽车点火开关，不启动发动机，使用手动真空泵模拟真空，将其接至歧管绝对压力传感器的真空输入端；发动机运转，检测由怠速渐渐加速的信号。

（3）测试步骤

① 按照图 7-7 连接好设备，打开 KT600 示波器电源开关。

② 在主菜单下按上下方向键选择示波分析仪，按"ENTER"键确认。

③ 在汽车专用示波器菜单下选择传感器，按"ENTER"键进入汽车传感器选择菜单。

④ 选择歧管绝对压力传感器，按"ENTER"键确认，根据测试条件，屏幕将会显示波形。

⑤ 必要时可以选择周期、幅值和电平等参数，然后按方向键改变波形，也可以选择停止键，按停止键冻结波形后，选择储存，将波形保存到 CF 卡（标准闪存卡）供以后修车参考，选择参考波形键，还可以保存为参考波形，同时与测试波形进行对比。

五、汽车故障诊断仪

1. 汽车故障诊断仪的作用与类型

汽车故障诊断仪又称为解码仪，是利用配套连接线和车上电脑数据输出 DLC（检测接头）相连，从而与各种电控系统控制单元进行数据交流，将各种数据从 ECU 中读取出来，供维修人员参考。

汽车故障诊断仪除了可以读取电控系统的各类信息外，还具有更新电控系统版本、设置电控系统参数、元件测试、测量和示波等功能，汽车故障诊断仪通常需要定期进行更新升级。

汽车故障诊断仪如图 7-8 示，分为专用型和通用型，专用型是汽车制造厂专门为自身车型制造的诊断设备，一般只能诊断自己的车系，不能检测其他公司生产的汽车。通用型一般可以检测多种不同汽车制造厂家所生产的各款汽车。

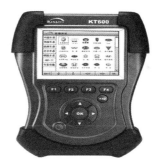

(a) 元征电眼睛X431　　　　(b) 金德KT600诊断仪

图 7-8　汽车故障诊断仪

2. 汽车故障诊断仪的使用方法

① 首先打开车载 OBD 接口，将汽车故障诊断仪插入车载 OBD 接口。

② 打开点火开关，置于 ON 挡。

③ 开启故障诊断仪。开启主机电源，经过几秒的启动时间后，进入主界面。一般汽车故障诊断仪具有汽车诊断、系统设置、示波器和联机等功能。

④ 选择汽车诊断，进入车型选择界面，如图 7-9 所示。

⑤ 选择相应的车型后，系统进入故障测试界面，维修人员可以查询所测系统的版本信息，读取和清除故障码，查看数据流，还能进行动作测试。

图 7-9　进入车型选择界面

六、测电笔

1. 测电笔的作用与结构

（1）测电笔的作用　如图 7-10 所示，测电笔又称试灯，也称为试电笔，简称电笔，是用于测试电路中的被测点是否有电的一种工具。

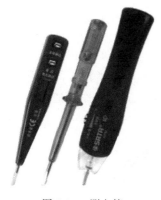

图 7-10　测电笔

测电笔除了可以判断物体是否带电外，还有以下几个用途。

① 可以用来进行低压核相，测量线路中任何导线之间是否同相或异相。具体方法是：站在一个与大地绝缘的物体上，双手各执一支测电笔，然后在待测的两根导线上进行测试，如果两根测电笔发光很亮，则这两根导线为异相；反之，则为同相。它是利用测电笔中氖泡两极间电压差值与其发光强弱成正比的原理来进行判别的。

② 可以用来判别交流电和直流电。在用测电笔进行测试时，如果测电笔氖泡中的两个极都发光，就是交流电；如果两个极中只有一个极发光，则是直流电。

③ 可以判断直流电的正、负极。将测电笔接在直流电路中测试，氖泡发亮的那一极就是负极，不发亮的一极是正极。

④ 可用来判断直流是否接地。在对地绝缘的直流系统中，可站在地上用测电笔接触直流系统中的正极或负极，如果测电笔氖泡不亮，则表明没有接地现象。如果氖泡发亮，则说明有接地现象，其发亮如在笔尖端，则说明为正极接地；如发亮在手指端，则说明为负极接地。

但是必须指出的是在带有接地监察继电器的直流系统中，不可采用此方法判断直流系统是否发生接地。

（2）测电笔的结构　测电笔中的笔尖和笔尾用金属材料制成，笔杆用绝缘材料制成。笔杆体中有个一氖泡（或发光二极管），它的一极接到笔尖，另一极串联一个高电阻后接到笔的另一端，如图 7-11 所示。为了便于使用，测电笔尾部常带有一根带夹子的引出导线，如图 7-12 所示。一般测试电压为 6～24V。为了安全起见，有的测电笔还装有熔丝。

2. 测电笔的使用方法

（1）测电笔的握法　测电笔有两种握法：钢笔式的测电笔，手掌触压金属夹，拇指、食指及中指捏住测电笔杆中部；螺丝刀式的测电笔，食指按尾部金属帽，拇指、中指、无名指捏紧塑料杆中部，如图 7-13 所示。氖泡小窗口背光，朝向自己以便观察。

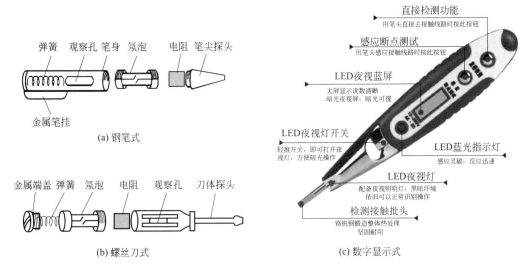

图 7-11 低压测电笔的结构与类型

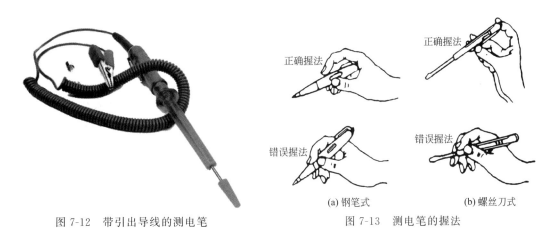

图 7-12 带引出导线的测电笔

图 7-13 测电笔的握法

（2）测试　首先将小夹子夹在汽车电源负极或汽车搭铁点上，保证接触良好；然后将测电笔的金属尖端与测试点相接触，如果测电笔的氖泡发光，说明导线有电或为通路的火线。

注意：测电笔适用于汽车电源系统和常规电气系统的检测，但不适用于电控系统的检测。

（3）数显测电笔的使用方法

① 自检测试。使用前一手拿着测电头笔，一手按着"直接检测"按钮，灯亮表示测电笔电量足，通过人体回路时检测屏和检测灯都会发蓝光。

② 线路通断测试。一只手按着线路电气插头的一端，另一只手按着"直接检测"按钮，笔头触碰插头的另一端，灯亮表示线路通，不亮表示线路断。

③ 断电测试。手按着"感应断点测试"按钮，笔头接近电线，会出现带电符号，移动笔头，带电符号消失，此处即为断点

④ 火线测试。手指触碰"直接检测"按钮，笔头插入火线内与铜芯接触，蓝色灯亮，屏幕显示"12V、35V、55V、110V、220V"。

⑤ 零线测试。手指触碰"直接检测"按钮，笔头插入零线内与铜芯接触，蓝色灯微亮，屏幕显示"12V"。

第七章　汽车电气维修常用工具和仪器设备

⑥ 地线测试。手指触碰"直接检测"按钮，笔头插入零线内与铜芯接触，蓝色灯微亮，屏幕显示"12V"。

3. 使用测电笔的注意事项

① 使用测电笔之前，首先要检查测电笔里有无安全电阻，再直观检查测电笔是否有损坏，有无受潮或进水，检查合格后才能使用。

② 在测量电气设备是否带电之前，先要找一个已知电源测一测测电笔的氖泡能否正常发光，如果能正常发光，才能使用。

③ 当使用测电笔时，不能用手触及测电笔前端的金属探头，这样做会造成人身触电事故。

④ 当使用测电笔时，一定要用手触及测电笔尾端的金属部分，否则因带电体、测电笔、人体和大地没有形成回路，测电笔中的氖泡不会发光，造成误判，认为带电体不带电，这是十分危险的。

⑤ 在明亮的光线下测试带电体时，应特别注意氖泡是否真的发光（或不发光），必要时可用另一只手遮挡光线仔细判别。千万不要造成误判，将氖泡发光判断为不发光，而将有电判断为无电，这是非常危险的。

七、电解液密度计

1. 电解液密度计的作用与结构

电解液密度计又称电解液比重计，用于测量电池内电解液密度。它是用一根直径为 30mm、长约 300mm 的玻璃圆筒制成的，筒的下边装有橡胶吸管，上端装有橡胶球。玻璃圆筒内装有浮子，浮子上刻有 1.10～1.50g/mL 的密度读数。电解液的密度可用专用的吸式电解液密度计测量，其外形如图 7-14 所示。

图 7-14 电解液密度计的外形

2. 电解液密度计的使用

蓄电池的电解液的密度为 1.25~1.28g/cm^3，其随环境温度及蓄电池放电量的变化而变化。通过测量电解液的密度就可以大致判断蓄电池的放电程度。

① 测量电解液密度的方法如图 7-15 所示，测量时先将电解液密度计下部的橡胶吸管

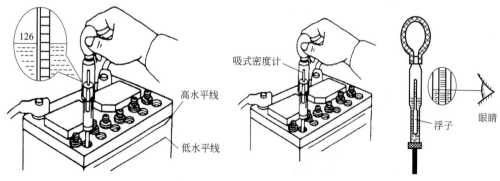

图 7-15 测量电解液密度的方法

插入蓄电池的单格电池内，用手捏一下橡胶球，然后慢慢松开，电解液就被吸入玻璃管中，此时密度计的浮子浮起，其上刻有读数，浮子与液面（凹面）相平行的读数就是该电解液的密度。

② 多数电解液密度计密度标注的范围为 1.10～1.30g/cm³，并分为红、黄、蓝三个标志区域：1.10～1.15g/cm³ 为红色区域，在标准的电解液密度下，如电解液的实际密度在此区域内则说明蓄电池已亏电；1.15～1.25g/cm³ 为蓝色区域，在标准的电解液密度下，如电解液的实际密度在此区域内则说明蓄电池存电正常；1.25～1.30g/cm³ 为黄色区域，在标准的电解液密度下，如电解液的实际密度在此区域内则说明蓄电池电解液的密度过大，应进行调整。如果单格电池之间的密度相差 0.05g/cm³，则说明该蓄电池已失效。

蓄电池充电状态与电解液密度的关系见表 7-1。

表 7-1　蓄电池充电状态与电解液密度的关系

充电状态/%	100	75	50	25	0
电解液密度/(g/cm³)	1.27	1.23	1.19	1.15	1.11

③ 电解液密度计使用完毕后必须清洁干净，并保存于干净的容器内。清洁电解液密度计使用的纸巾、棉纱等不可再用于其他物品的清洁，要及时处理掉。

注意：在测量密度时，应同时测量电解液温度，并将测得的电解液密度值转换到 25℃ 进行修正。根据实际经验，密度每减小 0.01g/cm³，相当于蓄电池放电 6%，所以从测得的电解液密度就可以粗略估算出蓄电池的放电程度。需要注意的是，测量时的蓄电池应当处于稳定状态。蓄电池充放电或加注蒸馏水后，由于电解液混合不均，不应立即测量电解液密度，应当静置半小时后再进行测量。

八、高率放电计

1. 高率放电计的作用

高率放电计又称放电叉，是一种模拟接入起动机的负荷，用于测量蓄电池在大电流放电时的端电压的检测仪器，如图 7-16 所示。高率放电计表盘上刻有红、黄、绿三种颜色，绿色代表电量充足，黄色代表亏电，红色代表电放完。

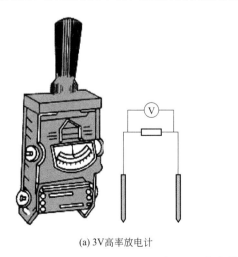

(a) 3V高率放电计　　(b) 12V高率放电计

图 7-16　高率放电计

第七章　汽车电气维修常用工具和仪器设备

2. 高率放电计的使用方法

整体式高率放电计由一个 20V 的电压表和一个定值的负载电阻（阻值较小，依靠电流的热效应工作）组成。测量前要保证蓄电池在充足电的状态，否则不能正确判断蓄电池的性能好坏，同时认清高率放电计和蓄电池的极性。

① 当对蓄电池进行测试时，应先将蓄电池正负极导线拆下。如图 7-17 所示，测量时应将两叉尖紧压在蓄电池的正、负极柱上，历时 5s 左右，同时观察大负荷放电情况下蓄电池所能保持的端电压。进行三次测量，每次间隔 3min，以第三次测得的数据为准。

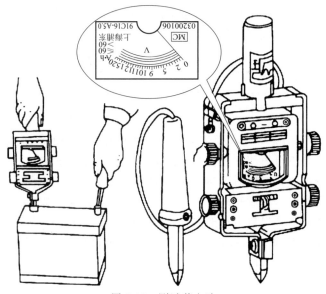

图 7-17 测试蓄电池

② 一般技术状况良好的蓄电池，用高率放电计测量时，单体电池电压应在 1.5V 以上，并在 5s 内保持稳定；如果 5s 内单格蓄电池电压虽低于 1.5V，但尚能维持稳定，说明该电池过放电；如果 5s 内蓄电池单格电压迅速下降，或者某一单格测量示值比其他单格低 0.1V 以上，则说明该单格电池存在故障，应进行修理。

③ 依据测量结果判断蓄电池存电量状况。端电压小于 9.0V，说明蓄电池有故障；端电压为 9.0～11.5V，说明蓄电池性能较好；端电压大于 11.5V，说明蓄电池性能良好。

注意：由于高率放电计的型号不一样，所配放电电阻值也不相同，因此测量时的放电电流和电压值也有可能不同，在使用时应按说明书的规定判断蓄电池的放电程度，或用已知容量的蓄电池加以标定。

九、蓄电池测试仪

1. 蓄电池测试仪的作用

蓄电池测试仪又称蓄电池单体活化仪、蓄电池检测仪或蓄电池分析仪，如图 7-18 所示，是测量蓄电池容量、对蓄电池的工作能力进行判断的专业分析检测设备。用万用表和高率放电计测试蓄电池，只能初步判断汽车蓄电池的状况，为了更好、更准确地判断蓄电池是否仍然良好，提前更换将要报废的蓄电池，有效提高企业的服务水平和用户满意度，可用蓄电池测试仪来判断蓄电池的技术状况，为蓄电池生产企业、汽车生产线、汽车维修企业和蓄电池经销企业以及其他用户在蓄电池的检测工作中带来极大的便利。

图 7-18 蓄电池测试仪

蓄电池测试仪是专用于日常维护中对落后单体蓄电池进行处理的便携式产品，它具有三种独立的使用方式：电池放电方式、电池充电方式和电池活化方式。针对不同落后电池的实际情况，对落后电池进行容量试验，低压恒流充电，或设置多个循环周期对最小容量的电池做循环多次充放电，以激化电池极板失效的活性物质使电池活化，提升落后电池的容量。

2. 蓄电池测试仪的使用方法

由于蓄电池测试仪有多种类型，根据检测设备生产厂家的不同，其使用方法也有所不同，因此使用前应详细阅读使用说明书。

如果蓄电池已拆下，测试前应使用金属丝刷子扫清蓄电池接线柱；如果对蓄电池进行就车检测，测试开始时，务必确保所有的车辆附加载荷均已关闭，并且点火开关处于关闭（OFF）位置。

① 蓄电池测试仪的测量方法有两种：一种是小电流放电，调整好放电电流，观察放电时间，从而判定蓄电池的容量；另一种是快速检测，用大电流给蓄电池放电，观察放电电压是否低于 9.5V，从而判断蓄电池的好坏。

② 将输出线的正负极接好。把红色夹钳接到正极（＋）接线柱上；把黑色夹钳接到负极（－）接线柱上。接好后，会听到一声鸣叫的报警音，这是蓄电池检测仪接通电源之后的提示音。

③ 按选择键进行放电电流测试，终止电压测试也是按选择键。

按电流选择键（放电电流）、电压选择键（终止电压）、清零键（清除上次放电时间）、放电键（放电开始），鸣叫音停止，仪器开始记录放电时间和显示蓄电池的电压。

④ 选择放电电流。7～14A·h 的选择 5A，17～24A·h 的选择 10A。

⑤ 选择放电电压。测试电池容量时电压为 10.5V，需要深度放电时（放完）电压为 3V。

⑥ 当放电停止时，有鸣叫报警为停止，测试结束后取下电池，记下放电时间。蓄电池容量＝放电电流（A）×放电时间（h）。

注意：在测试蓄电池时须特别小心，由于可能造成人身伤害，所以要佩戴适当的眼睛保护用具。

十、前照灯检测仪

汽车前照灯的发光强度和光束的照射方向被列为机动车运行安全检测的必检项目。对于汽车前照灯灯泡及其连接导线插接件故障的检查，既可以采用直观观察，也可以采用万用表测量电阻的方法来检查。但对前照灯光束的准确调整，往往需要专用检测仪。

1. 前照灯检测仪的结构

前照灯检测仪由光接收箱和行走机构两部分构成。光接收箱由两根立柱支撑，采用齿轮-

齿条传动方式,使光接收箱沿立柱在上下方向运动。其左右方向的运动则通过底座上的轮子在导轨上滚动完成。前照灯检测仪按光学系统结构分为聚光式、投影式、自动追踪光轴式、屏幕式4种,如图7-19所示。

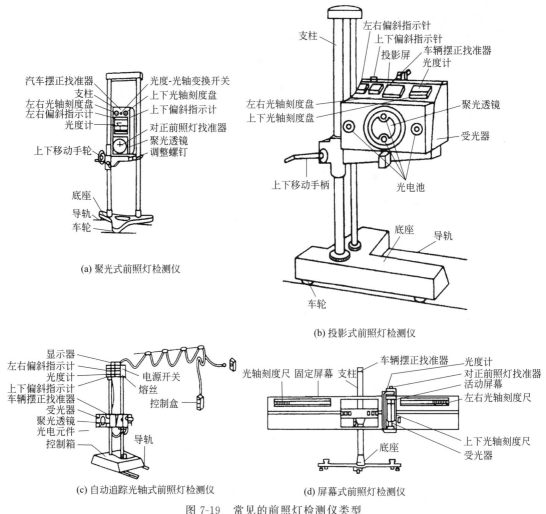

图7-19 常见的前照灯检测仪类型

2. 前照灯检测仪的使用方法

不同型号的前照灯检测仪其检测方法不同,应按说明书要求操作。

(1) 车辆的准备

① 汽车蓄电池应处于充足电状态,清除前照灯上的污垢。

② 检查轮胎气压,应符合汽车制造厂的规定。

③ 必须在被检车辆空载并乘坐1名驾驶人的状态下检测。

④ 将被测车辆按尽可能与检测仪的导轨垂直的方向驶近检测仪,使前照灯与检测仪受光器达到检测要求的距离。

⑤ 检测距离调整。用卷尺测量被测车辆的停放位置,应使其前照灯的基准中心(透光表面中心)到前照灯检测仪光接收箱前面聚光透镜的距离为1m。

⑥ 被测车辆的摆正调整。检测时,要求被测车辆的纵向中心线与前照灯检测仪的光学

中心线平行，可利用前照灯检测仪光接收箱顶部的对准瞄准器进行检查。在被测车辆上选定前后相隔1m以上的两点（该两点应落在车辆纵向中心线上，或与之平行），用于对准瞄准镜观察。如果上述两点均在瞄准镜的垂直分划线上，则说明车辆已经摆正，否则可旋转对准旋钮，使光接收箱在一定范围内转动，使前述两点落在瞄准镜的垂直分划线上，则前照灯检测仪与被测车辆的相对应位置已摆正。

（2）前照灯检测仪器的准备

① 前照灯检测仪在不受光的情况下，检查光强和光轴偏斜指示是否为零，若不是则应调零。

② 检查聚光透镜的镜面有无污物，若有则用柔软的布或镜头纸擦拭干净。

③ 检查水准器的技术状况，若水准器无气泡，应进行调整。

④ 检查导轨是否沾有泥土等杂物，若有则应打扫干净。

⑤ 前照灯检测仪不要受外来光线的影响。

（3）前照灯检测仪的使用

① 注意放置距离。在使用前照灯检测仪检测前照灯时，应根据不同的检测仪类型，将其放在车辆前照灯前方不同的距离处。对于聚光式前照灯检测仪，应放在车辆前照灯前方1m的距离处；对于投影式、自动追踪光轴式、屏幕式前照灯检测仪，均应放在车辆前照灯前方3m的距离处。

② 开启前照灯（远光），接通前照灯检测仪电源，用控制器上的上下、左右控制开关移动前照灯检测仪的位置，使灯光照射在前照灯检测仪正面聚光镜上。

推拉左右运动拉手，可使前照灯检测仪沿导轨在水平方向运动，旋转上下运动手轮，可使光接收箱在垂直方向运动。

对于四灯制前照灯，应把辅助灯（或主灯）的灯光盖住，只让主灯（或辅助灯）的光束照射在前照灯检测仪上，逐个灯进行检测。

③ 打开前照灯检测仪后盖上影像瞄准器的盖子，从盖子的反射镜上可观察到被检前照灯在影像瞄准器上的影像，移动光接收箱的位置，使被检前照灯的影像落在影像瞄准器的正中央。这时就表示前照灯检测仪已对准。

④ 将电源开关转到"400"位置，前照灯检测仪通电。反复旋转面板上的光轴刻度盘旋钮（左右及上下），使光轴平衡指示表（左右及上下）指示在正中位置，此时光轴刻度盘上所指示的读数就是被检前照灯的光轴偏移量。同时，在发光强度指示表上指示出被检前照灯的发光强度。若指针偏出刻度范围以外，可将电源开关转到"800"，在80000cd挡测量。

⑤ 前照灯光轴偏斜量如需调整，可调整前照灯灯具上的不同螺钉，一边调整前照灯的照射方向，一边观察光轴偏斜指示计，使指针回到规定范围即可。

⑥ 对另一个前照灯进行前述同样的操作。

3. 前照灯检测仪的校准

前照灯检测仪的校准周期为六个月至一年（可根据实际使用情况而定）。校准步骤如下。

① 将标准灯置于前照灯检测仪前方1m处，要求标准灯的纵向中心线（以标准灯顶部的前后准星为标志）与前照灯检测仪的光学中心线平行。可利用前照灯检测仪上的对准瞄准器进行检查。当标准灯的前后准星均落在瞄准器的垂直分划线上时，即符合要求。

② 调好标准灯的水平（参看有关使用说明书）。

③ 将标准灯发光强度置于20000cd挡，光轴角置于0°（左右及上下），开灯。

④ 使前照灯检测仪对准标准灯。

⑤ 前照灯检测仪电源开关置于"400"处，打开前照灯检测仪侧盖，分别调节线路板上 UDZELRO 和 LRZERO 电位器，使前照灯检测仪的光轴平衡指示表（左右和上下）均指向零。调节"400"电位器使发光强度指示为 20000cd。

⑥ 将标准灯发光强度置于 70000cd 挡，光轴角置于 0°（左右及上下）。

⑦ 前照灯检测仪电源开关置于"800"处，调节线路板上"800"电位器，使发光强度指示表指示为 70000cd。

第二节　汽车空调系统维修常用工具的使用

汽车空调在维修过程中，离不开检漏、抽真空、充注制冷剂、加注冷冻润滑油以及排出空气等基本操作。汽车空调维修及安装常用的检测工具有歧管压力表、检测设备、制冷剂注入阀、真空泵以及其他专用维修工具。

一、汽车空调维修专用工具

汽车空调维修专用成套工具如图 7-20 所示。这套仪器和工具组装在一个工具箱内，便于携带及保管，特别适用于制冷系统的快修工作。在修理过程中，应尽量使用工具箱中的工具，以确保检修质量。

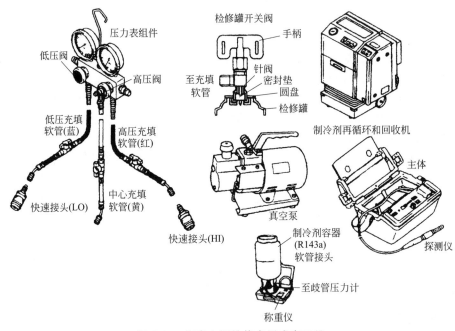

图 7-20　汽车空调维修专用成套工具

1. 割管器

割管器又称割刀抄，如图 7-21 所示，是用于切割制冷剂管（钢管）以及黄铜、铝等金属管的工具。用割管器切断纯铜管时管口整齐光滑，易于胀管。割管器可用于切割直径为 3～25mm 的纯铜管。

使用割管器切割时，将需切割的纯铜管置于刀片与滚轮之间，割轮的刀口与纯铜管垂直

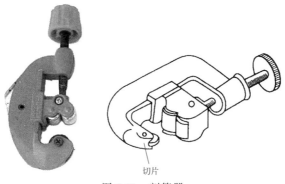

图 7-21 割管器

夹紧，管子的侧壁贴紧两个滚轮的中间位置。然后顺时针缓慢旋紧螺钉把手，以使割管器转动 1/4 圈，缓慢将割管器绕纯铜管旋转一周，再旋紧割管器螺钉把手 1/4 圈，并使割管器绕纯铜管旋转一周，直至纯铜管被切断为止。

切割纯铜管时，要将刀口垂直压向纯铜管，不要歪扭或侧向扭动。否则，很容易将刀口边缘崩裂。

2. 弯管器

弯管器是一种用于弯制管径在 20mm 以下铜管的专用工具，可使管子弯曲工整、圆滑、快捷，对管子不产生变形、不裂变。

如图 7-22 所示，使用弯管器时，把退过火所需弯制的紫铜管（属部分铜管需要）放入轮子的槽内，然后用活动杆的导槽卡住管子，用固定杆紧固住管子并夹紧，另一端将柄杆按顺时针方向移动，使管子在导槽内弯制成特定的形状。弯曲直到所需要的角度为止，然后退出弯管。

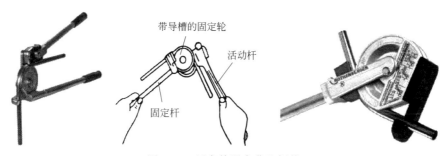

图 7-22 用弯管器弯曲纯铜管

对应于弯管不同的角度可调整轮上的不同角度。弯管时用力要均匀，速度要慢，逐步弯制，以防止管子出现死弯或裂纹。弯曲半径不能太小，过小会使纯铜管凹扁，纯铜管的弯曲半径应以纯铜管直径的五倍为宜。

3. 胀管器

纯铜管采用螺纹接头时，必须将纯铜管管口扩大并呈喇叭口形状，从而确保连接处的密封性。胀管器如图 7-23 所示，操作时将胀管器置入被胀管子内（胀壳进入约 2/3）并旋紧夹具。工作时推紧胀杆，顺时针方向转动胀杆。随着带有顶尖的胀杆逐渐推进，被胀管子的内孔和外径被逐渐扩大，直到扩成 60°喇叭口为止。其接触面不应有裂纹和麻点，以防密封不严，不合格的喇叭口可能有偏斜不正、损伤或裂纹、起皱。

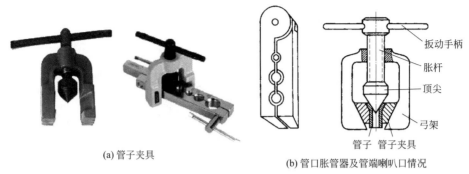

(a) 管子夹具　　　　　　　　(b) 管口胀管器及管端喇叭口情况

图 7-23　胀管器

二、空调检漏仪

1. 空调检漏仪的作用与类型

空调检漏仪又称为制冷剂检漏仪，在汽车维修中，用于检测空调和制冷系统中制冷剂的泄漏，以便快速确认空调系统中存在的泄漏位置。主要有卤素检漏仪、染料检漏器、荧光检漏仪、电子检漏仪、超声波检漏仪、氦质谱检漏仪等，图 7-24 所示。其中卤素检漏仪只能用于 R12、R22 等卤素制冷剂的检漏，对 R134a 等不含氯离子的新型制冷剂无效果。

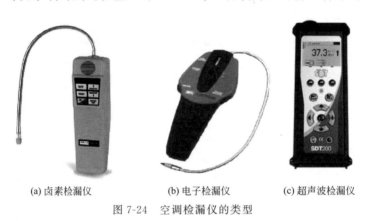

(a) 卤素检漏仪　　　(b) 电子检漏仪　　　(c) 超声波检漏仪

图 7-24　空调检漏仪的类型

2. 空调检漏仪的使用

（1）电子检漏仪使用方法

① 将检漏仪电源接上并预热 10min 左右。

② 将开关置于校核挡，确认指示灯和警铃工作正常。

③ 将仪器调到所需的灵敏度范围。

④ 将开关置于检测挡，然后将探头放到被检测的部位，如果有超过灵敏度范围的泄漏量，则警铃会发出声响。

⑤ 当确定了泄漏部位后，探头应立即离开此部位，以免缩短仪器的寿命。

⑥ 如果制冷系统有大量泄漏或刚经过维修，周围空间存在大量的氟里昂气体，为了检测到真正的泄漏部位，应先吹净空气再进行检查。

（2）荧光检漏仪的结构与使用方法　　荧光检漏仪如图 7-25 所示，其检测方法分两个步骤进行。

① 首先将特定的荧光剂加入待检测的系统，将空调系统运行片刻，以便荧光剂与系统中原有的载体充分混合并且在系统中充分循环。由于荧光剂具有两个特性，即渗透能力及堆聚性，它会随原有的载体从系统中渗漏出来并且堆聚在漏点的周围。

② 使用特定波长的紫外灯或紫外蓝光灯对系统外部进行照射，激励荧光剂发出荧光。荧光一般为黄绿色，这是人眼最为敏感的颜色。泄漏越严重，堆积的荧光物质就越多；荧光检漏灯照射越强，则发出的荧光就越明亮。

图 7-25　荧光检漏仪

待修复泄漏处后，用专用荧光清洗剂将泄漏处的荧光剂清洗干净，然后再次运行系统使检漏剂再次随之循环，用荧光检漏灯再次检查该处，如果不出现荧光，则表明已修好。

具体检查方法如下。

① 从包装袋中取出荧光剂瓶，撕开荧光剂瓶的封口，将荧光剂瓶装在注射枪和注射管之间。注射管前部已装好阀门接头。

② 按压注射枪，使注射枪压紧荧光剂瓶的活塞。

注：若需要释放荧光剂瓶，可扳动注射枪侧部的黑色拨杆。

③ 在向制冷管路加注荧光剂之前，应确保管路中无压力（释放掉制冷剂或已抽完真空）。

④ 将注射管的阀门接头装在车辆的低压阀门上。按压注射枪，推进一格，使荧光剂注入管路中。

⑤ 将注射管的阀门接头从车辆的低压阀门上拆下来。

⑥ 向空调制冷系统加注制冷剂。使用清洗剂将低压阀门处的荧光剂清洁干净。

⑦ 启动发动机，打开空调系统，空调压缩机运转 10min 以上，使荧光剂充分循环。

⑧ 将射灯的电源夹连接在蓄电池上。按压射灯的开关，射灯应有光射出。

⑨ 戴上滤光镜。用射灯照射需要检查的部件及管路。若发现有黄绿色的痕迹（荧光剂渗出），表明此处有漏点。

三、歧管压力表

歧管压力表又称为歧管压力计、空调压力表、雪种表、加氟表和制冷压力表等，是用于检查汽车空调系统管路压力的检测工具，与制冷系统相接可进行抽真空、加注制冷剂及检查和判断制冷系统的工作状态与故障情况等。利用压力表测量制冷系统高低压两侧的压力，根据所测得的压力值来判断故障的性质及其所在部位。

1. 歧管压力表的结构和类型

（1）歧管压力表的结构　歧管压力表的结构如图 7-26 所示，主要由高压表、低压表、高压手动阀、低压手动阀、阀体和三个软管接头等组成。工作时高、低压接头分别通过软管与压缩机高、低压阀相接（图 7-27），中间接头与真空泵或制冷剂钢瓶相接。只能用手拧紧软管与歧管压力计的接头，

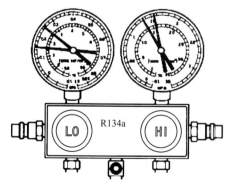

图 7-26　歧管压力表的结构

不可用扳手，否则会拧坏接头螺纹。

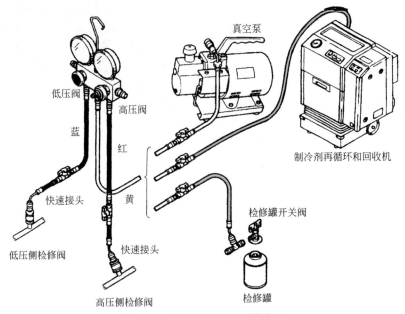

图 7-27　歧管压力表的连接方法

歧管压力表通常为指针式，仪表的刻度单位通常用 kgf/cm^2、psi 等来表示。

压力表组上的耐压软管分为三种颜色，红色软管接高压表下的接口，蓝色软管接低压表下的接口，绿色软管接表组中间接口，用于连接制冷剂罐或真空泵。

图 7-28　R134A 歧管压力表快速接头

（2）歧管压力表的类型　歧管压力表按照制冷剂的类型可分为 R12 歧管压力表和 R134A 歧管压力表两种，其主要区别在于歧管压力表与汽车空调管路的接口不同，其他的组件基本相同。R12 歧管压力表可以将连接软管直接拧入空调管路的接口上，而 R134A 歧管压力表需要在连接软管上接上快速接头（图 7-28）才能安装到空调管路上。

2. 歧管压力表的功能操作

维修人员通过操作高、低压手动阀来实现相应管路的状态，从而实现压力表的 4 种不同功能，如图 7-29 所示。

① 检测制冷系统的高压端压力，如图 7-29(a) 所示。若高压手动阀和低压手动阀同时关闭，则可对高压侧和低压侧进行压力检查。

② 对制冷系统抽真空，如图 7-29(b) 所示。当高压手动阀和低压手动阀同时全开时，全部管路接通，在中间接头接上真空泵，便可以对系统进行抽真空。

③ 加注制冷剂和冷冻机油，如图 7-29(c) 所示。当高压手动阀关闭，低压手动阀打开时，中间接头接到制冷剂钢瓶上或冷冻机油瓶上，则可向系统充注制冷剂或冷冻机油。

④ 高压侧充注液态制冷剂，也可排出制冷剂，使系统放空，如图 7-29(d) 所示。当低压手动阀关闭，高压手动阀打开时，则可使系统向外放空，排出制冷剂，也可使高压端充注液态制冷剂。

注意：

① 压力接头与软管连接时，只能用手拧紧，不可使用工具；

② 使用时要排尽管内空气；

③ 不使用时，应用堵头将各接口密封，防止管内进入水分或杂物；

④ 该表属精密仪表，平时应注意保持清洁，使用时应注意轻拿轻放。

3. 制冷系统的抽真空

如果在更换零件时，制冷剂循环管路内部对大气已经开放，空气中的水分将会保留在循环管路内。即使少量的水分也会产生问题，它将会在膨胀阀的小孔处冻结，使压缩机阀门锈蚀。因此，系统抽真空时，时间越长，系统内残余的水分就越少。为最大限度地将系统内的空气及湿气抽出，

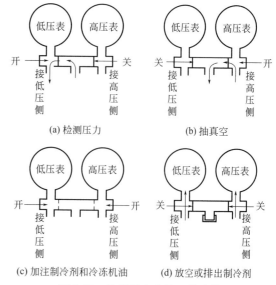

图 7-29 歧管压力表的 4 种功能

必须采用重复抽真空法，即第一次抽真空完毕后，再连续抽 30min 以上。如图 7-30 所示为抽真空管路连接方法，具体操作方法如下。

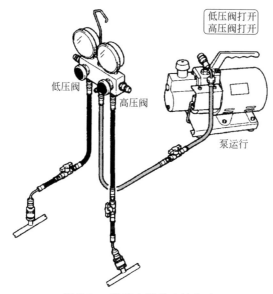

图 7-30 抽真空管路连接方法

（1）歧管压力表、真空泵与制冷系统的连接

① 连接充填软管到高压和低压检修阀。某些车辆的检修阀可能位于压缩机上。

② 连接压力表歧管的中心充填软管（黄）到真空泵。也可以中间接口的软管上接上一个三通阀，将真空泵、制冷剂瓶、中间接口接到三通阀上，后一种的优点是在抽真空加入制冷剂时空气进入制冷系统的机会小。

（2）抽真空操作

① 抽真空。开动真空泵，打开压力表歧管的高压阀（HI）和低压阀（LO），打开充填

软管末端的截止阀。

② 接通真空泵开关进行抽真空（10min 以上）。观察歧管压力表真空度大于 95kPa 后，再持续 10min 后停止抽真空。

③ 当压力表刻度盘指针下降到 -0.1MPa 以下时，关闭压力表歧管的高压阀和低压阀，关闭真空泵开关。

（3）抽真空时应注意的事项

① 抽真空时用的压力表，若高压表上方为真空刻度（即不是联程表），绝不可接在系统的高压端抽真空。为保证抽真空的可靠，可在低压端抽真空。

当从真空表上读出值达到要求的真空值时，关闭压缩机上的低压阀。若无低压阀时，应让真空泵继续工作的同时，从压缩机低压端拧下与真空表连接的低压软管，并将其拧在高压端，继续从高压端抽真空。

② 用真空泵抽空时，当真空度达到要求数值后，应将真空泵与制冷系统的联系切断，以防空气从真空泵的轴封处漏进制冷系统。

③ 一般轿车使用的制冷压缩机，其高、低压端没有高压阀门和低压阀门，故只能用真空泵抽真空，而不宜用本身的压缩机抽真空。

④ 带有阀门的制冷系统，抽真空时应将所有阀门关上，用填料压紧，以防空气进入。

⑤ 制冷系统抽真空后，不准备立即加制冷剂时，不要轻易于打开阀门让空气进去。保持系统真空，使抽真空时留在系统内的微量水分在低压下蒸发，这样在充制冷剂前再抽一次真空，就能使制冷系统更为洁净。

4. 制冷剂的加注

当制冷系统抽真空达到要求，且经检漏确定制冷系统不存在泄漏部位后，即可向制冷系统充注制冷剂，充注前先确定注入制冷的数量，每种压缩机加注制冷剂的量都有严格规定，加注量过多或过少都将影响压缩机的寿命和空调系统的制冷效果。

加注制冷剂的方法有三种：第一种是停止发动机，从高压侧补充制冷剂，充入的是液态制冷剂，且制冷剂罐要倒立；第二种是从制冷系统的低压侧的气门阀充注，充入的是气态制冷剂，可在系统补充制冷剂的情况下使用；第三种是先从高压侧气门阀充注一定量液态制冷剂后，启动发动机，空调制冷系统工作，再从低压侧气门阀吸入气态制冷剂，一般汽车修理厂都采用这种方法。

（1）从高压侧充填液态制冷剂　高压侧加注是通过歧管压力表高压手动阀端向系统加注液态制冷剂的方法。

① 停止发动机，打开压力表歧管高压阀，充填指定量的制冷剂。

注意：此时绝不要在没有制冷剂的情况下运行压缩机，否则可能会烧毁压缩机；不要打开压力表歧管的低压侧阀，因为液态制冷剂进入低压侧，在压缩机内被压缩，会损坏压缩机。

② 关闭压力表歧管高压阀和充填瓶阀门。

（2）低压侧充填制冷剂（图 7-31）　低压侧加注是通过歧管压力表低压手动阀端向系统加注气态制冷剂的方法。

① 检查压力表歧管高压阀已经关闭。

② 启动发动机，按下述条件设置车辆：发动机转速 1500r/min；车门全开；空调机 ON；设定温度 MAX COOL（最冷）；鼓风机转速开关调到最大。

③ 打开压力表歧管低压阀和检修罐开关阀，并充填指定量的制冷剂。

④ 在向系统中加注规定量的制冷剂之后，从视液窗处观察，确认系统内无气泡、无过量制冷剂。随后将发动机转速调至 2000r/min，冷鼓风机风量开到最高挡，若气温为 30～

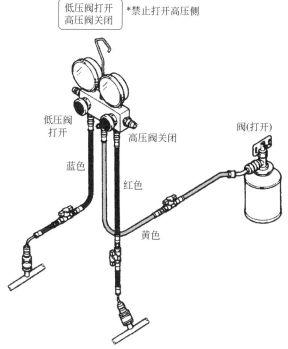

图 7-31 低压侧充填制冷剂

35℃，则系统内低压侧压力应为 0.147～0.192MPa，高压侧压力为 1.37～1.67MPa。

⑤ 加注完毕后，关闭歧管压力表上的低压手动阀，关闭装在制冷剂罐上的注入阀，使发动机停止运转，将歧管压力表从压缩机上卸下，卸下时动作要迅速，以免过多制冷剂泄出。

⑥ 制冷剂加注量符合要求后，关闭歧管压力表上的手动低压截止阀，关闭装在制冷剂罐上的开启阀，使发动机停止运转，将双压表组从压缩机上卸下，卸下时动作要迅速，以免过多的制冷剂泄出。

外部温度高时，加注制冷剂困难，可用空气或冷水降低冷凝器的温度；外部温度低时，可用温水（40℃以下）加热制冷剂罐，这样加注比较容易。

(3) 从高压侧注入液态制冷剂，再从低压侧补足制冷剂

① 当系统抽真空后，关闭歧管压力表上的高、低压手动阀。

② 将中间软管的一端与制冷剂罐注入阀的接头连接起来，打开制冷剂罐开启阀，再拧开歧管压力表软管一端的螺母，让气体溢出几分钟，把空气赶走，然后再拧紧螺母。

③ 从高压侧注入液态制冷剂一段时间后，制冷剂罐重量不再下降，则关闭高压手动阀，将制冷剂罐竖立。

④ 启动发动机，转速保持在 1250～1500r/min，打开空调 A/C 开关，风扇开到最大挡，并打开低压手动阀，让气态的制冷剂进入系统的低压端。

⑤ 若进气速度慢，则可以把制冷罐放在热水中加热，加快进气速度。

⑥ 从视镜玻璃、高低压力表中检查制冷剂量，其方法与上述检查方法一致。加足量后，关闭制冷剂罐，然后关闭低压手动阀，停止空调器的工作，停止发动机的运转。

5. 利用空调压力表排放制冷剂

① 关闭歧管压力计高、低压手动阀，并将高、低压软管分别接在空调制冷系统的高、低压管路接口上，中间管的自由端放在工作擦布上。

② 慢慢打开高压手动阀，让制冷剂从中间软管排出，注意：阀门不要开得太大，以防压缩机内的冷冻润滑油随制冷剂流出。

③ 当压力表读数降到 0.35MPa 以下时，再慢慢打开低压手动阀，使制冷剂同时从高、低压侧排出；观察压力表读数，随着压力下降，逐渐开大高、低压手动阀，直到高、低压表的读数指示为零。

6. 使用歧管压力表的注意事项

① 歧管压力表是精密仪表，必须细心维护，不得损坏，且要保持清洁。

② 不使用时，要防止水或脏物进入软管。

③ 使用时要把管中的空气排出。

④ 压力表接头与软管连接时，只能用手拧紧，不能用工具拧紧。

⑤ R12 与 R134a 不可使用同一个歧管压力表组。两种制冷剂的歧管接头尺寸也不相同，操作时不要混淆。

四、真空泵

真空泵如图 7-32 所示，用于制冷系统抽真空，排除系统内的空气、水分。抽真空并不能将水抽出系统，而是产生真空后降低了水的沸点，水在较低温度下沸腾，以蒸汽的形式从系统中抽出。

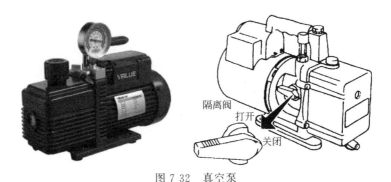

图 7-32　真空泵

五、制冷剂罐注入阀

1. 制冷剂注入阀的结构及使用

制冷剂注入阀的结构如图 7-33 所示，它由制冷剂罐、注入阀接头、阀针、制冷剂注入阀手柄等组成。

2. 操作系制冷剂注入阀的方法（图 7-34）

① 安装前应按逆时针方向旋转制冷剂注入阀手柄，直到阀针完全缩回为止。

② 将注入阀装到制冷剂罐上，逆时针方向旋转板状螺母直到最高位置，然后将制冷剂注入阀顺时针拧动，直到其嵌入制冷剂密封塞。

③ 将板状螺母按顺时针方向旋转到底，再将歧管压力计上的中间软管固定到注入阀接头上。

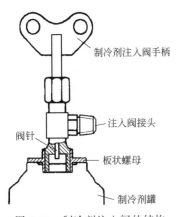

图 7-33　制冷剂注入阀的结构

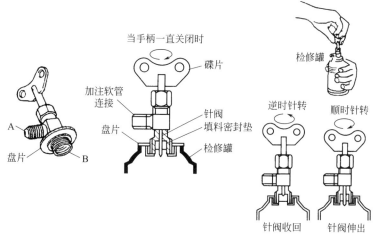

图 7-34 操作系制冷剂注入阀的方法
A—连接加注软管；B—连接制冷剂罐

④ 拧紧板状螺母。

⑤ 按顺时针方向旋转手柄，使阀针刺穿密封塞。

⑥ 若要充注制冷剂时，则逆时针方向旋转手柄，使阀针抬起，同时打开歧管压力计上的手动阀。

⑦ 当停止加注制冷剂时，则顺时针方向旋转手柄，使阀针再次进入密封塞，起到密作用，同时关闭歧管压力计上的手动阀。

为便于维修汽车空调和随车携带，制冷剂生产厂制造了一种小罐制冷剂（一般为400g左右），但要将它注入汽车空调制冷系统中需要有注入阀才能配套开罐。

六、检修阀

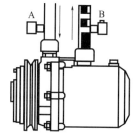

图 7-35 空调系统检修阀安装位置
A—低压侧检修阀；B—高压侧检修阀

汽车空调系统检修阀是在空调维修时，对系统进行测量、检漏、回收、抽空和充罐的切入点，通常安装在压缩机两侧，如图 7-35 所示，即一个在低压侧，另一个在高压侧。检修阀是一个三通阀，利用它可对汽车空调系统抽真空、检测系统压力以及加注制冷剂等。检修阀的结构如图 7-36 所示，阀上有四个通道接口，即接压力表接口、旁路电磁阀接口、制冷系统管道接口和压缩机接口。

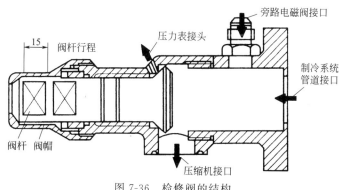

图 7-36 检修阀的结构

第七章 汽车电气维修常用工具和仪器设备

无论高、低压检修阀均有三个位置,即后座、中座和前座,检修阀的工作位置,如图 7-37 所示,其阀杆可利用棘轮扳手转动,使该阀处于其中任何一种位置。

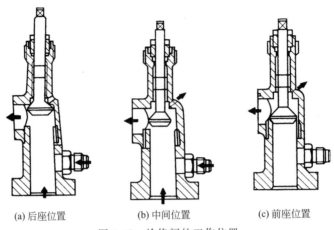

(a) 后座位置　　(b) 中间位置　　(c) 前座位置

图 7-37　检修阀的工作位置

(1) 后座位置　制冷系统正常工作时,压缩机上的两个检修阀处于后座位置,故它又称正常位置。如图 7-37(a) 所示,当逆时针方向旋转阀杆至极限位置时,阀体后移到后座位置。此时制冷剂可进、出压缩机,但到不了压力表。

(2) 中间位置　如图 7-37(b) 所示,歧管压力表、压缩机、制冷剂管道全部连通。这个位置可以加注制冷剂、抽真空或用歧管压力表检查制冷系统的压力。制冷剂可在整个系统内流通,压缩机内制冷剂既可进入管路系统,又可进入压力表,以便检测系统压力。

(3) 前座位置　如图 7-37(c) 所示,顺时针方向转动阀杆至检修阀的极限位置,检修阀移至前座,此时系统内制冷剂不能流到压缩机,检修阀处于关闭位置。而压缩机与系统其他部分隔绝,若松开检修阀的固定螺钉,可以更换压缩机,或将压缩机拆下来修理,而不必打开整个制冷系统。

注意:从压缩机上卸下检修阀时要小心,速度要慢并遵守有关操作规程。

七、气门阀

气门阀一般用于非独立驱动的汽车空调制冷系统(如轿车空调等)维修。在轿车空调制冷系统中,压缩机上不设检修阀,而用维修接口来代替,每个维修接口上都装有气门阀。

气门阀的结构如图 7-38 所示,轿车空调压缩机吸、排气管都采用这种气门阀,它只有开和关两个位置。使用时只要把检测用软管接头拧在工作阀口上,阀芯就被压开,制冷剂就进入检测用软管;卸下检测用软管时,则自动关闭系统接口。

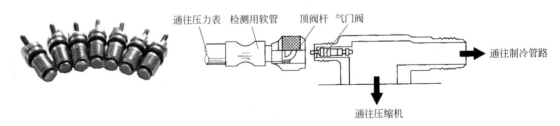

图 7-38　气门阀的结构

八、氧乙炔焊割设备

氧乙炔焊割设备是汽车空调维修中使用最广的。它主要由乙炔瓶、氧气瓶、焊枪、氧气减压阀、乙炔减压阀及氧气橡胶管等组成,如图7-39所示。气焊采用的可燃气体一般是乙炔,助燃气体是氧气。

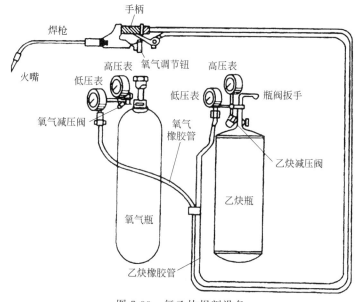

图7-39 氧乙炔焊割设备

(1) 氧气瓶 氧气瓶是用于盛装氧气的专用钢瓶,其最大表压力为15MPa,由于压力过高,所以使用时装有减压阀,减压阀上装有两块高、低压压力表分别指示瓶内氧气压力和调整后的氧气压力。使用时通过减压阀、橡胶管和焊枪将氧气送出,作为气焊用的助燃气体。

(2) 乙炔瓶 乙炔瓶通常用铬钼钢制成,用于存储乙炔气体,其最大表压力为0.15MPa,乙炔含量为93%,乙炔瓶安装有减压阀,其阀上装有瓶内压力指示表和减压后乙炔压力指示表。减压阀上装有调节手柄,将手柄逆时针旋转,减压后的乙炔压力就随之升高。乙炔瓶的外表颜色为白色,标有红色"乙炔"字样。

(3) 焊枪 焊枪又称焊把,是指氧气和乙炔按正确的比例混合好并点燃后用高温火焰焊接管路接头的焊接工具。焊枪结构有两个针阀调节开关、一个可燃的气体针阀调节开关和一个助燃气体针阀调节开关,调节两针阀的开启度(逆时针旋转打开针阀,顺时针旋转关闭针阀)可使可燃气体和助燃气体按比例混合,点燃后产生所需要的火焰。在制冷设备的维修中通常使用小型和微型两种焊枪。

(4) 橡胶管 橡胶管是从气体来源出口到主焊枪的气体通道。氧气橡胶管外表为黑色,乙炔橡胶管外表为红色。

九、制冷剂回收加注机

1. 制冷剂回收加注机的作用

制冷剂回收加注机(图7-40)是集成了制冷剂回收(把所有制冷剂从系统中清除,以液态的形式存储在容器里)和再循环(从制冷剂中清除湿气、油和空气,使其符合新制冷剂的标准)功能于一身的设备,能高效省力地完成汽车空调制冷剂的回收、再循环操作。

图 7-40 制冷剂回收加注机

2. 制冷剂回收加注机的操作方法

(1) 回收操作步骤

① 在对汽车空调制冷剂回收前，需要先对设备的高、低压软管抽真空，以防止空气进入设备或汽车空调系统。若是操作人员确认设备的高、低压软管没有空气进入，则可以不对高、低压软管抽真空。对高、低压软管抽真空只需把快速维修接头可靠地连接到软管上，打开控制面板上的高、低压手动阀，然后进入抽真空程序即可。

② 将设备接上电源，打开电源开关。液晶显示屏上将显示工作罐中制冷剂的重量。

③ 首先确定设备软管上的快速维修接头顶针在最短位置，控制面板上的手动阀门是关闭的。将设备的高压和低压快修接头分别接到汽车空调的高压和低压端。如果空调系统可以正常工作，让系统运转 3~5min，运行后关闭；如果不能正常工作，可省略此步骤。然后顺时针旋转快修接头上的手柄，直到开启状态，观察高压表和低压表是否显示压力值。快速维修接头正常开启时，如压力小于 120kPa，设备将拒绝执行回收程序，并报警提示，回收软管内无制冷剂。

④ 打开设备上高压和低压手动阀门，然后按"回收"键进入回收菜单。用"＋""－"键修改好回收缺省值，最后按"启/停"键运行程序。同时系统将储存设定的缺省值，直到下一次修改。

⑤ 回收结束后按"退出"键退出程序，并关闭操作面板上的手动阀门。

(2) 回收程序概述

① 在启动回收程序时，系统首先会自动检测设备的高压和低压管道的制冷剂压力，如果压力太低，回收程序将拒绝执行。

② 在回收过程中，如果系统储存罐的压力值和质量值达到系统的保护值时，系统自动停机，并报警提示。系统保护压力值为 1.7MPa，系统质量保护值为 14kg。

③ 如果在回收过程中储存罐压力和制冷剂质量都没达到系统保护值，而出现回收程序停止时，则说明系统过载保护已经工作。需要等到储存罐压力下降到 1.25MPa 时再启动回收程序。

④ 回收过程中，当高压软管或低压软管的压力快接近 0MPa 时，系统会自动补时 1min，补时结束后回收完成。系统自动进入 30s 的排油时间，时间到则自动停机。

⑤ 回收过程中，如果不是系统自动完成回收，高压软管和低压软管还有过高的压力没有回收完或回收过程中手动停机，系统则不会进入排油程序。

⑥ 空调系统补充加注制冷剂。

a. 首先确认设备储存罐内有足够的制冷剂。

b. 将设备低压软管接到空调系统低压端,打开控制面板上的低压手动阀,关闭控制面板上的高压手动阀。此时再顺时针拧紧低压快修接头顶针,使接头处于开启状态。

c. 启动汽车空调,并让发动机转速保持在 1500r/min 左右。

d. 按"加注"键注入菜单界面。修改好加注量缺省值,按"启/停"键运行程序即可。加注完成后系统自动停机。

3. 使用制冷剂回收加注机的注意事项

① 在使用设备之前,请仔细阅读说明书,以便正确操作。

② 看清设备是用于哪一种系统的,例如:设备只用于 R134a 空调系统或制冷系统。

③ 制冷剂罐实际使用容量应为其有效容量的 80%,以避免由于外界因素产生额外压力而导致严重事故。

④ 在进行操作之前,检查汽车空调所用制冷剂的类型,并关闭汽车发动机。

⑤ 在连接汽车空调系统之前,确定设备操作面板上的手动阀都处于关的位置。将软管远离汽车可转动部分和发热部分,如电子扇、散热器等。

⑥ 定期检查真空泵油位和油质,真空泵严禁无油运行。

⑦ 回收程序最多启动次数应小于 10 次/h,否则可能会损坏压缩机。

⑧ 为了确保设备更好的加注功能,储液罐内不能低于 1kg 制冷剂,否则不能加注。

⑨ 每次使用完设备以后,请关闭操作面板上的高压、低压手动阀。

⑩ 设备的使用者须对汽车空调的维修、保养规程熟悉,以免损坏设备及汽车空调系统。

⑪ 设备应竖起向上放置,请勿倒放。

⑫ 设备左侧电源输入部分和操作面板后面有高压电,请小心操作。

⑬ 设备运行时,请勿让儿童或智障人士靠近或接触设备。

⑭ 在设备使用过程中,请勿在设备附近吸烟。

⑮ 设备内含精密控制元器件,请勿擅自拆卸维修。

⑯ 在操作过程中必须戴保护手套和护目镜,防止制冷剂气体或液体接触到皮肤和眼睛。请勿在火源和火星附近使用该设备。请勿将设备暴露在阳光下或淋雨。避免设备接触到腐蚀性液体和气体。请在通风良好的环境下使用。

第三节 新能源汽车维修专用工具及仪器设备

目前主流的新能源汽车主要包括纯电动汽车、插电式混合动力汽车等,都带有电池、电机等部件,带有 500V 左右的高压电,因此,在新能源汽车维修保养时,一定要使用专业的工具设备,做好安全防护。

新能源汽车维修中常用的维修工具及检测设备主要有:绝缘工具、数字式万用表、高压绝缘测试仪(如兆欧表、高压绝缘测试仪)、数字钳形电流表和专用故障诊断仪等。

一、绝缘工具

1. 绝缘工具的作用

绝缘工具是一种采用绝缘材料进行加工,并装有耐电压 1000V 以上的绝缘柄的拆卸或安装工具。新能源汽车涉及高电压的部分零部件拆卸或安装必须使用绝缘拆卸或安装工具,才能有效防止意外触电事故的发生。绝缘工具包括常用的套筒、呆扳手、螺钉旋具、钳子、电工刀、快速扳手等，如图 7-41 所示。

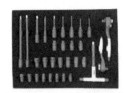

图 7-41　绝缘工具

我国的绝缘工具分为Ⅰ类工具、Ⅱ类工具和Ⅲ类工具 3 种类型。

Ⅰ类工具是指采用普通基本绝缘的工具。在防触电保护方面不仅依靠基本绝缘，还应附加一个安全预防措施，即对正常情况下不带电，而在其基本绝缘损坏时变为带电体的外露可导电部分做保护接零。为了可靠，保护接零应不少于两处，还要附加漏电保护，同时要求操作者使用绝缘防护用品。

Ⅱ类工具是指采用双重绝缘或加强绝缘的工具。在防触电保护方面不仅依靠其基本绝缘，而且有将其正常情况下的带电部分与可触及的不带电的可导电部分做双重绝缘或加强绝缘隔离措施，相当于将操作者个人绝缘防护用品以可靠、有效的方式设计制作在工具上。

Ⅲ类工具是指采用安全特低电压供电的工具。在防触电保护方面，依靠安全隔离变压器供电。

在进行新能源汽车维修时，要求配备Ⅱ类以上的工具。

2. 绝缘工具的使用方法

绝缘工具的使用方法与普通工具相同，但应注意以下事项。

① 应有专门的工具存放室，室内应通风良好，清洁、干燥。

② 如果发现绝缘工具损伤或受潮，应及时进行检修和干燥处理，试验合格后方可使用。

③ 绝缘工具必须按规定定期进行绝缘性能的试验，不符合试验要求的，禁止使用。

二、新能源汽车数字式万用表

新能源汽车数字式万用表的结构和使用方法与普通车辆上使用的数字式万用表基本相同，但应该确保该型号的数字式万用表符合 CATⅢ 安全级别的要求，如图 7-42 所示。

图 7-42　新能源汽车数字式万用表

钳式万用表比普通万用表多一个表头，该表头是根据电流互感器的原理制成的，利用互感器产生的感应电流通过万用表读出，专用于测量交直流电流，如图 7-43 所示。其余按键功能和手持数字式万用表一样，在此不再赘述。

三、兆欧表

兆欧表又称数字兆欧表、高压绝缘电阻测试仪、绝缘电阻测量仪等，主要用于检查电气设备、电气线路对地及相间的绝缘电阻，以保证这些设备、电气和线路工作在正常状态，避免发生触电伤亡及设备损坏等事故。

图 7-43　钳式万用表

新能源汽车绝缘检测中广泛使用的绝缘检测仪有机械式和电子式（数字）两种，如 7-44 所示。机械式一般使用较多的为手摇式绝缘电阻表，电子式绝缘电阻表是一种适用于多种应用场合的精密工具，该表既具有普通万用表的功能，同时具有测量绝缘性的功能，测量绝缘时通常设置有 100V、250V、500V、1000V 等挡位。

(a) 机械式绝缘电阻表　　(b) 电子式绝缘电阻表

图 7-44　绝缘电阻表

1. 手摇绝缘电阻表

（1）手摇绝缘电阻表的组成与类型　手摇绝缘电阻表又称摇表，它的刻度是以兆欧（MΩ）为单位的，故又称兆欧表。它由摇柄、刻度盘和三个接线柱（即 L——线路端、E——接地端、G——保护环或叫屏蔽端）组成，保护环的作用是消除表壳表面"L"与"E"接线柱间的漏电和被测绝缘物表面漏电的影响。

手摇绝缘电阻表根据所测电压的不同，常用的有 500V、1000V 和 2500V 三种。选用的绝缘电阻表电压等级应高于被测物的绝缘电压等级。一般情况下，测量低压电气设备绝缘电阻时可选用 0～200MΩ 量程的绝缘电阻表。工作电压为 500～3000V（不含）时使用 1000V 的绝缘电阻表测量；工作电压在 3000V 及以上时使用 2500V 绝缘电阻表测量。若选用高电压绝缘电阻表则可能损坏被测设备的绝缘。

无论是 500V 还是 2500V 的绝缘电阻表，只要在指针不为零的情况下，匀速摇（约 120r/min），指针就会稳定在表盘的某个位置，根据表盘的显示数值和空格，就可以正确读出所测线路的绝缘电阻。

（2）绝缘电阻表的使用方法

① 使用前安全检查。

a. 首先选用与被测元件电压等级相适应的摇表，对于500V及以下的线路或电气设备，应使用500V或1000V的摇表。对于500V以上的线路或电气设备，应使用1000V或2500V的摇表。

b. 用摇表测试高压设备的绝缘时，应由两人进行。

c. 测量前必须将被测线路或电气设备的电源全部断开，即不允许带电测绝缘电阻，并且要查明线路或电气设备上无人工作后方可进行。

d. 摇表使用的表线必须是绝缘线，且不宜采用双股绞合绝缘线，其表线的端部应有绝缘护套；摇表的线路端子"L"应接设备的被测相，接地端子"E"应接设备外壳及设备的非被测相，屏蔽端子"G"应接到保护环或电缆绝缘护层上，以减小绝缘表面泄漏电流对测量造成的误差。

e. 在使用前应检查绝缘电阻表连接线的绝缘层是否完好，有无破损。检查绝缘电阻表固定接线柱有无滑丝。测量前应对摇表进行开路实验和短路实验。

开路实验：将绝缘电阻表水平放置，连接线开路，以120r/min的速度摇动摇柄。在开路实验中，指针应指到∞处（在开路实验过程中，双手不能触碰线夹的导体部分，实验完成后，相互触碰线夹放电）。

短路实验：以120r/min的速度摇动摇柄，使L和E两接线柱输出线瞬时短接。短路实验中，指针应迅速指"0"。注意在摇动手柄时不得让L和E短接时间过长，否则将损坏绝缘电阻表。符合上述条件，说明摇表功能良好，可以使用。

f. 测试前必须将被测线路或电气设备接地放电。测试路线时，必须取得对方允许后方面进行。

g. 测量时，摇动摇表手柄的速度保持均匀120r/min为宜；保持稳定转速1min后，取读数，以便避开吸收电流的影响。

h. 测试过程中两手不得同时接触两根线。

i. 测试完毕应先拆线，后停止摇动摇表。以防止电气设备向摇表反充电导致摇表损坏。

② 测量线路对地的绝缘电阻。将绝缘电阻表的"搭铁"接线柱（即E接线柱）可靠地搭铁（一般接到某一接地体上），将"线路"接线柱（即L接线柱）接到被测线路上，如图7-45(a)所示。连接好后，顺时针摇动绝缘电阻表，转速逐渐加快，保持在约120r/min

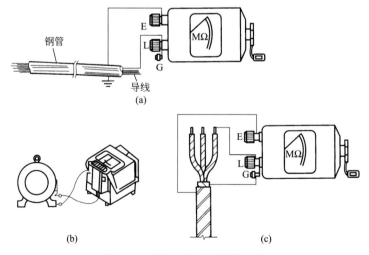

图7-45 绝缘电阻表的接线方法

后匀速摇动,当转速稳定,表的指针也稳定后,指针所指示的数值即为被测物的绝缘电阻值。

实际使用中,E、L 两个接线也可以任意连接,即 E 可以与接被测物相连接,L 可以与接地体连接(即搭铁),但 G 接线柱绝不能接错。

③ 测量电动机的绝缘电阻。将绝缘电阻表 E 接线柱接机壳(即搭铁),L 接线柱接到电动机某一相的绕组上,测出的绝缘电阻值就是某一相的对地绝缘电阻值[图 7-45(b)]。

④ 测量电缆的绝缘电阻。测量电缆的导电线芯与电缆外壳的绝缘电阻时,将接线柱 E 与电缆外壳相连接,接线柱 L 与线芯连接,同时将接线柱 G 与电缆壳、芯之间的绝缘层相连接,如图 7-45(c)所示。

观测被测设备和线路是否在停电的状态下进行测量。绝缘电阻表与被测设备间的连接导线不能用双股绝缘线或绞线,应用单股线分开单独连接。

确认三相导线无电,如有电需使用放电棒进行放电。为减少测量误差,通过接地线屏蔽测量时相线绝缘上产生的泄漏电流。接线时,先接接地端,后接导线端,拆线时顺序相反。电动机绕组对地绝缘电阻测量接线,选择 500V 量程的绝缘电阻表,使用时以 120r/min 的匀速摇动绝缘电阻表 1min,读取表针稳定的数值。

电动机绕组与绕组之间绝缘电阻测量接线。使用时以 120r/min 的匀速摇动绝缘电阻表 1min,读取表针稳定的数值。低压电动机绝缘要求 380V 的为 0.5MΩ 及以上,220V 的为 0.22MΩ 及以上。

(3) 使用手摇绝缘电阻表的注意事项

① 使用绝缘电阻表测量高压设备绝缘,应由两人操作。

② 应视被测设备电压等级的不同选用合适的绝缘电阻测试仪。

③ 测量用的导线,应使用绝缘导线,其端部应有绝缘套。

④ 手摇绝缘电阻表与被测设备之间应使用单股线分开单独连接,并保持线路表面清洁干燥,避免因线与线之间绝缘不良产生误差。

⑤ 测量绝缘时,必须将被测设备从各方面断开,验明无电压,证明设备上无人工作后,方可操作。在测量中禁止其他人接近设备。

⑥ 测量绝缘前后,必须将被测设备对地放电。被测设备必须与其他电源断开,以保护设备及人身安全。

⑦ 在带电设备附近测量绝缘电阻时,测量人员和绝缘电阻表的安放位置必须适当,保持安全距离,以免绝缘电阻表引线或引线支持物触碰带电部分。移动引线时,必须注意监护,防止工作人员触电。

⑧ 摇测时,将绝缘电阻表置于水平位置,摇把转动时其端钮间不许短路。摇测电容器、电缆时,必须在摇把转动的情况下将接线拆开,否则反充电会损坏绝缘电阻表。

⑨ 摇动手柄时,应由慢渐快,均匀加速到 120r/min,并注意防止触电。摇动过程中,指针已指零时,不能再继续摇动,以防表内线圈发热损坏。

⑩ 为防止被测设备表面泄漏电阻,使用绝缘电阻时,应将被测设备的中间层(如电缆壳芯之间的内层绝缘物)接保护环。

⑪ 绝缘电阻表应定期校验。校验方法是直接测量有确定值的标准电阻,检查测量误差是否在允许范围内。

2. 数字绝缘电阻表

(1) 数字绝缘电阻表的作用　数字绝缘电阻表,又称为数字式兆欧表。也具有测量电气、电气电路绝缘性能的功能。目前有多种型号的数字式兆欧表,例如 Fluke 1508、Fluke

1587 和 Fluke 1577 绝缘万用表等。Fluke 1508 绝缘检测仪（图 7-46）是一种由电池供电的绝缘测试仪，该测试仪符合第四类（CAT Ⅳ）IEC 61010 标准。IEC 61010 标准根据瞬态脉冲的危险程度定义了四种测量类别（CAT Ⅰ ～ Ⅳ）。第四类（CAT Ⅳ）测试仪设计成可防护来自供电母线的（如高空或地下公用事业线路设施）瞬态损害。利用 Fluke 1508 绝缘检测仪进行测量，不仅可以得出绝缘电阻，还可以自动得出吸收比和极化指数。数字式兆欧表的使用方法可以参考各厂家的使用说明书。

万用表测量的一般为低电压条件下的绝缘电阻，而绝缘电阻表测量的一般为高电压条件下的绝缘电阻。新能源汽车绝缘检测中广泛使用的绝缘检测仪有机械式和电子式两种。机械式一般使用较多的为手摇式绝缘电阻表，电子式绝缘电阻表是一种适用于多种应用场合的精密工具，该表既具有普通万用表的功能，同时具有测量绝缘性的功能，测量绝缘时通常设置有 100V、250V、500V、1000V 等挡位。

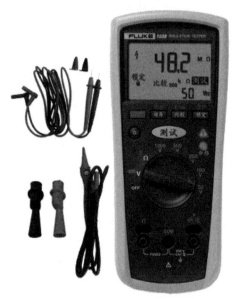

图 7-46　Fluke 1508 绝缘检测仪

（2）绝缘检测仪的使用方法　电动汽车的绝缘测试，只能在不通电的电路上进行。为避免触电导致的人身伤害，或损坏测试仪，测试前应断开电路电源并将所有高压电容器放电。

F1508 绝缘检测仪具有自动带电检测和检测接收后自动放电功能，其具体操作步骤如下。

① 按如图 7-47 所示方法设定测试仪并将测试探头插入 V 和 COM（公共）输入端子。

② 将旋转开关转至所需要的测试电压。

③ 将探头与待测电路连接。测试仪会自动检测电路是否通电。

a. 主显示位置显示——按"测试"按钮时，将获得一个有效的绝缘电阻读数。

b. 如果电路中的电压超过 30V（交流或直流），则在主显示位置显示电压超过 30V 以上警告的同时，还会显示高压符号（⚡）。在这种情况下，测试被禁止。在继续操作之前，先断开测试仪的连接并关闭电源。

④ 按住"测试"按钮开始测试。辅显示位置上显示被测电路上所施加的测试电压。主显示位置上显示高压符号（⚡）并以 MΩ 或 GΩ 为单位显示

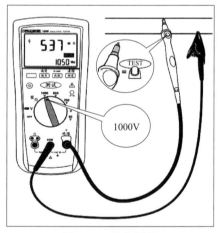

图 7-47　绝缘测量

电阻。显示屏的下端出现测试图标，直到释放"测试"按钮。

⑤ 电阻超过最大显示量程时，测试仪显示"＞"符号及当前量程的最大电阻。

⑥ 继续将探头留在测试点上，然后释放"测试"按钮。被测电路开始通过测试仪放电。主显示位置显示电阻读数，直到开始新测试或选择了不同功能或量程，或检测到 30V 以上

电压。

(3) 仪表使用注意事项

① 请严格按仪表使用手册操作,否则可能会破坏仪表提供的保护措施。

② 如果仪表或测试导线已经损坏,或者仪表无法正常操作,则请勿使用。若有疑问,请将仪表送修。

③ 在将仪表与被测电路连接之前,始终记住选用正确的端子、开关位置和量程挡。

④ 用仪表测量已知电压来验证仪表操作是否正常。

⑤ 端子之间或任何一个端子与接地点之间施加的电压不能超过仪表上标明的额定值。

⑥ 电压在 30Vac rms(交流真均方根)、42Vac(交流)峰值或 60Vdc(直流)以上时应格外小心,这些电压有造成触电的危险。

⑦ 出现电池低电量指示符时,应尽快更换电池。

⑧ 测试电阻、连通性、二极管或电容以前,必须先切断电源,并将所有的高压电容放电。

⑨ 切勿在爆炸性气体或蒸气附近使用仪表。

⑩ 使用测试导线时,手指应保持在保护装置后面。

⑪ 打开机壳或电池门以前,必须先把测试导线从仪表上拆下。不能在未安装好仪表顶盖或电池门打开的情况下使用仪表。

⑫ 在危险的处所工作时,必须遵循当地及国家主管部门的安全要求。

⑬ 在危险的区域工作时,用依照当地或国家主管部门的要求,使用适当的保护设备。

⑭ 不要单独工作,维修时必须设专职监护人。

⑮ 仅使用指定的替换熔断丝来更换熔断的熔丝,否则仪表保护措施可能会遭到破坏。

⑯ 使用前先检查测试导线的连通性。如果读数高或有噪声,则不要使用。

四、新能源汽车故障检测仪

1. 故障检测仪的作用与类型

新能源汽车都搭载自诊断系统,如果出现故障问题,系统会生成一个故障码。用故障检测仪可读取故障码、了解故障码含义等,维修人员可快速地找到故障部位及问题,解决问题后,还可清除故障码。

新能源汽车故障检测仪分为通用型和专用型两种,通用型则包含较多品牌和车型,功能多,实用性强,如朗仁 H6 故障检测仪(既支持燃油车,也支持新能源汽车),覆盖比亚迪、北汽、上汽、东风小康、吉利等厂家的众多新能源车型,可进行电池、电机等系统及零部件的诊断检测,支持包括防盗匹配、仪表板修复、大灯调节等特殊功能,可一键升级,适合维修厂、维修店配备。朗仁 H6 故障检测仪如图 7-48 所示。

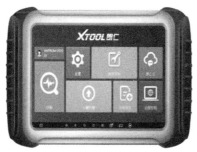

图 7-48 朗仁 H6 故障检测仪

朗仁 H6 Pro 故障检测仪可以检测高压电池系统、电控系统、电机系统、防抱死刹车系统、安全气囊系统、车身控制系统、助力转向系统等，支持读版本信息、读故障码、清故障码、匹配及校准、读数据流，还支持气囊修复、座椅调节、防盗匹配等特殊功能。

朗仁科技推出的多功能汽车诊断平台，包括 PS90 及 H6 系列，都是既支持燃油车，也支持新能源车诊断及匹配，不仅覆盖的车型多，而且操作简单易懂，一机多用，很适合维修厂、维修店配备。

2. 汽车故障电脑检测仪的使用方法

① 选好合适的故障检测接头，把接头先接上解码器连接线。

② 然后将接头接到汽车的故障诊断座上，再用解码器的工作电源线接到点烟器上（诊断座自带电源的可免此项）。

③ 车辆点火开关转至 ON，这时屏幕显示出菜单，可根据需要检查的项目来选择具体的子菜单。

④ 选择后可能过解码器上的屏幕读到故障部位的名称，有多个故障的则同时在屏幕上显示出来。

⑤ 注意故障的名称只是代表它所在的这一部分的电路，并不一定就是这个零部件。

⑥ 清除故障码。前面的程序和提取故障码一样，只是在选择子菜单时选择清除故障码，通过对话框的问答选择清除即可。

3. 使用故障检测仪的注意事项

① 首先应注意仪器的保管，不要摔碰，避免潮湿，因为本仪器是精密电子集成系统。

② 测试前，将检测仪器与被检车辆正确连接，然后将车钥匙置于 ON 挡，进行正常的测试工作。

③ 在进行动态测试时，在车辆行驶过程中，主机显示屏可能出现闪烁现象是正常的。

④ 在检测中，主机显示电脑诊断座出现"错误"提示时，说明自诊线路连接不良，车辆电脑不能与主机实现通信。需检查各连接线接口连接是否良好，在特殊情况下要检查线路。

参 考 文 献

[1] 王怀建.汽车常用维护设备与工具的使用.重庆：重庆大学出版社，2007.
[2] 于春鹏.汽车电器设备维修.北京：中国电力出版社，2007.
[3] 吴文琳.汽车电工维修经验与禁忌.北京：化学工业出版社，2020.
[4] 机械工业职业技能鉴定指导中心.钳工常识.北京：机械工业出版社，2003.
[5] 吴文琳.汽车万用表检测从入门到精通.第2版.北京：化学工业出版社，2019.